두
바
퀴
로
떠
난

실패한 여행기

유
라
시
아
대
륙
여
행

Prologue

시작은 수원에 살던 희동의 좁은 자취방에서였다. 12월이었고, 방학이었다. 나는 그곳에서 며칠째 무전취식 중이었다. 첫날 많은 친구가 자취방에 모여 함께 술을 마셨다. 밤늦게까지 술을 마시고 다음 날 일어나 보니 이미 오후였다. 집에 가기가 귀찮아 '하루만 더 있다 갈까?' 하다가 결국 지박령이 되고 만 것이었다. 그날 모였던 이들 중 그렇게 여유를 부릴 수 있는 사람은 나밖에 없었다. 우리는 대부분 대학 4학년 진학을 목전에 둔 상태였고, 나를 제외한 다른 친구들은 시험이든 취업이든 무엇이든 목표를 세우고 매섭게 달려가고 있었기 때문이다. 그들에겐 어찌 나와 같은 의심과 고민 정도도 없었겠느냐마는, 적어도 표면적으로는 흔들림 없이 보였다. 모두가 제자리를 찾아가고 있는데 나만 자리를 모르는 것 같았다. 그래서 희동의 자취방에 그때까지 남아 있던 건, 가야 할 곳이 어딘지 모르는 나뿐이었다. 희동도 마찬가지였던 것 같다. '하루 더 있다 갈까?' 했을 때 '이제 좀 가!'라고 했으면 정신을 차리고 갈 길을 갔을 테지만 녀석은 나를 내치지 않았다. 오히려 더 있기를 바라는 눈치였다.

한동안 우중충한 날씨가 이어지고 있었다. 쓰린 속을 달래기 위해 냄비에 라면을 끓여 먹고 담배를 피우기 위해 창을 열었더니 눈이 내리고 있었다. 담배꽁초들이 제멋대로 흩어져있는 옆 건물 슬레이트 지붕 위로 어울리지 않게도 한없이 순결한 함박눈이 내리고 있었다. 그 익숙하면서도 신선한 풍경에 무슨 새로운 영감이라도 떠올랐는지, 좁은 창문을 앞에 두고 어깨를 나란히 하고 있던 희동은 대뜸 "야, 자전거 여행 갈래?"라며 운을 띄웠다. 스무 살 때부터 즐겨 하던 자전거 여행이 무슨 특별한 일이라고, "그래 또 가야지. 근데 이 겨울에?"라고 하자 농담인지 진담인지 의뭉스러운 웃음을 지으며 "아니, 국내는 좀 답답하지 않아? 해외로 나가자고."

　"뭐? 해외?"

　"왜? 후달리냐?"

　"어. 후달려. 근데, 지금 아니면 언제 또 가보겠냐. 가자."라고 덜컥 말해버렸다. 그리고 중국에서 출발하여 포르투갈까지 가는 경로를 그 자리에서 바로 정했다. 특별한 이유가 있는 것은 아니었다. 단지 '유라시아'라는 단어가 속된말로 '간지'가 났기 때문이었다.

　그런데 가당키나 한 일일까? 집에 돌아와 정신을 차리고 보니 넘어야 할 산이 너무 많았다. 어마어마한 여행 경비를 버는 것도, 가족들의 동의를 구하는 것도, 입국과 관련된 여러 업무를 해결해 나가는 것도 벅차 보였다. 그때까지 해외여행이라고는 대학 새내기 때 3박 4일 중국 견학 갔던 경험이 전부였다. 그래서 우리는 우리가 출발선 앞에 서기 전까지는 지인들에게 이 계획을 일절 함구하기로 했다. 모험을 떠나겠다며 호기롭게 떠들다가 막상 계획이 틀어지면 그 쪽팔림을 감당하기가 힘들 것이기 때문이었다. 그때까지만 해도 우리는 성공할 확률을 높이는 것보다는 실패에 대한 변명을 찾고 있었다. 그러나 낯설고도 아름다운 풍경 속을 달리고 있는 우리의 모습을 상상하는 시간이 길어지면서, 또 어렵게만 보였던 실타래들이 하나하나 풀어지면서 여행에 대한 마음은 의심에서 확신으로 변해갔다. 결심이 서기까지 두 달여의 시간이 걸렸다.

휴학신청을 하며 아예 못을 박고서부터는 사람을 만나 사는 얘기들을 할 때 자연스레 이 계획을 말할 수 있게 되었다. 지인들의 질문은 한결같았다. '왜 하느냐'고, '왜 사서 고생을 하느냐'고. '홍시 맛이 나서 홍시 맛이 난다.' 하는데 어찌하여 그리 생각하느냐고 물어보면 어찌할까? 그래서 처음엔 '가고 싶어서 간다'고 했다. 그러나 그리 말해도 묻는 쪽은 썩 만족하지 못하는 표정이었다. 그래서 마지못해 '더 넓은 세상을 경험하기 위해서'라는 사족을 덧붙여야 했다. 짐작건대 그들은 이 일을 통해 우리가 기대하는 '보이지 않는 의미'를 알고자 했던 것 같았다. 그래서 그런 물음을 마주하기가 늘 어려웠다. 라면 국물이 얼룩진 상위에 팬티 바람으로 담배를 피우다가, 단지 재미있을 것 같아서 여행을 결심하게 됐다고 말할 수는 없는 노릇이었다. '밥 벌어먹기가 얼마나 힘든 세상인지도 모르고 쓸데없는 일에 돈 낭비, 시간 낭비 한다'고, 그들 중 누군가는 우리를 보며 혀를 차고 있었을지도 모르겠다. 그런데 정말 그렇게 살면 안 되는 것일까, 재미를 좇아 사는 것이 인생을 낭비하는 일일까. 오히려 그 반대가 아닐는지.

8개월의 시간이 훌쩍 지나갔다. 출국 날짜가 잡힌 후 며칠간은 쉽사리 잠들기가 힘들었다. 막상 길을 나서려고 하자 두려움이 커졌기 때문이

었다. 어쭙잖은 격려보다도 그럴 때는 오히려 객사라든가 토막살인 운운하며 살벌한 농담을 던지는 친구들의 말이 긴장을 풀게 했다. 마지막 날 밤은 입대 전날처럼 차라리 마음이 홀가분했다. 시작이 두려운 긴장의 밤은 그날 하루면 끝이니까.

'다시 돌아올 수 있겠지?'

며칠 후면 〈슈퍼스타K 시즌4〉가 시작한다는데 못 보고 가는 것, 심심하면 수시로 이용하던 카카오톡을 쓰지 못한다는 것, 그 해 대선 레이스를 지켜보지 못하는 것, 기타에 이제 막 새로운 재미를 붙이기 시작했는데 가져갈 여건이 안 된다는 사실 등을 나는 아쉬워했다. 다만 즐겨보던 드라마 종영을 보고 간다는 것, 올림픽 축구 한일전을 보고 갈 수 있었던 것, 떠나 있는 동안 서로 전전긍긍 여러 가지 이유로 불안해할 여자친구 하나 없다는 건 다행으로 느껴졌다.

CONTENTS

Prologue

Epilogue

PART I

일상에서 이상으로

버리며 시작하는 여행, 중국 _친황다오에서 베이징까지

8월 13일, 친황다오Qinhuangdao로 가는 배를 타기 위해 인천 국제여객선터미널로 향했다. 장시간의 탑승 수속을 마치고 터미널을 나와서 선박이 접안해 있는 부두로 향하자 가슴이 두근거렸다. 멀리 터미널 건물 통유리로 이쪽을 바라보고 있는 가족들의 모습이 비쳤다. 보이지는 않았지만 무슨 표정을 짓고 있을지 짐작할 수 있을 것 같았다. 애써 쿵쾅대는 마음을 숨기고 마지막 인사를 나눴지만 어쩐지 다시는 돌아올 수 없는 강을 건너버린 것만 같은 기분 때문에 중압감이 확 밀려왔다.

우리가 탑승한 배는 인천에서 친황다오를 오가는 '욱금향'이라는 여객선이었다. 그때까지 여객선을 타 본 경험이 별로 없어 400여 명가량의 승객을 수용할 수 있다는 그 배의 크기를 짐작할 수조차 없었으나 직접 눈

앞에 실물로 나타나자 그 위용을 실감할 수 있었다. 시작을 앞두고 있어서 그런지 사소한 것 하나하나가 인상적으로 느껴졌다. 작은 배를 타면 멀미가 심하다는 이야기를 들었는데 그럴 일은 없겠지 싶어 안도감이 들었다.

그러나 큰 배가 마냥 좋은 것만은 아니었다. 선박에 탑승하기 위해 열어놓은 입구가 하필 어마어마하게 높은 곳에 있었다. 어림잡아도 족히 아파트 4층 높이는 돼 보였다. 해수면 부근에서 그곳까지 좁고도 가파른 철제 계단이 아슬아슬하게 놓여 있었다. 자전거는 물론이고 짐이 잔뜩 들어있는 패니어 네 개, 랙 팩까지, 우리는 그 무거운 것들을 짊어지고 선박 안까지 이어진 위험천만한 계단을 수차례 오르내려야 했다. 무덥고 습한 바다 날씨에 온몸이 땀으로 흠뻑 젖어 갔다.

우리가 배 위에서 하룻밤을 보낸 동안 머물렀던 객실은 침대가 있는 2인실 방이었다. 일반적으로 이용하는 단체 객실보다 가격이 그리 비싸지 않으면서도 자전거와 짐을 안전하게 보관할 수 있다는 점을 높이 사 선택한 것이었다. 방은 아담했다. 1인용 침대 사이에 자전거 두 대를 겹쳐 세우고, 낑낑거리며 짐 가방들을 들여놓자 방이 금세 가득 찼다. 녹초가 돼버린 우리는 방에 들어오자마자 문을 걸어 잠그고 웃통을 벗어 던진 채 땀을 식혔다.

시작부터 그 고생을 하고 나니 '짐이 지나치게 많다.'는 생각이 들었다. 잠그지도 못할 정도로 배가 부른 가방들이 미련하고 한심해 보였다. 그래서 배에 올라 처음으로 했던 것이 다름 아닌 짐을 다시 꾸리는 일이었다. '짐의 크기는 곧 두려움의 크기'라는 말마따나 어마어마한 양의 짐은 우리가 품고 있던 두려움을 대변하고 있었다.

각자 가방에서 무게가 많이 나가는 물건들을 밖으로 꺼냈다. 비상시를 대비하여 명절선물세트에서 챙겨온 다량의 참치 통조림, 군 생활의 추억을 느껴보고 싶은 마음에 가져갔던 군용반합세트, 냄비 받침으로나 쓰일 것 같은 여러 권의 회화 참고서 등…

"진짜 버려도 괜찮으려나? 다시 쓸 일 없겠지?"

"쓸 일 있다고 해도 갖고 다니지도 못해! 과감히 버려!"

찜찜한 마음을 애써 감추며 아이를 입양 보내는 심정으로 휴지통에 집어넣었다. 짐이 한결 가벼워진 느낌이었다.

그리고 이내 어둠이 내렸다. 예정되었던 일곱 시가 한참 지나도 어찌된 영문인지 배는 출항할 기미를 보이지 않았다. 정박해 있는 여객선 안은 쥐새끼 한 마리 없는 것처럼 고요했다. 말이 많다던 중국인들의 모습은 찾아볼 수 없었다. 담배나 한 개비 피우고 싶은데 같이 나가보지 않겠느냐며 나는 희동과 좁은 복도를 지나 탁 트인 갑판 위로 나왔다. 자취를 감췄던 사람들은 모두 거기에 있었다. 승객의 대부분은 중국인들, 혹은 중국어를 유창하게 하는 사람들이었다. 이들은 서너 명씩 모여 한 테이블에 앉아 흔들거리는 전구 불빛에 의지해 카드놀이에 한창이었다. 사람들은 오래전부터 그곳에 있었던 것처럼 익숙해 보였다. 아직 인천에 정박해 있음에도 불구하고 조곤조곤 작은 목소리로 한국어 대화를 나누는 사람들의 모습이 오히려 어색하게 느껴졌다.

이튿날 오후 열 시쯤 중국에 첫발을 내디뎠다. 지난밤 배는 자정을 넘기고 나서야 출항을 시작했다. 기왕 지체한 김에 조금 더 출항이 연기됐다면 15일 이른 아침에 친황다오에 도착했을 테지만 그 밤에 기어이 출항을 결심한 선장의 뜻에 따라 결국 우리는 14일 밤에 낯선 땅을 밟게 됐다. 아니, 그보다는 떠밀렸다는 표현이 오히려 정확할 것이다. 칠흑 같은 밤 어두운 조명만이 켜진 산업부두에서는 가만히 서 있는 컨테이너 크레인조차 위압적으로 보였다. 또 무정해 보였다.

배에서 내리자 대기하고 있던 버스 몇 대가 승객들을 태우고 어디론가 향하고 있었다. 얼떨결에 버스에 오르고 보니 주위에는 온통 알아들을 수 없는 낯선 말들만이 가득했다. 세상에 혼자만 남겨진 기분이 이럴까. 아, 다행히 한 명 더 있다. 어리벙벙한 표정으로 서 있는 사람이 나뿐만은 아니라는 사실에 안도했다.

"야, 우리 이러다 어디 팔려가는 거 아니냐?"

"재수 없는 소리 좀 작작해라!"

그런 실없는 말들로 두려움을 밀어내는 사이 허름한 여객 터미널에 도착했다. 입국 절차를 마친 후 무거운 자전거를 이끌고 건물 밖으로 나서

는 우리를 신기하다는 듯 쳐다보는 시
선을 느끼며 외국에 도착했음을 실감
했다. 걱정이 엄습했다. '예정대로 낮
에 도착했으면 좋았을 텐데, 이 야심
한 시각 어디에 잘 곳을 마련한단 말

인가?' 대책 없는 여행의 치부가 드러나는 순간이었다. 그때였다.

"한국 사람이에요?"

'세상에나!' 모국어가 그렇게 반갑게 들린 적이 또 없었다. 우리는 누가
먼저랄 것도 없이 반사적으로 소리가 들리는 곳을 향해 고개를 돌렸다.
그곳에서 한 젊은 남성이 우리를 향해 다가오고 있었다.

"여행 하나 본데, 잘 데는 있어요?"

"아뇨… 야영할 곳 찾아보려고요."

애써 당당 하려 했지만, 그의 입장에서는 더 안쓰러워 보였을 것이다.

"그러지 말고, 위험하니까 오늘은 우리 집에서 묵고 가요." 하는데 하
마터면 눈물을 보일 뻔했다. 거듭 감사 인사를 하며 그 호의를 넙죽 받아
들였다. 그는 아파트 위치를 알려주며 택시를 타고 먼저 떠났다. 그가 설
명해 준 장소를 향해 첫 번째 주행을 시작했다. 가로등은 어둡기 그지없
었고 거리는 을씨년스러울 만큼 고요했지만, 뜻밖의 호의를 경험한 뒤 낯
선 도시가 처음만큼 두렵지는 않았다. 그 덕에 첫날은 따뜻한 밤을 보낼
수 있었다.

8월 14일, 중국에서 맞이하는 첫 번째 아침, 우리는 베이징으로 가는
동안 G102 도로를 이용하기로 했다. 그동안 우리는 익숙하지 않은 몇 가

지에 적응해야만 했다. 끊이지 않는 경적과 매캐한 매연도 그중 하나였다.

도로에는 다양한 운송수단이 많았다. 한국에서 삼륜차를 본 기억이 있던가? 두 명이 앉아도 비좁을 듯한 삼륜 택시 뒷좌석에 4인 가족이 다 있다. 오토바이도 마찬가지, 한국에서도 반납 중인 이른바 구형 '육공트럭'도 심심찮게 보이고, 화물차다 싶으면 20t 이상, 하지만 대세는 따로 있다. 잘 닦인 자전거 도로가 반영하듯 자전거의 나라인 중국, 한데 이제 자전거도 트렌드다. 지금은 전동 자전거 시대! 오토바이같이 생겼고 모터도 있는데 페달이 달렸다. 몇몇 노인들 빼고는 자전거를 타는 사람 대부분이 전동자전거를 타고 있었다. '부럽다!' 그들은 잘 가다가 우리 옆에 붙어서 우리 자전거며 설치된 가방을 구경하기 바쁘고, 우리는 그들을 부러운 눈빛으로 쳐다보고, 이렇게 서로가 서로를 신기해하는 촌극이 길 위에서 벌어지고 있었다.

외국 생활을 처음 접하며 겪는 어려움 중 단연 으뜸은 의사소통에 관한 것이다. 영어가 명실상부한 만국 공용어로 자리매김하고 있고, 우리 역시 고국에서 십수 년 동안 영어 공부를 해 왔지만, 상대가 영어를 모를 때는 답이 없었다. 중국인들은 영어를 하지 못했다. 아니 오히려 구태여 배울 필요를 못 느꼈는지도 모른다. 그래서 여행하는 동안 애를 많이 먹었다.

그나마 불행 중 다행인 것은 우리가 중국과 같은 한자 문화권에 살고 있었기 때문에 간단한 한자쯤은 읽고 쓸 줄 안다는 사실이었다. 한 번은 분식을 파는 노점에서 요기한 적이 있었다. 넓적한 밀가루 빵으로 소시지를 감싼 음식이었는데 맛이 괜찮았다. 아주머니에게 그 이름을 묻고자 하는데 말이 통하지 않았으나 한자로 '名' 자를 써 주니 금세 알아듣고 '또이 또이'라며 답해 주었다. 또 음료가 마
시고 싶지만, 가게가 보이지 않을 때
는 '市' 자가 들어간 간판을 찾으면 대
개 맞았다. 이후로 의사소통 시 한자
를 많이 사용하게 되었다. 그러나 필
담은 어디까지나 간단한 대화에서만
효용을 발휘했다. 복잡한 대화를 나
눌 때에는 한자에 관한 어쭙잖은 지
식이 그다지 힘을 쓰지 못했다. 협상
해야 하는 상황에서는 더욱 그랬다.

　오후 다섯 시를 막 지났을 때쯤, 우리는 90㎞ 정도를 주행한 상태였고
빈관賓館이라는 간판을 써 붙인 건물들이 몰려 있는 사거리에 도착했다.
'첫날인데 이 정도면 만족스럽다.'고 자찬하며 우리는 긴장을 풀고 가장
가까운 빈관을 향해 들어갔다. 그러나 주인아주머니는 우리의 자전거를
보더니 대뜸 고개를 저었다. 다른 곳도 마찬가지였다. 마지막에 들어갔던
빈관의 주인은 '90㎞만 가면 대도시 당산의 시가지가 나오니 그리로 가면
된다.'며 위로했다. 하지만 이미 녹초가 된 마당에 거기까지 가기엔 부담
이 컸다. 대체 무슨 이유로 손님을 받지 않는지 알았다면 그리 답답하지
는 않았을 테지만. 물을 수도, 또 답을 듣기도 어려웠다.

　결국, 야영을 결심했다. 여행을 준비하면서 '주로 야영을 해야겠다.' 생
각 할 정도로 각오가 단단히 되어 있었는데 막상 먼지에 뒤덮인 찝찝한
몸을 그대로 뉘일 것을 생각하니 막막했지만 달리 뾰족한 수가 없었다.

　근방의 야적장 공터에 짐을 풀었다. 텐트를 치고, 입고 있던 옷으로 몸에 흐르는 땀을 대충 닦고 자리에 들었다. 사위는 금세 어두워졌다. 어둠 속에서 개 짖는 소리라던가 귀뚜라미 울음이 유독 크게 들렸다. 잠을 자는 사이 누가 텐트 안으로 들이닥치면 어쩌나 하는 걱정이 되었지만, 불행인지 다행인지 피곤함이 걱정을 압도했기에 나는 금세 잠이 들었다.

　다행히 간밤에 텐트를 침입하는 사람은 없었다. 모기 세 마리만이 텐트 안에서 윙윙거리고 있었다. 모기장을 뚫고 들어온 모기라니, 대체 어찌해야 할까 이걸. 다행히 땀에 하도 절어 모기마저 밥상을 물리고 싶어졌는지 한 방도 물리지 않았으니 거 참 신통하다.

　7시에 출발하여, 한 시간 정도 주행을 하고 난 후 우리는 어느 공안 오피스 주변의 나무그늘에서 스팸 통조림으로 아침 식사를 대신했다. 그런데 희한하게도 식사를 하는 동안 공안 오피스 앞 도로에 한 대, 두 대씩 트럭이 늘어나더니 어느새 도로는 트럭으로 가득 차기 시작했다. 자세히 보려고 일어나 보니 보이지 않는 저 먼 곳까지 특장 트럭이 줄을 서 있었다.

"대륙의 교통체증이다!"라며 신기한 광경에 희동은 그저 싱글벙글 사진을 찍고 있었는데 앞으로의 상황을 알았다면 그런 여유로운 소리는 안 나왔을 것이다. 그 길은 자그마치 30㎞ 가까이 자동차로 점거되어 있었다. 아침의 시작과 함께 일을 따러 가는 사람들인가 싶었다. 그런 상황이면 모든 차선이 꽉 막혀 있어야 정상인데 어느 순간 2차선이었던 차선은 양쪽 도로가 공동으로 쓰는 추월차로까지 갖춘 왕복 3차선 도로가 되는 장관이 연출됐다. 매캐한 연기를 그대로 들이켜며 우리는 트럭들 사이에서 위험하게 곡예 주행을 해야 했다. 지금 생각하면 참으로 아찔한 순간이었다.

오전을 트럭 숲 사이에서 보내고 점심쯤 돼서 알맞게 등장한 시가지 패스트푸드 매장에 들러 점심을 먹었다.

괴상한 옷차림에 노새처럼 덕지덕지 짐을 달고 다니는 우리들의 모습을 사람들은 언제나 신기한 눈으로 쳐다봤다. 그 시선이 처음에는 부담스러웠으나 며칠 사이 우리는 그 시선을 즐기고 있었다.

각자 마음에 드는 햄버거를 골라잡고 우리는 건물로 들어서는 입구 옆 계단에 앉아 누가 뺏어 먹기라도 한다는 듯이 야무지게 음식을 해치우고 있었다. 한창 정신 못 차리고 생존 본능을 불사르고 있을 때 일가족이 다가와 말을 걸었다. 3일간 관심을 두는 이들은 많았지만 먼저 말을 걸어온 것은 이들이 처음이었다.

아마 "어디에서 왔어요?"라고 물었을 것이다. 그러면 우리는 어디서 주워들은 건 있어서 괴상한 성조를 써가며 "한궈韓國"라고 대답했다. 현지인들이 그렇게 말을 걸어 주니 뭐라도 된 것 마냥 기분이 좋았다. 그러면 다시 물었다. 아마 "어디로 가세요?"라고 했을 것이다. 우리는 예의 그 괴상한 성조와 함께 "찐황따오, 뻬이징" 하고 대답했다. 그러면서 우리는 꽤 많은 대화를 나눴다. 정말이지 신기하게도 말이 통했다.

그렇게 한참을 함께 시간을 보내고 난 후 그 사이 친해져서 우리는 함께 사진을 찍었다. 어른들이 대화하건 말건 옆에서 연신 비눗방울을 불어대던 아이들에게 나는 한국 동전을 선물로 주었고, 희동은 그새 젊은 딸과 명함을 주고받았다. 그렇게 순박한 중국 사람들과 시간을 보내고 나면 이국답지 않게 편안하고 마음이 좀 풀어졌다. 중국은 특히나 젊은 아가씨들이 톡톡 튀었다. 기분 탓인가?

G102 도로를 따라 계속 베이징Beijing을 향해 달렸다. 경사가 하나도 없는 평지 위를 베짱이처럼 달렸다. 그러다가 과일을 파는 노점이 나오면 수박을 한 통사서 쪼개 먹고, 가게를 만나면 꼭 들러 음료수를 사 먹었다. 그렇게 원하는 것을 다 먹고 마셔도 큰돈이 들지 않았다. 커다란 수박이 우리 돈으로 고작 이천 원 남짓, 비싼 음료를 사 마시려고 해도 오백 원 정도면 충분했다.

'이 맛에 자전거 여행 하는 거지!'

길은 자전거를 이용하기에 더없이 좋은 환경을 제공해 주고 있었다. 과연 자전거의 천국답게 길은 넉넉한 공간으로 사람들을 품고 있었고 멀리까지 이어진 미루나무 그늘에서는 시종 청량한 바람이 불었다.

그러나 베이징이 가까워지면서 점차 파랗던 하늘은 먹색으로 변해 갔다. 조각구름이 빈둥거리던 자리에는 뿌연 먼지만이 가득했다. 설상가상으로 차도 많아지고, 길은 점점 좁아지며 복잡해져 갔다. 큰길에서처럼 마음 놓고 달릴 수 없게 되어 속도는 급격히 줄었다.

8월 18일 정오쯤 베이징에 도착했다. 처음 구글 지도를 통해 북경 도심 도로망을 봤을 때의 놀라움을 기억한다. 완벽하게 계획된 도시의 모든 도로와 구획, 정사각형 안의 정사각형, 또 그 안에 정사각형으로 뻗은 길의 정중앙에 자금성이 있고 천안문이 자리 잡고 있었다. 오늘 마주한 북경의 첫 얼굴은 과연 보는 이를 압도하게 하는 마천루였다. 그러나 도시 전체를 뒤덮은 스모그는 아무리 높은 마천루라도 그 빛이 바래게 하였다. 그 유명한 CCTV 사옥을 지척에 두고도 지나칠 정도였으니까.

도심을 관통하는 대로의 양쪽으로 주로 다국적 기업 지사들이 늘어서 있었는데 우리나라 기업인 SK 타워와 LG 트윈타워도 한 자리를 차지하고 있었다. 도로변에 설치된 정류장마다 도배된 휴대폰 광고 속 익숙한 우리나라 연예인들의 모습을 보면서는 한류의 진면목 또한 실감할 수 있었다.

그런데 이상하게도 한국에서 이미 도시에 대한 기준이 굳어버려서인지, 감탄사를 내뱉을 정도의 감흥을 느끼지는 못했다. 한국의 대도시는 오밀조밀함이 있었다. 그래서 빼곡하게 들어찬 빌딩 숲의 인상을 받을 수가 있는 데 반해 중국은 하도 땅덩이가 넓다 보니, 너는 너대로, 나는 나대로 건물들이 서로 동떨어져 있는 기분이었다. 도심이 어째 도심답지가 않았다. 다만 사람이 무진장 많았기에 '아, 여기가 수도는 수도구나.' 싶기는 했다.

천안문 광장과 자금성 입구에는 예나 지금이나 수많은 인파가 북적이고 있었다. 멀리서 온 것처럼 보이는 많은 중국인은 마치 다른 나라에 관광 온 것처럼 연신 플래시를 터트리며 만끽하고 있는 모습이었다. '이 많은 사람이 다 어디서 나왔을까, 또 어디서 묵을 것이며 무얼 타고 귀가할 것인지' 몹시 궁금했다.

누구나 다 아는 이웃 도시의 고궁과 역사적 사태를 촉발한 장소에 대해 더 자세히 얘기할 필요는 없을 것 같다. 사실 자전거로 이동하기엔 너무나 사람이 많고 통행에도 제약이 많은 곳이기 때문에 겉핥기식으로 보고 오는 걸로 만족해야 했다.

중국의 모든 길은 북경으로 통하는 것일까? 수많은 중국인 사이에서 우리는 한 무리의 자전거 여행객들을 만나기도 했다. 그들은 파란 단체복을 맞춰 입고 바퀴가 가는 자전거 위에 앉아 위풍당당하게 북경의 대로를 질주하고 있었다. 우리를 놀라게 했던 것은 그들이 중국인이 아니라 일본인이었다는 것이었다. 그리고 그보다 더 놀라운 것은 적지 않은 나이에도 불구하고 아주 먼 곳에서부터 여행을 계속해 오고 있었다는 사실이었다.

무리 중 한 명이 먼저 영어로 말을 걸어왔다.

"어디에서 오셨나요?"

"우리는 한국인이고, 친황다오에서 출발했습니다! 선생님은요?"

"나는 일본인입니다. 우리 일행은 몽골에서부터 여행을 시작했어요."

그땐 그런 생각을 했다. '와… 나도 저렇게 쿨하게 말하고 싶다.' 이제 막 여행을 시작한 내게 그 모습은 선망과 질투를 동시에 불러일으켰다. 연예계에 갓 데뷔한 신인이 그전까지 TV에서만 보던 스타와 함께 방송에 출

연하는 기분이랄까. '나이가 든 내 모습도 그와 같았으면…' 속으로 바랐다.

　도심을 가로지르며 북상하여 시 경계를 지나 우리는 창핑Changing이라는 도시에서 하루를 마무리했다. 병원을 고쳐서 만든 허름한 숙박업소에서 칸막이가 없는 화장실에서도 우리는 이제 개의치 않고 바지를 내렸다.

　어쨌든 여행 중 첫 번째 중간 목적지를 지난 시점이었다.

　"맥주 한잔 해야지?"

　"콜!"

　쫄래쫄래 나가 500㎖들이 청도 맥주 두 캔을 사 들고 들어온 희동과 나는 군데군데 알 수 없는 얼룩이 진 녹슨 병상에 걸터앉아 캔을 부딪쳤다.

"위하여!"

딱히 특정하지는 않았지만, 각자가 품고 있던 그 무언가를 생각하면서…. 식도를 따라 차가운 기운이 온몸에 퍼지며 피로를 밀어냈다. 한국에서 가져온 남은 마지막 즉석 비빔밥이 알맞게 익어 가고 있었다.

베이징까지 참 많은 것들을 버리면서 왔다. 우선 쓸모없는 짐들을 버렸다. 또한, 십수 년간 지니고 있던 내장 비만을 버리고 건강을 찾았으며, 청결함에 대한 의무감이라든가, 생존에 하등 쓸모가 없는 허례허식들을 버리고자 애썼다.

그러나 이러니 저러니 해도 가장 의미 있는 것은 중국에 대한 편견, 그리고 그것을 넘어선 두려움을 버린 점이 아닐까 싶다.

여행을 준비하며 꾸리던 짐의 크기만큼 커다란 두려움, 사실 그 두려움의 반은 중국을 지나야 하는 데에서 비롯되는 것이었다. 지리적으로 우리나라와 가장 가까운 나라 중 하나이지만 중국에는 어쩐지 쉽게 곁을 내주기가 힘들었다. 과장되고 허무맹랑하다고 여기면서도 나는 종종 인터넷에서 보았던 중국의 도시 괴담이 실제로 우리에게 일어나면 어쩌나 하는 상상을 하며 지레 겁을 먹곤 했다.

생각만 해도 구역질이 나오는 재료를 통해 만든 음식물들, 관광객들을 노리는 절도, 사기 등의 소식은 시기를 막론하고 꾸준히 매스컴을 통해 전달되었다. 그 소식들을 들으며 상상은 점점 구체화 되어 갔다. 그러나 나는 지금 무사히 고국으로 돌아와 컴퓨터 앞에 앉아 있다. 팔다리가 잘려 서커스단에서 동물 취급을 받으며 전국을 유랑하는 일 따위는 일어나지 않았다. 염산이 들어있는 음료수를 마시거나 환각제가 든 음식을 먹고 유괴를 당하지도 않았다. 물론 소매치기를 만나거나 숙소에서 짐을 잃어버린다거나 하는 일도 경험해 보지 못했다.

반대로 우리는 지나는 길목마다 우리에게 보내는 따뜻한 응원의 손짓을 볼 수 있었다. 또 길을 물을 때는 온 마을 사람들의 도움을, 허기진 표정을 하면 접시마다 그득그득한 음식들을 받을 수 있었다.

매연이 매캐한 길을 달리며 콧구멍에서는 연신 시커먼 코딱지가 분비되었고 눈가는 스모키 화장을 한 듯 검게 번졌지만 그런데도 우리는 선글라스를 잘 쓰지 않았다. 한 사람이라도 더 눈을 마주치고 싶었기에⋯. 자연도 좋지만, 더위에 짜증이 솟구치는 와중에 호의적인 사람들과의 눈마주침이 얼마나 마음을 부드럽게 하던지⋯.

미지의 영역에 대해서는 늘 두려움이 앞선다. 이번에도 마찬가지였다. 처음에 지니고 있던 그 두려움이 계속 이어졌다면 아마 우리는 중국을 채 벗어나기도 전에 한국으로 향하는 비행기에 올라야 했을 것이다. 그러나 다행히 그런 일은 일어나지 않았다. 우리의 몰골이 유독 연민과 동정을 불러일으켰는지는 몰라도 만나는 중국인 중 열에 아홉은 친절했으며, 남은 한 명은 다만 우리에게 관심이 없을 뿐이었다. 그런 사람들이 있었기 때문에 '처음'을 극복하고 '다음'으로 향할 수 있었다.

문명, 그 너머의 문명 _베이징에서 얼렌하오터까지

8월 19일, 창핑Changing 구시가지를 빠져나와 G110 도로를 따라 장자커우Zhangjiakou 시를 향해 달리기 시작했다. 시를 벗어나자 하늘은 거짓말처럼 맑아졌다. 스모그로 뒤덮인 우중충한 지역에 비해 햇볕은 뜨거웠지만, 아무렴 여행을 하는 마당에 어두운 하늘보다는 맑은 하늘 아래에서 달릴 때가 기분이 좋았다.

창핑 구는 화베이 평원North China Plain의 서북쪽 끝에 자리하고 있었다. 친황다오에서 출발하여 창핑 구에 이르기까지 우리는 쭉 평원의 길을 달렸다. 평균 해발고도가 채 50m가 되지 않는다는 그 축복받은 지형의 보은을 받으며 별 탈 없이 그곳까지 올 수 있었는데, 그 끝에 와 있다는 것은 이제 더는 지형의 혜택을 누릴 수 없다는 뜻이었다.

아니나 다를까 안장에 오른 지 얼마 되지 않아 거대한 난관을 마주했다. 험준한 옌산산맥은 누구의 통과도 허락하지 않겠다는 듯이 사방을 가로막고 위압적으로 버티며 서 있었다. 산 넘어 산, 그 너머에 또 산, 보이지 않는 데까지 겹겹이 이어진 실루엣이 모골을 송연하게 했다.

그 첩첩산중에 만리장성의 일부인 팔달령장성이 있었다. 오랜 세월을 그 자리에 있던 만큼 성벽은 산의 모습과 조화를 이루고 있었다. 울창하게 피어오른 수목들, 푸른 칠이 벗겨진 자리에 난 고고한 절벽들과 더불어 성벽에서는 위화감과 두려움을 넘어 고절함마저 느껴졌다. 값비싼 입장권을 내고 오늘 하루 아군이 된 관광객들이 성벽 내의 가파른 계단을 그래도 기꺼이 오르고 있는 모습이었다.

다만 두 바퀴 말을 탄 이방인에게 성벽은 호락호락하지 않았다. 오랜 세월 이민족들에게 공포의 대상이 되었을 굽이치는 봉우리들, 숱한 이들의 눈 감지 못한 넋이 자리하고 있을 그곳에서 우리 역시 구름 한 점 없는 정오 무렵 거의 초주검 상태가 되어 갔다.

오르막은 끝도 없이 이어졌고, 이제 끝이겠구나 싶은 곳에 산은 여지없이 다시 솟아났다. 평지에 익숙해졌던 근육들이 외마디 비명을 질렀다. 기어비를 최대한으로 낮추어도 바퀴는 직선으로 나가지 못하고 비틀거렸다. 직각으로 내리쬐는 햇볕에 아스팔트는 녹아내릴 지경이었으며 반사된 지열이 고스란히 얼굴로 전해졌다. 땀으로 온몸이 젖었지만, 이따금 불어대는 뜨거운 바람은 차라리 피하고 싶을 정도, 차갑게 준비해간 통 안의 물은 이미 미지근해져서 갈증을 식히지 못했다. 어쩜 그늘 하나를 찾아보기가 힘든지. 인류의 유산이고 나발이고 그런 것쯤 안 봐도 상관없으니 기적처럼 비라도 한 바가지 내려 줬으면 하는 바람만이 머릿속에 가득했다.

그런 와중에 들른 구멍가게는 오아시스와 같았다. 창틀에 진열되어 있던 빈 음료수병들이 어찌나 반갑던지! 그 가파른 길을 자전거로 가는 이가 그중에서도 외국인이 하루 중 얼마나 될까. 주인아주머니는 우리를 보더니 3초 정도 멍해 있다가는 재빨리 냉동고를 열어 깊숙이 보관되어 있던 얼음물 한 통씩을 우리에게 건넸다. 갈증으로 가사 상태에 이르기 직전이었으니 그때의 물맛은 어떤 산해진미와도 비교할 수 없을 정도였다.

"셰셰!"

희동과 나는 그곳에서 컵 탕몐 두 개를 사서 점심을 해결했다.

이후에도 한참을 더 오르막을 올라야 했다. 그러나 끝은 있었다. 오르막의 끝은 물론 내리막이다. 긴 시간 동안의 노고를 보상하듯이 내리막은 끝도 없이 이어졌다. 이제야 좀 살겠다.

"으아아아아!"

기분이 너무 좋아 괴상한 비명을 지르면서 우리는 페달을 밟지 않고 한동안 그렇게 시원한 바람을 만끽했다.

"평지만 있는 것보다는 가끔 이런 오르막이 있는 게 더 좋지 않냐?'

사람의 마음이란 얼마나 변덕스러운지, 불과 몇 분 전까지의 고생은 싹 잊은 채 희동이 말한다.

"아니, 그냥 내리막만 있었으면 좋겠는데? ㅋㅋ"

물론 그럴 리는 없겠지만.

만리장성을 경계로 기후는 확연히 달라졌다. 이남이 그냥 커피라면, 이북은 티오피 정도. 만리장성을 넘기 전에는 덥기만 했는데 이북으로 가니 덥고 건조하다. 갑자기 멕시코 옷을 입은 사람이 나오거나 선인장이 나타나도 놀랍지 않을 것 같은 한적한 길이 계속됐다.

이름 없는 도시에서 하룻밤을 묵은 후 우리는 점점 더 북쪽으로 이동해 갔다. 그날따라 바람이 심하게 불었다. 나란히 돌아가는 풍력 발전기를 보니 '이 지방이 원래 바람이 많은 곳이구나!' 싶었다. 바람개비들은 강을 따라 설치되어 있었는데 그 아래 펼쳐진 드넓은 옥토에 옥수수가 빼곡히 심어져 있었다. 그 사이로 드문드문 고개를 내민 해바라기가 눈길을 끌었다.

평탄한 길이 끝없이 이어졌다. 한국에서는 보기 힘든 지평선도 이곳에서는 쉽게 볼 수 있었다. 정주민의 영역을 벗어나 유목민들의 땅에 들어선 까닭인지 사람을 찾아보기는 힘들었다. 잘 닦인 아스팔트 위에서는 나무나 석탄 등을 실은 먼지 쌓인 트럭들만이 간간이 지나다녔다.

그렇게 사방을 한참을 달려도 우리 이외에 다른 지적 생명체가 보이지 않다 보니 마치 우리가 그 풍경을 독점하고 있는 것과 같은 묘한 호기가 생기기도 했다. 사람들이 우스갯소리로 말하는 그 '대륙의 마인드'라는 것이 실재하는 것이었나? 수많은 사람 속에 부대끼며 남과의 경계에 닿지 않으려고 몸을 움츠리는 법부터 배운 사람으로서는 느껴 보지 못했던 감정이었다.

시종 이어지는 느긋한 풍경 속에서 우리는 함께 있되 별로 말도 하지 않은 채 각자 다른 생각 속을 유영하고 있었다. 태양은 낮게 깔리고 구름에 가려 지상의 생물들에게 나약한 온기만을 내리고 있었다. 소멸해 가는 햇살이 침대맡 조명처럼 은은하게 만물을 비추는 시각 우리는 도시의 중심에 거의 근접해 있었다.

그즈음 길은 살짝 다른 국면으로 접어들었다. 아무것도 나타나지 않을 것 같은 풍경이 계속되다가 어느새 우리는 도시로 진입하는 동화 같은 길 위에 놓여 있었다. 낮은 초목들을 품은 작은 구릉들이 길의 오른쪽 어깨에 융기해 있었고, 왼쪽으로는 들풀이 자리를 내준 곳에 작은 공간만을 차지한 철로가 이어져 있었다. 그 너머로 끝없는 초원이 펼쳐져 있었는데 한가로이 풀을 뜯고 있는 양 떼들과 노인이 마치 밀레의 그림 속 장면인 듯 비현실적으로 느껴졌다. 때마침 노란 화물 열차가 지나가며 노란 해바라기가 나란히 흔들리고, 파스텔 톤의 태양은 여전히 낮은 담 위 살짝 걸려 있다. 좁은 길을 따라 지어진 주홍색 벽돌집들.

지어진 건물들과 세월을 이기지 못해 무너진 모래성벽들은 한 번도 가 보지 못한 사막의 향수를 느끼게 했다. 그 깊숙한 곳에 꽃처럼 숨겨진 마을, '서화원'이라는 도시였다. 어쩐지 그 분위기에 어울리는 이름이었다. 도심의 지척이지만 도저히 이대로 가다간 번화가가 나올 것 같지 않겠다 싶은 풍경이었다. 그러나 오아시스를 품은 마을처럼 느닷없이 시장통이 나타났다. 그리고 그 복잡스러운 풍경을 지나자 그럴듯한 호텔이 하나 나타났다.

　대개 많은 중국인은 자신의 영역에 들어온 낯선 이에게 무표정한 모습을 숨기지 않았다. 그러나 그것이 경계심을 드러내기 위한 의식적인 행동이기보다는 되레 낯선 사람에 대한 긴장에서 비롯되었음을 알기까지는 오래 걸리지 않았다. 그곳에서도 역시 마찬가지였다. 우리가 건물 안으로 들어갔을 때 손님이 뜸한 호텔 로비에는 여러 명의 직원이 시시콜콜한 이야기를 나누며 시간을 보내고 있었는데, 누군가 들어온 것을 확인하자마자 찬물을 끼얹은 것 마냥 장내는 일순간 조용해졌다. 그러나 피곤한 와중에도 미소를 짓고, 고개를 숙이자 그들은 이내 표정을 풀고 반갑게 여행객들을 맞이해 주었다.

　처음의 긴장감이 무색하게 직원들은 우리를 아주 극진히 대접해 주었다. 오랜만에 보는 외지인이었는지 앞치마를 두른 주방장까지 어디서 튀어나와 열 명 가까운 사람들이 짐 하나씩을 들고 객실로 옮겨 주는 통에 맨몸으로 계단을 오르는 빈손이 민망하기까지 했다. 예상치 못한 호의는 아무리 많이 마주해도 싫증이 나지 않는다. 나는 앞으로도 그런 호의가 계속되길 바라며 더 많이 웃고 더 낮게 고개를 숙이며 여행을 해야겠다고 다짐했다.

8월 21일, 북쪽으로 갈수록 날씨는 점점 가을에 가까워졌다. 가을은 특유의 습도와 조도, 온도가 마치 화학 작용을 하듯 한데 어우러져 묘한 분위기를 연출한다. 이곳의 건조한 기후와 한없이 높은 쪽빛의 하늘, 깨끗한 구름이 이미 가을의 문턱에 들어섰음을 알렸다.

온도나 습도를 느끼는 촉감에만 한정된 것은 아니었다. 처음 접한 중국인들과는 미묘하게 다른 그곳 사람들의 어투에서부터 입는 옷들, 건축물의 형태, 크지도 작지도 않은 산들이 계속되는 지형 등은 이미 중국이 아닌 다른 나라에 와 있는 듯한 착각을 불러일으켰다.

모든 것들이 변해도 한 가지 변하지 않는 것들이 있다면 어디를 달려도 늘 그림 같은 풍경들이 함께라는 사실이었다. 사람의 손길이 머문 평원은 마치 조각보처럼 시기를 달리하는 곡식들이 말간 햇살을 받으며 제각기 자라난다. 금빛으로 영근 들녘에는 풍요로움이 깃들어 있고, 사람들의 얼굴에서는 소란스럽지 않은 여유가 묻어났다. 초원에서 태어난 사람들은 그렇게 다시 초원으로 돌아가는지, 마을마다 멀지 않은 곳에 이름 없는 봉분이 일어나 있었다. 그런 곳을 지날 때 그네들의 전통악기로 빚어낸 풍악 소리라도 은은하게 들리면 성스러운 느낌이 절로 들었다.

그러나 구름이 코빼기조차 보이지 않는 하늘에서 작열하는 태양 빛은 여간 고역이 아니었다. 3시간이라고 누가 미리 말해줬으면 편했을까? 턱 끝까지 차오른 숨을 고르고자 어렵게 찾은 나무 그늘 밑에서 뒤를 돌아

봤을 때 우리는 이미 한 시간째 가파른 오르막을 기고 있었다. 녹아버린 아스팔트가 자전거 바퀴를 잡고 있는 기분이었다. 여기쯤 오면 정상이겠지 싶은 곳에서 길은 비웃기라도 하듯 여지없이 이어졌다. 멀리서 돌아가는 풍력 발전용 바람개비를 보며, 거기까지만 가면 오르막이 끝나지 않으려나 희망을 품었지만, 그곳을 지나고서도 한참을 올라야 했다.

얼마나 시간이 흘렀을까. 행정구역의 경계를 알리는 표지석이 보였다. 그리고 그 아래로 내리막길이 레드카펫 마냥 저 아래까지 길게 이어져 있었다. 오랫동안 올라온 길에 대한 보상이라도 하듯 내리막은 또 그만큼 길었다. 내리막이 끝난 곳에서 나타난 도시 장베이Jiangbei에서 하루를 묵었다.

휴식을 취하면서 우연히 GPS를 보다가 우리는 아무런 준비도 없이 올랐던 그 오르막길이 얼마나 무지막지했던 것인지를 깨달았다. 내리막을 한참 타고 내려왔는데도 여전히 고도가 1,300m라니! 그럼 도대체 정상은 몇 m였던 것일까. 말라 죽지 않은 것이 천만다행이었다.

고도가 높아져서 그런지, 기력이 달려서 그런지(아마 둘 다일 테지만) 담배를 태우려고 창을 여니 해가 진 창밖의 공기가 제법 쌀쌀했다.

8월 25일, 전날 네이멍구Neimenggu에 진입하여 화더Huade 현에서 하루를 묵었다. 장베이에서 이어지던 S245 도로는 구 경계를 지나자 208번으로 바뀌었다. 길은 G208 도로를 만나는 지점까지 갈림길 없이 이어졌다. 목표거리는 135㎞였다. 그때까지 달린 거리 중 가장 긴 거리였다. 만리장성을 포함해서 몇 번의 고갯길을 무사히 넘겨 자신이 있었다. 걱정은 없었다. 빨리 도착해서 시원한 트로피카나 팩을 까 마시고 싶다는 생각만 굴뚝같았다.

내몽고 자치구 주행 이틀째였다. 오곡의 조각보가 없어진 곳에서 끝없는 초지가 나타나기 시작했다. 우리는 선 도색조차 되지 않은, 아직까지 덜 마른 아스팔트 냄새가 올라오는 신작로를 달렸다. 그 길을 자전거로 달린 사람은 우리가 처음이지 않았을까? 갓 깔린 아스팔트 길이 선사하는 주행감은 경험해 본 사람들만이 안다. 새로 깔린 아스팔트 길은 롤러가 평탄화 작업을 한 바로 그 원형과 거의 근접하여 보통의 길과는 차원이 다른 부드러움을 선사했다.

오전 동안 평균 20㎞를 넘는 속도로 달렸다. 주행은 꽤 순조로워 보였다. 그러나 계산대로만 인생이 술술 풀린다면 이미 난 하와이 해변에서

미녀들의 부채질을 받으며 태블릿 PC로 월가의 소식들을 확인하고 있을 것이다.

정오가 가까워지자 슬슬 허기가 졌다. 가다가 가게가 나오면 들어갈 생각으로 아침마저 거른 참이었다. 적어도 한 곳쯤은 가게가 있을 줄 알았다. 한국에서 챙겨 온 피로회복제 한 알을 내게 주며 희동은 "아무리 사막이라지만 설마 가게 하나 없겠냐?"며 호언장담했다. 그러나 '설마'가 사람 잡았다. 100㎞가 넘는 그 구간 동안 가게는 단 한 곳도 없었다. 무게를 최소화하겠다며 비상식량조차 챙기지 않았다. 결국, 의도치 않게 배수진을 치게 돼버렸다. 아찔한 상황이었다.

마라톤 42.195㎞ 구간 중 가장 중도 포기가 많고 선수들이 힘들어하는 구간은 모든 힘을 소진하고 들어온 스타디움이 아니라 38~39㎞ 구간이라고 한다. 과연 그랬다. 힘들긴 해도 버틸만하게 가다가 마지막 20여

㎞를 남겨두고 거리가 좀처럼 줄어들지 않았다.

　그때 누군가가 곁에 다가왔다. 자전거를 타고 있었다. 그는 아무리 우리가 한국인이라고 말해도 옆에 바짝 달라붙어 알아들을 수 없는 말을 계속 보내왔다. 그땐 '힘들어 죽겠는데 왜 자꾸 똥파리처럼 귀찮게 하는 거야!'하는 생각밖에 들지 않았다. 그러나 쉬어가는 자리에서 그가 사과 한 개씩을 건네자 단순했던 우리는 금세 간이고 쓸개고 다 빼줄 것 같은 표정이 되었다. 그의 뒤에서 마치 후광이 비치고 있는 것만 같았다. 굶주린 육체가 과육을 온몸으로 빨아 당겼다. 그런 기분은 생동성 실험을 하느라 3일 동안 금연을 하고 나서 다시 담배를 피웠을 때 이후 처음이었다. 그전까지만 해도 10㎞도 안 되는 거리 동안 몇 번을 쉬어 가야 했지만, 사과를 먹고 힘을 얻어 마지막 23㎞를 단번에 주파할 수 있었다.

목표했던 쑤니터 우기에 도착할 수 있었던 것은 순전히 그의 덕이었다. 그뿐만 아니라 도착해서는 싼값에 방도 얻어주고, 우리나라 계좌에서 돈을 인출 할 수 있는 은행을 물어물어 안내해 주기도 했다. 근처 가게에서 저녁밥까지 사 주고 나서 그는 홀연히 자기 숙소로 떠났다. 우리에게 자신의 블로그를 보여주며 자랑스러운 표정을 짓던 그는 알고 보니 티베트에도 다녀오고 해발고도 5,000m까지 가족과 함께 자전거 여행을 한 적도 있는, 또 이외에도 중국의 많은 곳을 이미 돌아다녔으며 무엇보다 엄청난 수의 마니아를 보유한 인기 블로거였다. 사진에서 본 그의 아들은 우리 또래였다. 연세가 꽤 되었을 텐데도 불구하고 활발하게 자신의 인생을 즐기고 있는 모습이 멋졌다. '나이가 들면 저렇게 살아보는 것도 괜찮지 않을까?'라는 생각을 했다.

전날의 고생을 반면교사 삼아 이튿날에는 나서기 전에 만반의 준비를 다 했다. 그래 봤자 야영을 대비하여 필요한 식량과 물을 조금 더 넉넉하게 꾸리고, 아침밥을 든든하게 먹는 정도였지만 심정은 결연했다. 전날엔 정말이지 '이대로 가다가 죽을 수도 있겠다.' 싶었으니까.

아침을 먹기 위해 아저씨와 갔던 식당에 가서 음식을 시키고, 밥까지 주문했다. 맵기로 소문난 사천 지방의 음식이었다. 두부를 납작하게 눌러 어묵만 한 크기로 만들어 피망과 매운 소스를 곁들인 것이다. '찐푸'라는 음식이었다. 지금 생각하면 짜기만 더럽게 짜던 그 음식이 어쩜 그리 맛있었는지 모르겠다. 밥 도둑이 따로 없었다.

120㎞가량을 달려야 했기에 우려가 컸지만 그렇게 각오했던 것이 허무하게도 구간은 너무나 평이했다. 중간중간 가게도 있고 해서 어제와는 달리 편안한 주행을 했다. S208에서는 보이지 않던 제법 큼직한 마을들이 한급 높은 도로인 G208에는 종종 있었다.

8월 26일, 국경도시 얼렌하오터Erlianhaote에 도착했다. 그곳에서 이틀을 묵었다. 그 도시에서 가장 먼저 우리를 환영해준 것은 생뚱맞게도 거대한 공룡 모양의 조형물들이었다. 초라한 도로 양옆의 드넓은 대지 위에서 수십 마리의 공룡들이 금방이라도 움직일 듯이 실감 나는 자세를 하고 여행객들을 맞이하고 있었다. 그 도시가 아시아에서는 최초로 공룡화석이 발견된 지역이며, 아울러 세계 최대의 공룡 알 화석 발견지로 유명하다는 사실은 나중에 알았다. 온갖 종류의 공룡들은 우리가 마치 아주 오래된 지질시대의 한가운데에 들어와 있는 듯한 상상을 불러일으켰다. 사실 가까이 다가가 보았을 때 그 조형물들은 아주 조악하기 짝이 없었지만 메마른 대지와 어울려 그 전경은 색다른 분위기를 자아냈다.

도심 영역에 진입하자 갑작스럽게 현대적인 풍경을 마주하게 되었다. 국가와 국가를 잇는 관문답게 도시는 활기가 넘쳤다. 밀집한 주택들과 번화가에 줄지어 선 쇼핑몰, 문화공간, 음식점 등은 한국의 여느 도시와 다르지 않아 보였다. 더위를 피해 분수 둘레에 앉아 이야기를 나누는 사람들도 비슷했다.

밤이 되자 얼렌하오터는 지금껏 지나쳤던 네이멍구의 어떤 도시보다도 화려한 색채를 뽐냈다. 우리가 사막의 한복판에 있다는 사실조차 잊어버릴 정도였다. 도시 한복판 광장은 어둠이 내리자 작은 공원으로 탈바꿈했다. 사이키 조명으로 무장한 범퍼카와 소형 놀이기구들에서 뿜어져 나오는 색색의 빛들이 시야를 사로잡았다. 또한, 그 광장 둘레로 빽빽이 들어찬 숙박업소들은 휘황찬란한 조명으로 여행객들을 유혹하고 있었다.

습기가 적어서인지 해가 지자 빠르게 공기가 선선해졌다. 우리는 차가운 맥주 한 캔씩을 그러쥐고 홀짝이며 그 주변을 어슬렁거렸다. 용케 찾아낸 한국음식점에서 정체를 알 수 없는 한국식 찌개에 두꺼비가 선명한 초록색 소주 한 병씩을 비운 후였다. 낯선 나라에서 익숙한 술을 마시자 기분이 금세 감성적으로 변했다. 중국에서의 마지막 밤이 그렇게 가고 있었다.

여행을 시작한 지 2주의 시간이 지났다. 살이 피둥피둥 찌고 허여멀건하던 얼굴에서 제법 여행자의 태가 났다. 경유 국가 중 가장 위험한 지역일 거라고 예상하고 최단 거리로 돌파하고자 하였던 중국이었다. 그러나 이제 며칠 새에 정이 들었는지 발목을 잡으려 했다. 이곳을 지나는 보름 동안, 삭월이었던 마음은 어느새 망월이 되어갔다.

비록 짧은 시간이었지만 어쩐지 계속 그곳에 머물고 싶은 생각이 들었다. 그 생각의 대부분은 예상치 못하게 이곳에서 받았던 사람들의 긍정적인 사인 혹은 호의적인 환경에서 비롯된 것이었지만 그것이 전부는 아니었다. '다른 나라에 가서도 다시 이렇게 적응할 수 있을까.' 이러니저러니 해도 시작은 시작답게 힘이 들었으며, 그 때문에 겁쟁이가 되어 가고 있었다.

한 번 걱정이 시작되자 힘들었던 순간들만 자꾸 머릿속을 맴돌았다. 온몸에 석탄가루를 뒤집어쓴 채 텐트에 누웠을 때의 찜찜함이라던가, 그

늘 하나 없는 아스팔트 위에서 태양에 달궈져 뜨거워진 물을 마시며 지평선을 바라볼 때의 막막함, 혹은 아물지 못한 상처 위에 하얗게 마른 땀이 닿을 때 느껴지던 만성적인 쓰라림 같은 것들이….

숙고 끝에 우리는 자전거로 고비사막 넘기를 포기하기로 했다. 그 드넓은 사막에 맞설 자신이 없었다. 그 결정으로 이미 자전거만으로 유라시아 대륙을 횡단하고자 했던 목표는 실패한 것이었다. 불과 보름 만에… 아쉬움이 없었다면 거짓말이다. 그것에서부터 일련의 '포기'가 시작된 것이니까… 당시에도, 또 여행을 다녀와서도 그때의 결정을 얼마나 자책했는지 모른다. 자존심도 많이 상했다.

그러나 지금 그때로 다시 돌아간다면 어깨를 토닥여주며 스물셋의 어린 내게 다만 위로의 말을 건네고 싶다. 지금도 여전히 나약하기 짝이 없건만, 그때는 오죽했을까.

초원에서 길을 잃다, 몽골 _얼롄오터에서 울란바토르까지

　　　　　우리나라는 사실상의 도서 국가이다. 외국으로 가기 위해서 우리 국민들은 비행기나 선박을 이용할 뿐, 자동차나 기차를 이용하지는 못한다. 여객기를 타고, 혹은 여객선을 타고 가만히 앉아있다 보면 어디에서부터 다른 나라의 영토가 시작되었는지도 모른 채 이미 그 나라에 도착해 있는 것이다. 지도에 분명히 그어진 반듯한 국경선을 사람들은 정작 그 앞에서는 영영 보지 못한다.

　지상 위에 그려진 국경선이 우리나라에도 있기는 하다. 넘을 수도, 넘어서도 안 되는 선이지만 바다나 하늘에 있는 것과는 반대로 그것은 오히려 너무나 분명하기에 국경을 떠올렸을 때 가장 먼저 찾아온 심상은 철조망과 민둥산, 초병과 국방무늬 같은 것들이었다.

　그래서 짐짓 긴장했다. 총을 들고 경계를 서고 있을 무장한 군인들의

모습을 떠올리며 국경을 향해 나아갔다. 계획적으로 건설된 도심의 경계를 지나자 다시금 허허로운 벌판이 이어졌다. 중국을 나서 몽골로 진입하려는 화물차들이 짐을 그득그득 실은 채 도로 위에 줄지어 서 있었다. 이따금 작은 버스나 봉고 트럭이 사람들을 태우고 자전거를 앞질러 갔다. 그들이 흘리고 가는 뜨거운 바람에 땀을 식히며 천천히 나아갔다. 그러다 출입국사무소에 다 가서는 다른 운송 수단을 이용해야 했다.

　숙소를 나서서 가장 먼저 했던 일은 현금을 두둑하게 챙기는 것이었다. 중몽 국경에서는 자전거나 도보와 같이 인력으로 다른 나라에 진입하는 것을 불허 했기 때문이다. 따라서 우리도 길이 끝나는 지점에 일단 멈춰 섰다. 그리고 그 앞에서 그런 이들을 상대로 호객 행위를 벌이고 있는 십 수 대의 지프 차 중 한 대를 골랐다. 물론 그것은 민간인들이 운영하는 것이었고, 삯을 아주 비싸게 받아 처먹었다. 미리 현금을 인출 한 것도 그 때문이었다. 고작 몇 미터를 운행하는 데에 그들은 200위안을 불렀다. 도둑놈들, 그러나 예상했던 수준을 크게 벗어나지는 않는 수준이다. 그래서 흥정 없이 그저 달라는 대로 주고 거래를 마쳤다. 어차피 비싸다고 이용하지 않을 수도 없는 노릇이고, 하물며 이따위 불필요한 관행에 감정이며 에너지를 소비하고 싶지 않기 때문이다. 무엇보다 버티기에는

그들의 몰골이 너무 험상궂었다. 우리가 처음 만난 몽골인들이었다. 만화 영화 〈날아라, 슈퍼보드〉에 나오는 삼장법사의 자동차 마냥 짐이며 사람을 꾸역꾸역 쑤셔 넣고 지프 차는 국경을 향해 비적비적 기어갔다.

출발한 지 얼마나 지났다고 출입국사무소가 버젓이 눈앞에 나타났다. 육개장 사발면조차 익히지 못할 그 시간에, 그러자 운전자가 대뜸 우리더러 차에서 내리라고 했다. '차에 타서 함께 국경을 넘는 게 아니었나?' 지프 차 머리 위에 얹은 자전거를 가리키며 뭐라고 말하는 것 같은데 알아들을 수가 없었다. 눈치로 보니 자신들은 자전거와 함께 출입국관리소 너머로 가 있을 테니 우리는 맨몸으로 출국 수속을 밟고 저쯤 가서 다시 만나자는 말 같았다. '말 같지도 않은 소리. 니들을 어떻게 믿고?' 우리는 우리가 알아서 하겠다며 자전거를 내려달라고 했다.

그러나 알아서 하긴 뭘 알아서 하는가, 그들을 좀 더 믿었어야 했다.

건물로 자전거와 함께 출국심사를 받을 요량으로 들어갔는데 그곳에 상주하고 있던 직원은 가차 없이 우리를 돌려보냈다. 부랴부랴 내렸던 자리로 돌아왔지만 가버린 지프 차가 다시 돌아올 리 만무하다. 울며 겨자 먹기로 우리는 즉석에서 자전거를 실어줄 다른 차를 섭외하는 우여곡절을 겪은 끝에야 출국심사의 기회를 얻었다. 물론 별개의 차 두 대를 이용했으니 두 배의 비용을 치러야 했다. 큰일을 치른 후 담배를 입에 물었는데 그동안 입안이 어찌나 바싹 말랐는지 담배가 입술에 붙어 떨어질 줄을 몰랐다.

절차가 다 끝나고 정해진 경로에 따라 건물 뒤편으로 나와서 자전거를 실은 차가 오길 기다렸다가 마침내 자전거를 인계받고 나서야 모든 출국 절차를 마쳤다. 그 후에는 자전거를 타고선 바로 국경을 넘기만 하면 되었다. 싱글벙글하며 자전거를 타고 달리는 우리 모습이 못마땅했는지 분계선 끝에 선 공안이 자전거를 잠시 멈춰 세우기도 했으나 상급자에게 무전으로 대화를 주고받은 후에는 별 말없이 보내주었다.

그렇게 황량한 아스팔트를 조금 지나자 몽골 입국장이 보였다. 자전거를 갖고 들어가서 디파쳐Departure 카드를 쓰고 입국심사를 대충 받고 나왔다. 정말이지 다들 대충 쓰는 분위기였다. 건물 안에 바로 은행이 운영하는 환전 센터가 있어서 남겨둔 1위안 이상의 중국 화폐를 모조리 환전한 후 밖으로 빠져나왔다.

다행히 자민우드Zamiinuud 기차역은 가까이에 있었다. 안으로 들어가 보니 사람이 많지 않아 표도 금방 살 수 있을 듯했다. "그런데 우리가 원

하는 티켓을 어떻게 설명하지?" 희동이 묻자 잠시 고민하던 나는 이내 좋은 방법이 생각나 배낭에 있던 종이 한 장을 찢었다. 그리고 그 위에 기차 표시와 함께 울란바토르를 의미하는 알파벳 UB를 적었다. 의도를 파악한 희동이 여백에 4인실 침대칸을 실감 나게 그리는 동안, 나는 '두 사람'을 의미하는 몽골어를 휴대폰으로 찾아 종이에 몽골에서 사용하는 키릴 문자로 적었다. 네이버 글로벌 앱이 유용했다. 티켓은 장당 39,200 투그릭, 한화로 35,000원 정도였다. 기차는 9시 25분 출발 예정이었다. 발권 시각이 3시 30분이었으니 여섯 시간을 기다려야 했다.

이윽고 시간이 임박해오자 한 명, 두 명 개미들처럼 제 몸만 한 짐들을 낑낑거리며 실어 나르기에 우리도 휴대폰으로 보던 드라마 〈각시탈〉을 일시 정지시키고 대열에 합류했다. 자전거에 부착했던 가방들은 객실 안으로 들이고, 걱정했던 자전거 두 대는 열차 사이빈 공간에 구겨 넣었다.

꼭 피난을 가는 것처럼 열차 안은 부산했다. 표를 몇 번이나 확인하고 더듬거린 끝에 우리는 그날 밤을 보낼 보금자리에 도착했다. 호그와트로 향하기 위해 열차를 탄 해리와 론이 처음으로 인사를 나누던 그 작은 공간만 한 곳에 네 개의 작은 침대가 설치되어 있었다. 먼저 도착해 뜨거운 차를 마시고 있던 몽골인 부부에게 짧게 인사한 후 우리는 이내 2층 침대로 올라가 고개를 젖히고 누웠다. 몸을 뒤척일 때마다 침대는 부서질 듯 삐걱거리는 소리를 냈지만 그래도 아늑한 맛이 있었다.

9시 25분, 몽골Mongolia의 국경도시에서 수도인 울란바토르Ulaanbaatar까지 향하는 기차가 출발하기 시작하였다. 덜컹대는 기차에 기대어 편지를 쓸 사람은 없지만 하고 싶은 말이 많은 하루였다. 속력이 점점 빨라짐과 함께 이 작은 도시, 객실에서 새어온 불빛만이 밤을 밝혔다. 차창 밖 시야가 닿는 어디에도 불빛은 없었다. 완벽하게 어둠에 잠식된 대지와 철로 위의 일렁임은 바다를 닮아 있었다. 열어 놓은 작은 창으로 들어오는 바람이 차가웠다. 짐을 나르느라 올라왔던 열기가 금세 식어 내렸다. 보이지 않을 만큼 작은 먼지가 키보드 위에 조금씩 쌓여가는 것이 까맣게 얼룩진 손끝으로 느껴졌다. 고요했을 이 땅에 소리의 파장을 일으키며, 짐 보따리를 잔뜩 실은 기차는 아무도 없는 대해를 계속해서 나아갔다.

8월 29일, 꿈을 꾸고 있는 것인지 생각하고 있는 것인지 모를 정도로 얕은 잠에 빠진 채 밤이 지나갔다. 뒤늦게 찾아온 깊은 새벽잠에 혼곤히 잠이 든 지 얼마나 지났을까, 점차 소란스러워지는 소리에 잠이 깨었을 때 어두웠던 창밖은 온통 연한 초록빛으로 물들어 있었다. 많은 사람이 복도로 나와 아침 찬 공기를 맞으며 눈을 비비고 있었다.

오전 11시, 울란바토르 중앙역에 도착했다. 열차에서 먹으려다 타이밍을 놓쳐 고스란히 가방에 모셔져 있던 빵을 꺼내 일단 허기진 배를 채웠다. 그러면서 그제야 생각했다, '우리 이제 어디로 가지?'. 수도 라지만 도로는 엉망이고 갓길도 없을뿐더러 운전 매너는 중국 운전자 저리 가라다. '이곳

어디에 우리가 머물 곳이 있으려나.' 일단 이곳에 그리도 많다는 한국인을 만나야 실마리가 풀릴 것 같았다. 그러나 찾는 이는 코빼기도 안 보이고 우람하고 험상궂게 생긴 몽골 사람들만 보였다. '도저히 어디로 가야 할지 갈피를 못 잡겠다.' 싶은 찰나에 지도에서 말도 안 되는 글씨를 찾았다. Seoul st. 서울의 거리라니, 구글 지도에 표시된 이 영문자가 정녕 우리나라 서울을 의미하는 건지 아닌 건지는 중요한 것이 아니었다.

　지도가 보여준 그곳에 정말 떡하니 '서울의 거리'가 있었다. 그 골목에 있는 한국 식당에 들어갔다. 한국인 사장을 만나 한인 민박 정보를 알아볼 요량으로. 그러나 사장은 없었다. '한국인 사장은 출타 중'이라고, 한국어를 좀 하는 몽골인 여직원이 라면을 먹다 말고 대답했다. 그래도 들어왔으니 뭐라도 시켜야겠다 싶어 가장 저렴한 6,000원 상당의 된장찌개와 공깃밥 두 개를 시켰다. 별스럽지 않았던 밑반찬과 찬물에 별스러운 호들갑을 떨며 먹다가 그 직원에게 한인회에 관해 물으니 회보를 보여주었다. 그리고 지면에 광고되어있는 한인 민박 중 한 곳을 찾아 발을 옮겼다.

　나오는 길에 웬 한국인 아저씨 한 명이 말을 걸었다. 그는 대뜸 동양인으로서 겪을 수 있는 몽골여행의 위험에 관해 설명해 주겠다며, 얼마전 공중파 뉴스에까지 보도된 바 있는 재몽 한인 피습사건을 소개해 줬

다. 오밤중에 8명이 우르르 몰려와 머리를 축구공 차듯이 차는 등 한국인 한 명의 얼굴을 알아보기 힘들 정도로 몰매를 놓았다는 그 장소는 알고 보니 우리가 나온 식당 바로 옆집이었다. 그는 코리안 드림을 그리며 한국을 찾은 몽골인들에 대한 한국인들의 태도가 이들에게 반한 감정을 일으키고 있다고 지적했다. 분리수거도 안 될 것 같은 사람들이 한 짓에 애먼 사람들이 피해를 주고 있었다.

고비 사막을 포기하며 처음으로 경로의 수정을 결정한 후 우리는 이 외의 남은 진로에 대해서도 고민하기 시작했다. 2주 정도 해외 자전거 여행을 경험한 당시의 마음가짐은 분명히 출발하기 전과는 달랐다. 활자로만 보던 것들을 직접 경험하며 앞으로의 일정에 대한 호기심은 더욱 커져 있었다. 무엇 때문에 여행을 결심했는지 몰랐던 것과 달리 계속 나아가고 싶은 이유 또한 어렴풋이 생겼다. 그러나 무엇보다 가장 중요한 것은 길에 대해 갖고 있었던 우리의 오만함을 깨달은 것이었다. 낯선 길을 달리며 우리는 그토록 자신만만하게 했던 과거의 경험들이 얼마나 일천했던 것인지를 뼈저리게 느꼈다. 그래서 조심스러워졌다. 우리는 가고자 했던 모든 경로를 재검토한 끝에 또다시 일정을 수정할 수밖에 없었다.

우선 울란바토르부터 이어지는 몽골 서부 횡단을 포기했다. 당초 고비 사막 횡단을 포기했던 이유는 인간의 손길이 닿지 않는 영역에 관한 두려움이었다. 불행하게도 미지의 자연에 대항하기에 우리는 너무나 나약했다.

이번 경우도 마찬가지였다. 자전거는 길에 민감하게 반응했다. 따라서 어느 장소에 가든 길을 먼저 확인했다. 몽골의 길은 처참했다. 울란바토르의 모든 길은 대체로 포장이 되어 있었으나 상태가 영 좋지 않았다. 도

심은 괜찮았으나 조금만 외곽으로 나서면 관리 소홀로 인하여 엉망이 된 길이 대부분이었다. 포장한 후 한 번도 보수공사를 하지 않았는지 수렁이 곳곳에 도사리고 있었는데 얕게는 20㎝에서 깊게는 30㎝ 가까이 패여 있는 곳들도 있었다. 수도의 길이 이 정도인데 다른 곳은 어떨지, 길이 있기나 한 것일지 설불리 장담할 수 없었다.

경로를 변경시킨 두 번째 요인은 날씨였다. 막 9월의 문턱에 들어서던 때였다. 건조한 몽골에서 가을의 일교차는 상당했다. 대낮의 햇살과 바람은 여전히 여름과 같았으나 해가 진 후에는 눈만 보이지 않을 뿐 겨울을 떠올릴 정도였다. 사람을 찾아보기 힘든 드넓은 초원에서 오직 자신의 힘만으로 한 달에 가까운 긴 여정을 견디기란 불가능 해 보였다.

몽골을 버리자 이후의 모든 일정이 엉켜버렸다. 특히나 러시아, 카자흐스탄, 아제르바이잔 등 중앙아시아 및 동구권 국가들은 엄격한 비자를 요구했는데, 몽골 횡단을 포기하면서 일정이 앞당겨지는 바람에 날짜를 지정했던 그 사증들은 모두 휴짓조각이 되어버렸다. 자연스럽게 이들 국가는 여정에서 제외되었다. 많이 아쉬웠지만, 그러면서도 오히려 내심 안도했다. 그즈음 우리보다 한 달 정
도 앞서 비슷한 여정을 떠났던 한
부부가 러시아에서 폭행을 당할
뻔했음은 물론, 가는 곳마다 돌을
던지는 아이들을 만나 곤욕을 치
른 끝에 우리와 마찬가지로 경로
를 수정해야만 했다는 이야기를
들었다. 그들이 우리보다 베테랑
이었음은 물론이다. 우리는 더 이
상 자만하지 않고, 그저 우리가 감당할 수 있는 짐만을 지고자 했다. 우
리는 울란바토르에서 곧장 터키로 향하는 여객기를 타기로 했다.

울란바토르에 도착해서 터키로 향하는 여객기를 타기까지 줄곧 '통나
무 민박'이라는 곳에서 지냈다. 건축업을 하는 사장님은 젊은 시절 몽골
에 와 현지 여성과 결혼하고 정착하여 자신의 손으로 직접 커다란 목조
건물을 세웠다. 시간이 오래 지났음에도 불구하고 촉촉한 생나무 냄새를
맡을 수 있었다. 주머니 사정이 넉넉지 않았으나 그의 배려로 우리는 2층
의 넓은 방을 하나씩 쓰며 편안하게 지냈다. 사모님은 음식 솜씨가 아주
좋았으며, 시간이 날 때마다 나는 사장님의 두 살배기 막내아들, 그리고
그 아이만큼 어린 하룻강아지와 놀기를 즐겨 했다. 비록 다른 곳에 가기
는 힘들겠지만, 이곳에서 지내는 동안만이라도 부지런히 다니며 몽골의
이모저모를 살펴보려고 노력했다.

9월 2일, 몇 차례 소나기가 내릴 것이며, 최고 기온이라 봤자 섭씨 8

도, 가장 추울 땐 영하 1도까지 내려간다고 예보가 있었다. 이불 속에 있는 몸을 진저리치게 만드는 객실의 찬 공기가 바깥 온도를 짐작게 했다. 얇은 옷을 겹겹이 입고 필요한 소지품만 챙겨 길을 나섰다.

처음으로 향한 곳은 정부 청사였다. 청사의 입구에 해당하는 곳에 거대한 칭기즈칸의 동상이 수흐바토르 광장과 그 아래 펼쳐진 도시의 생동을 굽어보고 있었다. 이 나라를 움직이고 존속하게 하는 건물들은 모두 이 수흐바토르 광장 주변에 밀집해 있다 해도 과언이 아니었다. 정부청사와 시청사, 국립극장을 비롯하여 이 나라를 통째로 옮겨놓은 세 개의 박물관 또한 그곳에 있었다.

칭기즈칸 영전으로 올라가는 계단의 양옆에 늠름하게 선 기병들의 모습이 보였다. 계단에 다 올라서면 칭기즈칸의 동상 양편에 다시 두 명의 다른 인물이 각각 앉아 있는데 그리로 가는 통로의 벽에 몽골인들이 자랑스러워 마지않는 그들의 정복사가 지도와 함께 그려져 있다. 원 제국의 찬란한 역사를 새겨 넣은 유리판 위에 적힌 역사의 한 구절이 눈에 띄었다. "~에서 한반도까지 이르는 광활한 영토를 정복하고…" 기분 참 묘했다.

몽골 국립역사박물관과 국립자연사박물관은 청사 건물을 마주 보고 섰을 때 왼편에 있었다. 성인의 경우 1인당 5,000투그릭의 입장료를 받으나 국제 학생증을 소지하고 있을 시 2,500투그릭에 입장이 가능했다. 자연사 박물관의 경우 관련 전공자가 아니라면 굳이 추천해주고 싶지는 않으나, 몽골 국립 역사박물관은 이날처럼 날씨가 추울 때 언 몸을 녹이면서 천천히, 선사 시대로부터 시작하여 원 제국을 거쳐 근대에 이르러서는 국가의 수립, 중국으로부터의 독립, 시장경제로의 이행까지 일련의 과정에 몽골인들이 남긴 발자취를 지그시 한 번 지켜볼 수 있는 좋은 장소였다.

서두를 것 없이 천천히 중심가인 피스 애비뉴Peace Ave를 거닐었다. 9월의 첫날이면서 토요일이었다. 신학기를 맞은 도시의 아침은 분주했다. 쌀쌀한 날씨임에도 불구하고 두꺼운 외투를 여민 학생들의 얼굴은 상기된 표정이었다. 몽골국제대학교MIU는 피스 애비뉴가 시작되는 점에 있었다. 한껏 멋을 부린 학생들과 옆구리에 낀 두꺼운 서적들이 우리나라 학생들과 다르지 않았다. 곳곳에 파인 곳이 많아 가뜩이나 다니기 힘들었던 노면에 간밤에 내린 비가 고여 도로는 온통 진흙투성이였다. 그 흙탕물 피하랴, 양보 없는 자동차들 피하랴, 등교 중인 대학생들은 한눈을 팔 틈이 없었다. MIU 정문 앞에서부터, 피스 애비뉴의 차로 양편의 중간에 작은 정원과 함께 인도가 이어져 있었고 그 길을 따라 걸었다.

도시의 모습은 그 이력을 짐작게 했다. 울란바토르는 그 작은 도시를 두고 세계의 여러 선진국이 각축을 벌이고 있는 모습이었다. 공산권이 붕괴하기 전의 모습을 미루어 짐작할 수 있게 하는 것은 오로지 간판에 적힌 키릴 문자 표기뿐이었다. 도시의 높은 빌딩들은 모두 외국인 소유의 호텔이거나 사옥이었으며, 벽을 도배한 광고의 주인공은 모두 외국의 공산품이었다. 이를 가장 상징적으로 보여주는 것이 다양한 음식점들이었다. 양식은 물론, 일식, 중식, 인도나 터키, 이란에 이르기까지 다양한 국가의 음식점들이 거리에 즐비했다. 오히려 몽골 음식을 전문으로 파는 음식점을 찾기가 더 어려울 지경이었다. 대형마트에서도 마찬가지였다. 높은 관세 탓에 고가임에도 불구하고 외국의 공산품들이 국내 생산품보다 더 많은 공간을 차지하고 있었다.

그 아귀다툼 속에서 우리나라는 어느 정도 우위를 점하고 있는 것처럼 보였다. 울란바토르 시내를 관광하며 그 속에 있는 한국을 발견하는 건 쏠쏠한 재미였다. 반한 감정이 심한 탓에 한글표기를 보기는 어려웠지만, 부러 찾으려고 하지 않아도 한식 레스토랑이 심심찮게 보였다. 수원 식당, 대구 식당, 전주 식당과 같이 지역의 이름을 딴 음식점부터 시작해서 늦은 시간까지 야식 배달이 가능한 곳도, 한국식 치킨집도 있었다. 보통 가장 저렴한 찌개류가 7,000~8,000투그릭 정도이니 부담될 만한 수준은 아니었다.

점심을 먹은 후 우리는 간단 사원으로 향했다. 민선으로 대통령이 선출되고 민주주의가 뿌리를 내린 후 이 나라에도 종교의 자유가 법적으로 보장되었으나 본래 몽골은 전통적으로 라마 불교의 영역이었다. 지금도 계속되고 있는 초고속 경제 성장의 과정에서 많은 사원이 사라졌으나 간단 사원만은 여전히 그 명맥을 유지하고 있었다. 적어도 외견상으로는 그랬다. 정작 절 내로 들어가자 관광객이 너무 많아 가사를 걸친 스님들을 보기는 어려웠다. 다만 도시를 참새들에게 양보한 엄청난 양의 비둘기들이 오로지 그곳을 지키고 있을 뿐이었다. 비둘기 지옥이 따로 없었다.

사원 건물의 모든 지붕에는 금색의 기와가 얹어져 있었다. 금색은 불교의 상징색이라고 한다. 몽골의 불교와 그 뿌리를 같이하는 티베트 불교 Tibetan Buddhism의 그 '티베트'라는 말 또한 '광명이 비추는 금색 꼭대기'라는 뜻이 있다. 황제의 색이기도 한 금색은 가장 높은 것 즉 하늘, 신격과 관련되어 불교에서 중요한 부분을 차지하고 있었다. 건물의 둘레에는 다양한 크기와 모양의 금색 원통들이 있었는데 지나는 관광객들이 그 원통들을 한 번씩 돌리며 지나친다. 그렇게만 해도 복이 들어온다고 해서 우리도 열심히 돌렸다.

간단 사원과 더불어 울란바토르의 가장 유명한 관광지는 자이승 전망대Zaisan Memorial였다. 간단 사원은 수흐바토르 광장Suhbator Square으로부터 서쪽으로 멀지 않은 곳에 있고, 자이승 전망대는 남쪽으로 도시가 끝나고 산이 시작되는 곳에 있었다. 무식하게 한 시간 반을 걸어 그곳에 갔다. 자이승 전망대로 가고자 하면 동서로 맑은 물이 흐르는 작은 개천을 지나야 했다. 시가지에서 멀지 않은 곳에 이리도 맑은 물이 흐르고 있고 먼지 하나 없이 파릇한 나무들이 자라고 있는 것을 보며 '과연 몽골이구나.'하는 생각이 들었다.

　반면 개천의 남쪽, 산등성이 아래에는 개발이 한창이었다. 당시 몽골이 울란바토르에 10만여 가구의 아파트 단지를 더 조성할 계획을 하고 있다는 소식을 들었다. 자원이 많은 나라이기 때문에 80만이 조금 넘는 울란바토르 전체 시민에게 아파트를 공짜로 돌리고도 예산이 차고 넘치지 않겠느냐며 숙소에 머무는 동안 누군가가 말했다. 적은 인구로 다 감당이 되지 않을 만큼의 엄청난 자원을 가진 이 나라야말로 기회의 땅이 아닐까. 그래서 한인들이 이곳에 그리 많이 정착해 있는지도 모르겠다.

　자이승 전망대로 가는 길목에 몽골답지 않게 깔끔하게 정리된 작은 공원을 볼 수 있었다. 정비되지 않은 도시에서 마치 다른 나라인 것처럼 자리한 그 공원을 보며 경건한 마음이 먼저 들었다. 애국지사 이태준 선생의 추모 공원이었다. 몽골에서 의료 기술을 베풀며 그들 사이에서 '신이 내린 의사로'까지 추앙받아 몽골 마지막 황제의 주치의까지 지냈던 선생은 무엇보다 의열단에 소속되기도 한 애국지사였다. 그러나 일본군과 긴밀한 관계를 유지하던 백계 러시아군의 공작에 결국 38세의 젊은 나이에 유명을 달리하고 이곳에 잠들었다. 공원 내부에 선생의 묘가 자리하고 있었다. 고인이 되어서도 몽골인들에게 사랑받고 있는 선생은 과연 어떻게 생각하실까? 몽골 노동자들을 착취하고 억압하여 몽골 사회 전반에 반한 감정을 고조시키고 있는 후손들을 보며….

자이승 전망대는 2차 세계대전 참전 및 승전을 기리기 위해 지어졌다. 기념탑이 서 있고, 둥근 건물의 내부에 전쟁과 관련한 삽화가 그려져 있었다. 다른 무엇보다 이곳이 명소인 이유는 울란바토르 도시 전체를 한눈에 볼 수 있기 때문이었다. 그러나 기대와 달리 울란바토르의 도시 전경은 초라하기 그지없었다. 어느 하나 같은 건물이 없었다. 중구난방으로 지어진 건물들은 무분별하고 형편없어 보였다. 시가지 뒤로는 한참이나 낮은 주택가가 이어져 있었다. 그 분명한 단절은 극심한 빈부격차를 상징하는 것이었기에 그 또한 곱게 보이지 않았다.

돌아오는 길은 멀기만 했다. 체력을 다 소진한 탓에 내딛는 발이 무거웠다. 퇴근길 도로는 집에 일찍 가려는 이들의 무질서로 평소보다 복잡했다. 가는 길목에 차도 쪽으로 손을 들고 택시를 잡는 사람이 많았다. 몽골에는 차만 있으면 영업할 수 있다고 한다. 우리는 말도 통하지 않고, 걷는 게 더 빠를 것 같아 그냥 걷기로 했다. 그 날 어림잡아 30㎞ 정도를 걸어 기어이 앓아눕고 말았다.

9월 3일엔 테렐지 국립공원Gorkhi-Terelj National Park에 갔다. 일찍 채비하고 길을 나섰다. 감기 때문에 전날 하루 동안 푹 쉰 덕에 몸이 개운

했다. 쌀쌀한 아침 공기를 맞으며 더없이 총명해지는 기분을 느꼈다. 시원스레 페달을 구르며 우리를 기다리고 있을 푸른 신록과 냇물을 상상했다. 테렐지는 어느 한 지점을 일컫는 것이 아니라 영역을 가리키는 것이므로 다 경험하기에는 무리가 있었다. 그래도 '몽골까지 와서 게르Ger에서 하룻밤을 안자면 예의가 아니지.' 생각하며 기분이라도 내보자며 길을 나선 것이었다.

　울란바토르에서 우리가 목적한 곳까지는 테렐지 로드를 따라 70여 ㎞를 달려야 했다. 구글 지도에 노랗게 표시된 경로만 따라간다면 아무리 늦어도 다섯 시간 내에 도착하겠거니 생각했다. 그러나 누군가 우리처럼 자전거로 테렐지를 찾고자 한다면 뜯어말리고 싶다. 고집부리지 않고 차를 타고 왔다면 더 많은 기회를 가질 수 있을 텐데… 길은 험준했다. 5시간이면 주파할 수 있을 거라는 예상은 무참히 빗나갔다. 도시를 벗어나자 서서

히 인적이 드물어지더니 어느새 비포장도로가 나타났다. 산에 있는 돌을 모두 도로에 쏟아 부은 것처럼 노면에 타조 알만한 돌멩이투성이이었다.

동물들은 지키는 사람도 없이 자유로이 이동하며 풀을 뜯고 있었다. 수백 마리의 염소와 말, 소가 조화롭게 풀을 뜯고 있는 모습은 과연 장관이었다. 그러나 아직도 길은 멀고, 꼭 누가 바리깡으로 밀어놓은 것처럼 매끈한 모습의 낮은 봉우리들이 끝없이 이어지는 그 풍경은 고된 여행자들에게 경외감을 일으키고, 아름다움과 함께 막막함을 느끼게 했다.

국립공원에 거의 다다라서는 어느 동물이건 간에 얽매이지 않고 자유로이 초원을 활보하고 있었다. 문제는 개도 마찬가지라는 것이었다. 초식

동물들은 사람을 보고 지레 피하게 마련이었는데 개는 그 반대였다.

어느 방목장을 지날 때 그 방목장 안의 작은 게르 앞을 지키던 개 두 마리와 눈이 마주쳤다. 거대한 풍채를 보아하니 귀신을 볼 수 있는 눈을 가졌다는 몽골의 영험한 견공 '방카르'가 틀림없었다. 놈들은 대뜸 맹렬하게 짖더니만, 게르 안에 있던 다른 개 3마리와 함께 무서운 기세로 우리를 향해 달려오기 시작했다. 모두 다섯 마리의 늑대만 한 개들이 미친 듯이 짖으며 달려오는 모습을 보자 생명의 위협마저 느꼈다. '이대로 있다가는 진짜 죽는다.' 쫓아오는 걸 피해 우리는 진흙탕 위를 죽기 살기로 달리며 줄행랑을 쳤다. 그러나 그 개들과의 거리는 좁혀져만 갔다. 나와 희동은 어디로 향하는지도 모른 채 앞만 보고 달리다가 서로 멀어졌다. 정신을 차리고 뒤를 돌아봤을 때 희동의 곁에서 두 마리의 맹견이 사납게 짖고 있는 모습이 보였다. 아찔했다. 다가가지도 멀어지지도 못한 채 이러지도 저러지도 못하고 나는 그저 개들의 시선을 돌리기 위해 돌을 던지며 고래고래 소리 질렀다. 그러나 개들은 도약하면 잡을 수 있을 만큼의 거리까지 접근하고서도 짖기만 할 뿐 달려들거나 물지는 않고 있었다. 천만다행이었다. 우리는 그제야 정신을 차리고 제대로 방향을 잡고 달린 끝에 가까스로 그 지옥 같은 방목장을 빠져나오는 데 성공했다. 일정 영역을 벗어나자 놈들은 더 이상 따라오지 않았다. 지키는 개들의 본능이었는지도 모르겠다.

무리하게 근육을 움직인 탓에 그나마 남아있던 에너지를 모두 소진한 우리는 본격적으로 산이 시작되는 초입에 다다라 눈에 잘 띄지 않는 곳에 자전거를 두고 걷기 시작했다. 안장에서 내려오자 오히려 몸과 마음이 홀

가분해졌다. 여러 개의 언덕과 작은 산을 넘
고, 끝없이 이어지는 푸른 초원을 우리는 걸
었다. 이따금 갈기가 아주 긴 말들이 무리 지
어 달렸고, 백사장에 남겨진 조가비처럼 드
문드문 모여 있는 게르들을 볼 수 있었다.

통나무 민박을 나선 지 여덟 시간이 지난
후에야 관광객들을 상대하는 한 마을에 도
착할 수 있었다. 선택하거나 흥정할 의욕도
없이, 도착하자마자 보이던 관광용 게르에
40,000투그릭으로 들어갔다. 객을 들이기

위한 용도로 꾸며졌기 때문에 게르에는 침대
와 탁자만이 덩그러니 놓여있었다. 작고 노란
전구가 온 방 안을 비추고, 중앙에 있는 나
무 난로가 빠른 속도로 나무 장작을 태웠다.

나무 타는 냄새와 소리가 고즈넉하니 좋았다. 판테온의 천장과 같이 뚫린
동그란 창을 별이 맑은 하늘이 그대로 들어왔다. 신석기 시대 움집에 들
어와 있는 것도 같고, 혹한기 훈련 중 행정반 텐트에 들어와 있는 것 같기
도 했다. 몸을 채 씻지 못한 상태에서 느껴지는 약간의 찜찜함이 묘하게
분위기에 어울렸다. 따뜻한 방안에서 맥주 기운이 스멀스멀 올라왔다.

메뚜기도 한철이고, 열흘 붉은 꽃이 없다는데, 이곳 또한 그런가 보다.
몽골에서 가장 유명한 관광지라는 테렐지 국립공원이었지만, 워낙 추운
날씨에 관광객이 끊긴 듯했다. 그 덕에 관광지라기보다는 외진 곳에 있는

시골 마을에 불과했다. 그곳에서 네댓 명의 아이들은 눌어붙은 콧물도 아랑곳하지 않고 찬물에 신발을 적셔 가며 놀고 있었다.

초겨울의 언덕배기에 있는 옥수수밭 너머로 천천히 해가 저무는 시각, 마을에 하나뿐인 가로등이 아이의 손길에 의해 하얀 불씨를 틔운다. 노랗게, 서서히 밝아지며 저 혼자 마을을 비추는 가로등 불빛 아래, 겨우 네댓 집이나 될까, 밥 짓는 냄새가 피어오르고 우리 집 부엌 아궁이도 바쁘게 장작을 태운다. 벌겋게 상기된 얼굴 위로 쌀쌀한 바람에 하얗게 튼 볼, 콧물을 훌쩍거리던 아이들이 제 어머니의 부름에 한둘씩 집으로 향하던 그 시각. 떠들썩한 소리는 이내 어둠 속으로 흩어지고, 멀리 개 짖는 소리만이 아득하다.

아이는 메주 냄새, 청국장 냄새가 나는 제집으로 들어가 동생과 엄마 곁에 나란히 앉아 언 볼을 아궁이에 녹인다. 가끔 그 아궁이 속에는 어머니가 미리 넣어 둔 밤톨이나 고구마 따위가 있었고, 한 편에 자리한 장작더미에서는 마른 솔 냄새가 났다. 솥에 데워진 뜨거운 물을 초록색 양동이에 반만치 담고, 거기에 다시 찬 지하수를 받아 느끼기 따뜻할 정도로 섞는다. 그 물을 겨우겨우 수돗가에 들고 가 추위에 떨며 목욕을 하는 어린 날의 나, 추수가 끝나 그 밑동만이 초라하게 늘어서 있는 벼와 함정처럼 얹어진 살얼음, 처마 밑에 늘어진 시래기, 네 식구가 자던 좁은 방, 커튼 아래로 스며들어오는 찬 공기 같은 것들.

그 무렵 학교에는 단지 모양의 낡은 양철 난로가 교실에 놓이고, 아침이면 당번이 땔감을 들고 온다. 고작 여남은 아이들은 쉬는 시간이면 그 앞에 옹기종기. 가끔은 가져온 고구마를 굽기도 하고, 감자를 굽기도 했다. 몽골의 전통가옥에서 그 시절이 떠올랐다.

　9월 4일, 뚫린 천장으로 들어오는 빛에 아침임을 알았다. 추위를 염려했으나 눈이 부시도록 밝은 햇살이 아침을 따사롭게 했다. 게르 캠프 앞에는 작은 계곡이 흘렀다. 그리고 병풍처럼 그 계곡을 두른 산, 마루에는 이미 낙엽이 보이지 않는 뾰족한 침엽수들이 꼿꼿하게 서 있고, 아래 계곡으로 가까워질수록 활엽수림이 드리워 있었다. 이미 온몸으로 가을을 받아들인 몇몇 성급한 나무들은 벌써 노랗게 잎을 물들이고 있었다. 낭만을 아는 어느 태공은 계곡 지척까지 내려와 차를 대고 긴 낚싯대를 드리우고 있었다. 그런 것들을 넋이 나간 채 지켜보는 발밑으로 풀머리가 가만 흔들렸다.

　깨어나는 아침의 활기에 경쾌한 발걸음으로 자전거가 있는 곳까지 다시 오래도록 걸었다. 전날의 막막함은 안정감으로 바뀌었다. 골짜기를 지날 때마다 바람이 불어 땀을 식혀 주었고 몸이 으슬으슬할 때마다 등 뒤를 따스한 햇볕이 감싸 주었다. 오감을 타고 전해지는 그 느낌들이 너무나 편안해서 여러 상념이 꼬리를 물었다. 도달해야 할 곳이 있고, 분명하게 끝이 정해진 고됨이 마음을 평온하게 했다.

　테렐지에서의 시간을 마지막으로 몽골에서의 짧은 일정을 마무리했다. 떠나기 전날 밤 사장님과 조촐한 삼겹살 파티를 하였다. 그 날 먹었던 돼지고기 맛을 잊지 못한다. 적당히 기름이 밴 두툼한 고기와 그 둘레를 감싼 저린 명이 나물의 환상적인 조화. 그리고 정체된 목구멍을 원활하게 하던 맥주의 청량한 느낌까지도….

　머무는 동안 그는 가끔 집안에서 빈둥거리고 있는 우리를 보며 못마 땅한 듯 싫은 소리를 하곤 했다. '여행한다는 놈들이 집 안에만 처박혀서 뭐 하고 있느냐?'며, 그 말이 안타까운 마음에서 비롯되었다는 것을 잘 안다. 시쳇말로 '츤츤' 거리면서도 이런저런 배려를 아끼지 않았던 그는 정말이지 아버지 같았고, 가끔 그런 말들을 하며 우리가 지니고 있던 만 성적인 게으름을 물리쳐 주었다.

　이튿날 새벽 우리는 사장님이 섭외해준 다마스에 자전거를 실었다. 여 차하면 자전거를 타고 칭기즈칸 공항까지 갈 생각이었건만, 마지막까지 신경을 써 주신 내외에게 감사를 표하며, 언제 일지는 모르겠지만, 몽골 을 다시 찾는 날 꼭 다시 인사드리겠다고 말했다. 많이 아쉬웠다. 그분들 과 헤어지는 것도 그렇거니와 몽골의 더 많은 곳을 보지 못하고 떠나는 것이….

　자동차를 타고 공항으로 가는 내내 첫새벽의 한기가 온몸으로 전해졌 다. 그러면서도 선잠에서 깬 정신이 뜨거운 히터 바람에 긴장이 풀려 여 전히 꿈속에서 헤매고 있었다. 스테레오를 타고 알아들을 수 없는 몽골 음악이 흘러나왔다. 새벽의 설렘과 우울을 동시에 느끼며 모스크바행 비 행기에 몸을 실었다.

다시 처음부터, 다시

두 바 퀴 로 떠 난 유 라 시 아

여행자의 요람, 터키 _이스탄불에서 앙카라까지

9월 7일 이스탄불Istanbul 공항에 내렸다. 새벽 세 시였다. 하루 중 가장 어둡고 서늘한 시간이었을 테지만 이스탄불의 새벽바람은 몽골의 한파에 비하면 차라리 훈풍이었다. 벌써 40여 시간 째 제대로 된 잠을 자지 못한 상태였지만 없던 힘이 샘솟는 기분이었다. 한국 국적을 가졌다는 이유만으로 그곳에서부터 포르투갈Portugal까지의 모든 길이 허락되었다. 비자가 어떻고 국경 통과가 어떻고, 길을 가로막을 것은 이제 아무것도 없다는 사실에 벅찼다. 새벽 도로는 한적했다. 오랜만에 보는 말끔한 도로, 비행기와 기차를 오르내리며 가벼워진 짐, 쾌적할 정도의 온도와 습도, 바다 내음을 실은 바람 등 모든 것이 흡족했다. 페달을 누르는 허벅지에 저절로 힘이 붙었다.

점찍어둔 게스트하우스로 향했다. 초행이었고, 어느 블로그에서 본 약

도 한 장이 전부였지만 당시에는 신기하게도 그 정도만 있으면 어디든 잘
도 찾아갔다. 어쨌든 빨리 가서 드러눕고 싶은 생각밖에 없었다. 그런데
아뿔싸! 꼭두새벽이란 걸 알아챈 건 나중의 일이었다. 지나치게 일찍 목
적지에 도착해버렸다. 그때만 해도 숙박업소에 대한 개념이 없었다. 물론
예약도 따로 하지 않은 상태였다. '7시까지만 기다려보자'고 했던 그때가
네 시였다. 움직일 때는 몰랐는데 가만히 있다 보니 조금씩 한기가 느껴
졌다. 옷깃을 여미고 게스트하우스가 입주한 공동 주택 입구를 하릴없이
서성거렸다. 도로 요철에 떡 진 머리를 풀어헤친 채 앉아 있는 희동은 거
지꼴이 따로 없었다.

첫새벽의 기약 없는 기다림이 계속됐다. 그러다 5시 30분쯤 됐을까?
몇 군데 주택에서 불이 커졌다. 그 서너 군데 가옥에서 은은하게 이슬람
종교 음악이 들려 왔다. 아직 어둠이 채 가시기 전이었다. 울림이 마치 우
리나라의 '창' 같았다. 불 켜진 그 방 안에 메카를 향해 기도를 올리고 있
었을까, 터키의 재개발 구역에 일순간 신성한 분위기가 내려앉았다.

아침을 재촉하는 그 소리를 들었는지 하늘이 서서히 밝아지기 시작했
다. 몇 분 지나지 않아 사위가 금세 환해졌다. 조금만 더 기다렸다 들어
가면 좋을 듯싶은데, 그 사이 희동의 상태는 심각해져 있었다. 몸을 으
슬으슬 떨고 어찌할 바를 모르고 있기에 염치불구하고 결국 6시 30분에
벨을 눌렀다. 다행히 그 소리를 듣고 매니저가 밖으로 나왔다. 마침 그때
일어났다고 하는데 우릴 배려하는 선의의 거짓말 같았다. 그는 우리를 4
층으로 안내했다. 엘리베이터를 타고 올라갔다. 우리나라에서 보통 1층으
로 표시하는 층이 그곳에서는 0층이었다. 이런 것도 이국적이었다.

'구름 민박'이라는 곳이었다. 체크인을 위해서는 조금 더 기다려야 했지만, 매니저의 배려로 그 시간 동안 옥탑의 아늑한 공간에서 편히 있을 수 있었다. 아까부터 올라오기 시작한 태양이 그제 건물들 사이로 모습을 드러냈다. 터키Turkey에서 처음 본 일출은 어스름한 노을빛이었다. 주황색 조광이 넓게 퍼지면서 도시를 비추고 있었다. 멀리서는 신화의 바다에게 해가 보였다. 뾰족하게 솟은 블루 모스크Blue Mosque도 희미하게 모습을 드러냈다. 복잡한 시가지 안에 아무렇지 않게 자리한 인류의 유산이라니, 이래서 이 도시 더러 과거와 현재가 공존하는 곳이라 하는가보다. 옥탑 테라스에서 느긋하게 도시의 전경을 바라보며 우리는 다시금 꿈에 부풀어 오르고 있었다.

9월 8일, 밀린 잠을 몰아서 자고 이튿날 밖으로 나왔다. 이스탄불은 세 개의 구역으로 나뉘었다. 동서양의 경계가 되는 보스포루스 해협Bosporus Str을 기점으로 한 번, 그중 서양 쪽에 위치한 지역이 다시 골든 홀을 경계로 구시가지와 신시가지로 나뉘었다. 우리는 마르마라 해안을 따라 구시가지로 달렸다. 먼바다에 신기루처럼 희미하게 건너편의 모습이 보였다. 바다에는 크루즈 몇 척이 순항하고 있었다. 달리는 길에는 해안을 따라 방파제 역할을 하는 바위들이 놓여 있었다. 사람들은 그곳에 앉아 낚시하거나 그 위에 옷가지를 벗어 던지고 자맥질을 했다. 데워진 바위 위에서 일광욕을 즐기는 이들도 보인다. 몽골에서는 상상도 할 수 없는 늘어지게 여유로운 풍경이었다.

아야소피아 성당Hagia Sophia Museum을 찾아갔다. 근처에 가니 우선 곳곳에서 돔Dome과 모스크Mosque가 보였다. 이정표를 따라가다 보니 아스팔트 도로 옆으로 보행자 위주의 좁은 골목이 나타났다. 거기서부터가 시작이었다. 양옆으로 빼곡하게 TV에서만 보던 아기자기한 유럽풍 상점들이 즐비해 있었다. 대개 1층은 레스토랑이었고 그 위는 호텔이었다. 술탄아흐메트See Sultanahmet와 아야소피아 성당 사이의 광장에는 수많은 관광객이 있었다. 사람들은 친절하고 적극적이었다. 자전거를 타고 있는 우리를 보고 그들은 스스럼없이 다가와 따뜻한 말과 격려를 건넸다. 수줍은 사람들은 말없이 엄지를 치켜세우거나 웃음을 띄워 보냈다. 이슬람 전통복장을 입은 사람들이 특히 인상적이었다. 보수적일 것이라는 예상과는 다르게 그들 또한 다른 사람들과 별반 차이가 없었다. 사진을 찍자고 제안하는 사람들과 몇 번 사진을 찍었는데 그 제안을 처음 한 일행도

이슬람 전통의상을 입은 일가족이었다.

　아야소피아 성당을 보고 술탄아흐메트를 차례로 들른 후 아침에 예약해 둔 호스텔로 갔다. 숙박료는 한 사람당 12리라였다. 한화로 만 원이 채 안 되는 가격이다. 배정된 객실은 '20 Bed Shared Tent' 형식이었다. 처음 시도한 예약이었다. 가장 저렴하기에 고르긴 했지만, 그때는 도대체 저게 무슨 말인지 상상이 되지 않았다. 알고 봤더니 우리가 묵을 곳은 옥상이었다. 매니저가 안내한 곳에는 매트와 담요만 덩그러니 놓여 있을 뿐이었다. 지붕도 없었다. 운영자가 레게와 축구를 좋아하는지, 밥 말리 티셔츠와 축구 유니폼이 많이 여기저기 걸려 있을 뿐이었다. "이게 뭐야?" 어리둥절했다. 그런데 어차피 무를 수도 없으니 '에라, 모르겠다'며 매트에 드러눕고 보니 인근의 풍경이 훤히 보여 갈수록 마음에 들었다. 옆 건물 옥상에도 비슷한 환경이 조성된 모습을 보니 그런 객실 유형이 보편적인 눈치였다.

　이러니저러니 해도 그 호스텔은 입지가 참 좋았다. 엎드려 있는 왼쪽으로는 마르마라의 푸른 바닷물이, 오른쪽으로는 대 제국의 영광을 상징하는 아야소피아 성당이 보였다. 여섯 시가 가까워지자 성당의 둥근 돔위로 태양이 졌다. 그리고 모스크 위에는 예의 그 이슬람 염불 소리가 들렸다. 마치 따라 부르기라도 하듯이 갈매기들은 오래된 건물을 배회하며 처연하게 울었다. 이슬람 국가에서 가장 유명한 건물이 가톨릭 성당이고, 그곳에서 이슬람 염이 들린다는 사실이 아이러니했다. 밤이 되면 머리맡에 검은 장막이 덮이고 수많은 별이 수 놓였다. 아래로부터 나오는

은은한 조명에 성당은 하나의 전시물처럼 성스럽게 빛났다.

다음 날 아침을 먹기 위해 1층으로 내려갔다. 관광객을 대상으로 하는 대부분 숙박업소가 이렇게 아침을 제공하고 있었다. 자리에 앉자 직원 한 명이 와서 커피와 차 중에 어느 것을 마시겠느냐고 물었다. 나는 차를, 희동은 커피를 주문했다. 차가 나오고, 곧이어 작은 바구니 안에 먹기 좋게 썰어 놓은 바게트가 수북이 쌓여 탁자 위에 놓였다. 더불어 작은 소반에 완숙한 달걀 한 알, 오이와 토마토 조금, 버터와 잼, 치즈 등도 함께 놓였다. 금방 살짝 데워서 내어 놓았는지 빵이 부드러웠다. 식량 자급률 100%를 자랑할 정도로 들이 풍요로운 이 나라, 그중에서도 고기와 더불어 주식인 빵은 특히나 좋은 토양에서 자란 밀로 만든다고 했다. 아무것도 곁들이지 않았음에도 빵이 지닌 고유의 맛이 담백하게 전해졌다.

9월 9일에는 스파이시 바자르Spice Bazaar를 찾아갔다. 이 나라 최대의 재래시장 중 하나였다. 골든 혼Golden Horn을 잇는 다리인 갈라타 브릿지Galata Bridge와 함께 직선 상에 있었다. 그래선지 입구부터 관광객들이 매우 많았다. 거기 상주하고 있을 것으로 추측되는 비둘기들의 숫자만큼이나 많았다. 스파이시 바자르라는 명칭에 걸맞게 시장 안에는 코를 자극하는 매콤한 향신료 냄새가 가득했다. 그뿐만 아니라 화려한 조각품에서부터, 오색 빛깔의 향신료, 기하학적 문양이 수놓아진 양탄자들까지 진열되어있는 수많은 상품이 눈이 시릴 정도로 반짝거리며 여행자를 유혹하고 있었다. 우리 마냥 그저 구경하러 온 사람들도 있었을 것이고, 맘에 드는 것이 있으면 구매할 마음으로 그곳을 찾은 이도 있었을 것이다. 이래저래 시장은 다양한 인종의 사람들로 가득했다. 상인들은 호객 행위에 여념이 없었다. 우리에게도 예외는 아니었다. 점포를 지날 때마다 '곤니찌와, 도조, 아나따와 니혼진 데스까?' 등의 말들이 들려왔다. '형제의 나라라면서?!' 한국어는 하나도 들리지 않아서 아주 조금은 서운했다.

시장을 나와서는 갈라타 브릿지로 갔다. 제법 길게 이어진 교각의 양쪽 난간에는 강태공들이 줄지어 낚싯대를 드리우고 있었다. 그렇게 잡은 고기로 만드는 것인지는 잘 모르겠으나, 어쨌든 이 다리에서는 고등어 케밥이 유명하다고 했다. 자반고등어를 빵과 함께 먹어볼 줄 언제 상상이나 해 봤겠는가, 그러나 그것이 실제로 일어났다. 유명한 음식이니 당연히 제조과정이 까다로울 줄 알았는데 집에서도 만들어 먹을 수 있을 만큼 의외로 단순했다. 먼저 긴 바게트를 2등분 하고, 나눈 것의 가운데에 칼집을 낸다. 그리고는 통 뼈를 발라낸 자반고등어를 칼집을 낸 빵 사이에 놓고 피망, 토마토, 향신료를 곁들인다. '이게 조화가 될까?' 싶었는데 짭조름하니 맛있고 의외로 재료 간에 궁합이 맞았다.

신시가지를 들러 그곳에 잡아둔 숙소에서 하루를 마무리했다. 신시가

지에서는 흥미를 끈 것이 별로 없었다. 구시가지와 달리 현대적 건물 일색에 도로는 차들로 가득했다. 사람과 차로 붐비는 도시에서는 자전거가 기를 펴지 못했다. 구시가지에 있을 때는 하루라도 더 머무르고 싶은 생각이었는데 신시가지에서 빌딩 숲을 경험하고 나니 주행에 대한 욕망이 샘솟았다.

9월 10일, 다시 아시아 대륙으로 돌아왔다. 동서양을 넘나드는 데는 그리 많은 시간과 비용이 필요하지 않았다. 자전거 동반 비용 3리라를 포함, 한 사람당 6리라(한화 2,000원 상당)의 비용으로 배를 탈 수 있었다. 10분이나 지났을까, 구시가지 선착장을 떠난 페리보트는 미처 풍경에 적응을 마치기도 전에 하렘Harem항에 도착했다. 골든 혼과 보스포러스 해협이 만나는 그 좁은 바다에 배들이 많이도 떠 있었다. 거대한 크루즈에 서부터 바지선에 이르기까지 그 종류가 삶의 모습만큼이나 다양했다.

하렘 항에서 내려 D100 국도를 달렸다. 1차 목적지인 앙카라가 이정 표에 나왔다. 대 도시를 잇는 주요 도로인 까닭에 차선도 넓고 차도 많았 다. 자동차들이 모두 고속도로에 준하는 속력으로 달리고 있어 긴장해야 했다. 보스포러스 해협을 지나고 나니 주택이 밀집한 평범한 도시의 모습 이 이어졌다. 하나같이 황토색 지붕을 두르고 있는 모습이 이색적이었다. 현대식 건물 속에서 간간이 보이는 전통 양식 그대로의 모스크는 여전히 우리가 터키를 달리고 있음을 각인시켜 주었다. 우리나라 대형 교회들도 빌딩에 십자가만 달 것이 아니라 색다른 건축 양식을 좀 가미시켜 보면 어떨까…. 그전에 일단 통폐합부터 좀 했으면 좋겠다. 패밀리마트가 많을 까 교회가 많을까, 휴대폰 대리점이 많을까.

터키의 햇살은 역시나 뜨거웠다. 그곳에 있는 동안 갈증과 친해지는 법을 배워야 했다. 쉬엄쉬엄 달렸다. 네 시쯤 됐을까, 이미 70km나 달린 상황이었다. 아나톨리아Anatolia의 관문인 이즈미트Izmit까지 40km가량 남은 지점에서 깔끔하게 정리된 해안 공원이 보인다. 슬슬 머물 곳을 찾 던 차에 주저앉고 핸들을 돌렸다. 공원의 끝자락에 자그마한 해수욕장과 캠핑장이 마련되어 있었다. 근처에 매점까지 있으니 텐트 입주 조건이 완 벽하게 충족되었다.

서서히 내려앉는 태양이 수면 위로 반사되어 반짝거렸다. 비린내조차 나지 않는 그림 같이 아담한 어촌 마을이었다. 해안을 따라 길게 이어진 저 끝에 캠핑장이 있었다. 이미 대 여섯 가족이 그곳에서 피크닉을 즐기

며, 케밥에 치킨들을 직접 구한 땔감에 굽고 있었다. 빈 식탁에 조용히 맥주와 바게트를 올려놓았다. 단란한 한때를 보내고 있는 가족들의 푸짐한 식탁에 비하면 초라한 상차림이었다. 아니나 다를까 저쪽 테이블에서 아저씨 한 명이 그 모습을 보며 걸어왔다. 다 알아들을 수는 없지만, 정체를 알려주기 위해 뱉었던 '귀네이 코레Güney Kore'라는 말에 그는 개구쟁이 같은 미소를 지으며 총을 들고 사주 경계하는 흉내를 냈다. 그러다가 대뜸 가족들이 있는 테이블로 가더니 양손에 닭 다리 한쪽씩을 들고 왔다. '테쉐큐르 에데림Tesekkur Ederim!'라며 아직은 어색한 감사의 인사를 전했다. 동그랗게 부푼 아저씨의 뱃속은 아마도 인격으로 가득 차 있지 않았을까. 닭 다리 하나에 갑자기 식탁이 풍성해진 느낌이었다.

일몰이 가까워질 무렵 텐트를 치기 시작했다. 뚝딱뚝딱, 거릴 때마다 꼬마 구경꾼들이 하나둘씩 달라붙었다. 그런데 지대가 돌무지인지 짱돌로 두드려도 핀이 잘 박히지 않았다. '아이들 앞에서 이게 무슨 개망신이 람!' 하던 찰나에 작고 단단한 인상의 이웃 남자가 무표정하게 망치를 건네주었다. 러시아 정부 수반인 푸틴을 빼다 박은 얼굴이었다. 이웃의 어려움을 그냥 지나치지 않는 그의 태도에서 따뜻한 배려가 느껴졌다.

조그마한 해변에는 샤워기에 탈의실까지 갖추어져 있었다. 희동부터, 짐을 지키기 위해 교대로 씻었다. 내 차례가 돼서 씻으러 가는데, '쉭쉭', 입으로 소리를 내며 한 가족이 우리를 테이블로 초대했다. 삼대가 함께 피크닉을 즐기고 있었다. 그곳에서 다시 치킨을 얻어먹었다. 같이 먹으니 배부르다는 가족들, 덕분에 남은 음식을 배불리 먹었다. 마지막엔 삼대가 한 테이블에 앉아 맞담배를 피우는 진귀한 풍경(?)을 볼 수 있었다. 터키에서는 성인이라면 남녀노소 담배를 즐긴다고 했다.

샤워를 마치고 돌아오니 희동은 어느새 테이블을 옮겨 푸틴을 닮은 그의 가족 곁에 가서 한 자리를 차지하고 있었다. 처음엔 당황스러웠지만, 그쯤 되니 자연스럽게 분위기를 즐기게 됐다. 가족들은 둘러앉아 터키식 홍차인 '차이'를 즐기고 있었다. 따뜻한 차이를 한 잔 받아 홀짝이자 찬물에 식어버린 몸에 다시 온기가 돌았다. 아이들은 모닥불 앞에서 저희끼리 놀고 있고, 부부는 조용히 테이블 앞에 앉아 우리와 차를 마셨다. 해는 이미 다 지고 해변에는 어둠이 내려앉았다. 은근한 정이 느껴지던 해변의 분위기는 말수가 별로 없는 편이나 친절했던, 그 집 가장의 품위와 닮아 있었다. 나는 한 잔을 비우고 부인께 다시 한 잔을 청한다. 부인은 기꺼워하며 다시 한 잔을 건넸다.

분위기가 무르익을 무렵 다른 테이블에서 식사를 마친 삼대의 가족이 이쪽 테이블로 왔다. 초면인 세 일행은 자연스럽게 그 분위기에 스며들며 함께 시간을 보냈다. 이웃 간의 정 없음이 사회적 문제였던 시절을 지나 이미 이를 인식하는 이들조차 사라진 나라에서 온 나는, 그 광경이 그저 신기하고 감동적일 따름이었다.

해외여행을 하다 보면 예상치 못하게 현지인들과 대화하게 되는 경우가 많다. 그럴 때마다 '말도 안 통하는데 어떡하지.', '대체 무슨 얘기를 하지…' 부담되기에 십상이었다.

여러 나라를 여행하고자 하는 이들 중 그 많은 나라의 언어를 완벽하게 습득할 용의가 있는 이는 없을 것이다. 정상적인 방법으로 대화가 통할 리가 없다. 그러나 실제 대화에서 이런 점을 전혀 걱정할 필요가 없는 이유는 상대방이며 내가 이미 그 사실을 당연하게 받아들이고 있기 때문이다. 현지인이 먼저 말을 건넸다는 것은 이미 그러한 것쯤은 충분히 감수할 마음이 있다는 것이고 이 나라 말을 모르는 여행자를 이해할 수 있다는 것을 의미했다.

여행자라면 누구나 자신이 출발한, 그리고 목표로 하는 이 나라의 도시쯤은 알고 있다. 그리고 간단한 인사와 감사를 보이기 위한 표현, 그리고 그 나라의 역사적 사실과 인물 정도는 상식선에서만 알고 있다면 이미 상대방은 반색하며 무엇이든 도와줄 준비를 하고 있을 것이다.

특히나 터키를 여행하고자 하는 사람이라면, 길을 가다가도 머무르다가도 누구든 눈길이 마주치면 먼저 눈인사를 하는 습관을 길러보면 어떨지… 열에 아홉은 미소로 화답해 줄 것이며, 운이 좋으면 차이를 몇 잔 얻어 마실 수도 있을 것이다. 터키 사람들은 차이 마시기를 우리나라 근

로자들이 커피 마시듯 마신다. 터키의 프로축구 구단과 선수를 알고 있
다면 금상첨화다. 국기인 레슬링보다도 축구에 대한 열정이 압도적인 터
키인들은 지난 10년 전 한일 월드컵 3•4위전에 대해 여전히 반색할 정
도였으며, 애초에 해외 축구에 대한 관심이 별로 없어 상식 수준에 머물
렀던 나는 '귀네슈, 트라브존, 이을용'이라는 단 세 명의 이름만으로 다른
곳도 아니고 호텔에서 귀한 저녁을 대접받은 적도 있었다.

9월 12일, 이즈미트 해변에서 사흘을 머무른 후 다시 길 위에 섰다.
정말이지 꿈같은 날들을 보내고 난 후 아나톨리아 고원을 향해 다시 나아갔다. 그리고 곧 거대한 산맥과 부딪혀야 했다. 지형도를 보니 앞으로 달려야 할 곳의 고도가 느닷없이 높아져 있었다.

그러나 상상했던 것만큼 무지막지한 길은 나타나지 않았다. 지나는 길은 언제나 아주 느긋하게 고도가 높아져 갔다. 척박한 땅, 오래전 이 길로 다니던 사람들도 무더위 속에서 저 봉우리들 사이에서 협곡의 물줄기처럼 세차게 불어오는 바람에 땀을 식혔을 것이다.

오랜 역사를 자랑하는 터키에는 처음 문명이 들어선 때부터 술탄이 다스리던 최근에 이르기까지 번성한 왕국들이 시대를 나눠가며 존속하였다. 그동안 동서양을 오가며 진귀한 물건들을 전하던 상인들은 물론이거니와 숱한 민족들이 이 땅을 지나다녔을 터였다. 그러니 현재 존재하는 길은 수렵을 하며 옮겨 다니던 선사의 씨족들에 의해 처음 생겨난 이래 상인들의 발로, 다시 수레와 말에 의해 닦아진 후 자동차가 다니는 지금에 이르렀을 것이다. 세월의 흐름 속에 자연적으로 생겨난 길은 세대와 시간을 관통하는 공감을 통해 형성되었을 터, 가장 빠르고 안전한 길을 찾고자 하는 수많은 이들이 고민했던 결과물이었다.

그러나 가랑비에 옷이 젖는다는 말처럼, 몇 날 며칠 오르막과 씨름하는 일은 여간 힘든 일이 아니었다. 배낭을 멘 등에선 언제나 땀이 한강이었다. 머리에서 시작한 땀은 이마를 타고 얼굴의 굴곡을 따라 줄기차게 흘러내렸다. 재수 없게 눈에라도 들어가면 치명타였다. 선글라스를 쓰고 있어 닦아내기도 골치가 아팠다. 갈증이 온몸과 정신을 지배했다. 피어오르는 아지랑이 너머에 아무것도 보이지 않는 길이 계속되면 종종 절망감마저 느꼈다. 그러나 길은 거짓말을 하지 않았다. 아무리 느리게 달려도 이정표에 적힌 숫자는 계속 작아졌다.

소아시아 아나톨리아의 고원은 스텝 지형이다. 메마른 땅에서는 말끔한 작물들이 자라지 않았다. 타는 목마름을 유발하는 무자비한 태양은 내몽골과 닮아있었다. 노랗게 물든 풀을 뜯으며 젖소들이 목에 달린 방울을 딸랑거렸다. 멀리 떨어져 있으나 비슷한 환경에 적응해가는 삶의 모습이 닮아있었다. 동으로부터 이어진 유목생활의 흔적이 터키인들의 생활에도 고스란히 남아있었다. 다양하게 전해져 온 유제품들 또한 그러했다. 터키의 인종적 결합의 정점을 찍은 돌궐인들은 발해의 구성원들이기도 했던 극동의 유랑민족이었다. 유사 이래 끊임없는 분열과 팽창을 거듭하며 터키인들의 조상은 서서히 전진하며 이곳 아시아의 끝자락까지 다다랐을 것이다.

그래선지 몰라도 유독 터키에는 피크닉 문화가 발달해 있었다. 도심과 자연의 경계가 되는 지점, 흙과 나무가 적당히 조화를 이루고 있는 곳에는 어김없이 피크닉 시설이 갖추어져 있었다. 도심에서 쉽게 도달할 수 있는 곳들이었다. 그곳은 언제나 사람들의 이야기 소리로 활기가 넘쳤다. 그렇다고 여름밤의 고수부지처럼 대책 없이 북적거리지는 않았다. 지인들끼리의 시간을 방해받지 않으면서도 마음만 먹으면 다른 일행과 어울릴 수 있는 정도의 밀도를 유지하고 있었다. 재미있는 점은 그 풍경 속에서 한국과 유사한 그림을 발견할 수 있다는 것이다. 사람들이 떠난 자리에 남아있는 숯과 재의 흔적들, 가만 보면 그들이나 우리나 참 구워 먹는 걸 좋아한다.

캠핑할 수 있는 장소가 많았기 때문에 그렇지 않을 때보다 마음이 훨씬 편했다. 중국에서는 잘 곳을 찾는 게 하루 중 가장 어려운 숙제였다.

반면 이곳에서는 해가 서서히 저물고, 만족할 만큼 달렸다 싶으면 적당한 피크닉 공원을 찾아가면 되었다. 그곳엔 달리는 내내 우리가 그토록 바라던 철철 흐르는 냉수 수도꼭지가 있었으며 분위기를 돋우는 풀벌레 소리, 도토리가 있는 곳이면 어김없이 나타나는 다람쥐, 그리고 따뜻한 정을 나누어 주는 사람들이 있었다.

9월 16일, 소도시 게레데Gerede를 목표로 달렸다. 앙카라에 도착하기 전 마지막으로 머문 도시였다. 그즈음 우리는 마음이 너무나 편하다 못해 슬슬 타성에 젖고 있었다. 하루하루가 휴가처럼 느껴지다 보니 주행 후의 시간 들이 다소 무료하게 느껴지기도 했다. 가만히 있는 시간이 길어지다 보니 상념들이 꼬리를 물었다. 가끔은 향수 비슷한 감정에 휩싸이기도 했다.

우리의 어수선한 마음을 눈치채기라도 한 듯 길이 심술을 부렸다. 희동의 자전거가 펑크나 버린 것이었다. 사실 바퀴를 때우는 일은 정비 중에서도 가장 기초에 해당하는 일이기도 하거니와 경험도 많았던 터라 쉽게 대처할 수 있었다. 그러나 상황은 그리 녹록하게 흘러가지 않았다. 완벽하게 땜질을 했다고 여겼는데 얼마 가지 않아 희동의 바퀴가 다시 서서히 주저앉고 있었다. 촉감으로 짚어냈던 구멍 이외에도, 감으로 찾을 수 없을 정도로 미세하게 바람이 새는 다른 곳이 있다는 증거였다. 그러나 길 한복판에서 무슨 수로 그곳을 찾는단 말인가. 물이라도 있다면 쉽게 찾을 수 있을 텐데 그럴만한 여건이 되지 않았다. 언젠가는 겪을 일이라며 예상은 했지만, 상황이 여의치 않게 되니 마음이 심란해졌다.

저 앞에 있는 조그만 마을까지 일단 가보자고, 별 기대 없이 걸어갔는데 천만다행으로 그곳에 정비소가 있었다. 자전거를 전문으로 하진 않지만, 흔쾌히 봐 주겠다는 주인아저씨. 그는 무지막지한 악력으로 타이어와 튜브를 분리하더니 이내 노련하게 구멍이 난 곳을 찾아냈다. 그곳에 기다란 철사가 꽂혀있었다. '아니, 저걸 왜 못 봤지?' 컴퓨터가 켜지질 않아 수리 기사를 불렀는데 아무 일 없다는 듯이 너무나 맑고 곱게 흘러나오는 윈도우 효과음을 듣는 기분이었다.

그가 하는 양을 가만히 지켜보고 있는 우리를 누군가가 불렀다. 근처 케밥 집 사장님이었다. 그는 자신의 테이크아웃 점포로 들어가더니 대뜸 우리에게 '밥은 먹었느냐'며 물었다. 안 먹었다고 하니 고기를 쓱쓱 자르고 채소와 함께 휙휙 말더니 금세 케밥 두 개를 뚝딱 만들어 주었다. 시원한 아이란Ayran과 함께…. 투박했지만, 손이 큰 그의 솜씨를 닮아 아낌없이 속 재료가 들어간 케밥에서는 풍부한 맛이 느껴졌다. 곁들여 먹는 아이란도 깔끔하기 그지없었다.

주변에 있던 다른 아저씨들은 케밥을 다 먹은 우리에게 어김없이 차이를 권했다. 그들, 그리고 수리가 끝나고 공임을 한사코 거절하는 엔지니어 아저씨, 큼지막하게 고기를 썰어 밀가루 빵 위에 얹어주던 셰프 아저씨를 통해 우리는 또 한 번 이 나라에 마음의 빚을 졌다.

이스탄불에서 출발한 이래 쭉 D100 도로를 따라 동쪽으로 달리던 우리는 앙카라Ankara에 가기 위해서 도중에 방향을 틀어 남쪽으로 내려가야만 했다. 그때 따라갈 길이 D750 도로였고, 그 두 개의 길이 만나는 지점에 게레데가 있었다. 바퀴가 고장 나는 작은 소란을 겪은 후 인심 좋은 사람들을 만나 다시 에너지를 얻은 우리는 남은 길을 부지런히 달려 그 곳에 도착했다. 도시의 북쪽 숲이 시작되는 데에 위치한 큰 피크닉 사이트에 자리를 잡았다.

그곳에서도 역시나 아낌없이 먹을 것을 나누어 주는 사람들이 있었다. 그러나 언제까지 받기만 할 수는 없는 노릇이었다. 터키 사람들의 마음을 닮아가고 있었다고 말하면 조금 거창하지만, 우리도 한 번 나눔의 정을 실천해 보고자 마음을 먹었다. 그리고 제대로 된 식사를 준비했다.

먼저 마을에 내려가 식료품점에 들렀다. 나눔도 나눔이지만 계속해서 밀가루만 먹고 다니던 와중에 쌀밥이 미치도록 먹고 싶었던 우리는 밥을 지어먹기 위해 우선 쌀부터 찾았다. 다행히 그곳에 쌀이 있었다. 물론 우리나라와 같은 비옥한 지역에서 나오는 쌀과는 다르지만, 이 밥 저 밥 가릴 처지가 아니었다. 그리고 햄이나 양상추와 같은 몇 가지 기본 음식들을 사고, 대미를 장식할 닭고기를 샀다.

이슬람 문화의 영향인지 터키에서는 돼지고기 구경을 하지 못했다. 대신 어느 곳에서건 닭고기를 구워 먹는 풍경을 쉽게 볼 수 있었다. 처음엔 생소한 풍경이었으나 노릇노릇하게 구워져 윤기나게 육즙이 흘러내리는 닭 다리를 입에 넣어보고 난 후 꼭 한 번 직접 해먹고 싶은 생각이 들었다. 그런데 닭은 어떻게 구워야 맛이 있으려나, 사실 그때껏 밖에서 그럴듯한 구이 음식 한번 해먹어 본 적이 없던 우리였다.

캠핑장 중심에 위치한 매점에서 숯을 구매한 나는 땅에 숯이 들어갈

자리를 만들기 위해 적당히 홈을 파고 주변에서 주워온 벽돌 두 개를 양옆에 세웠다. 그리고 마른 나뭇가지 몇 개를 주워 숯 위에 얹고 후후 불어가며 불을 피우기 시작했다. 그러나 몇 분이 지나도 불은 나뭇가지 몇 개를 태우는 데에서 그칠 뿐 숯을 달구지는 못했다. 물색없는 연기만이 계속 피어올라 눈살을 찌푸리게 했다.

한참을 둘이 끙끙대고 있는데, 보다 못한 아저씨 한 명이 와서 요령을 알려주셨다. 우리 머리 위에 있던 소나무 마른 가지 몇 개와 솔방울을 뜯어 불구덩이에 집어넣으니 신기하게도 불이 금세 위력을 더했다. 우리는 무슨 신기한 구경거리라도 본 것 마냥 '와!' 하면서 속없이 그 모습을 쳐다보고 있었다.

그가 가고 난 후 준비한 석쇠를 펼쳐 적당한 크기로 분해된 닭고기를 올리고 불 위에 얹었다. 투박하기 이를 데 없는 모습이었으나 조금씩 핏기가 사라지며 노랗게 익어가며 익숙한 냄새를 풍기기 시작하는 고기를 보면서 절로 군침이 돌았다. 어쩐지 뿌듯하기도 했다. 여행을 시작한 지 꽤 많은 시간이 지났지만, 조리(?)하기 시작한 건 그때가 처음이었으니까. 닭고기가 익어가는 옆에서는 짱돌로 눌러놓은 냄비뚜껑 틈새를 비집고 밥 짓는 냄새가 솔솔 흘러나왔다.

고기가 다 익었다는 판단이 섰을 때, 우선 우리에게 선의를 베풀어준 이웃들에게 가장 맛있는 부위를 들고 찾아갔다. 우리가 처음 그곳에 도착해서 막 텐트를 쳤을 때 터키식 빈대떡(?)을 나누어준 인정 많은 아주머니 가족에게, 그리고 불을 피우지 못해 쩔쩔매고 있을 때 구세주가 되어준 옆 텐트 아저씨에게. 그럴 때 그들이 반가워하는 기색을 보는 것만큼 기분 좋은 일이 또 있을까.

고급스럽진 않지만, 그 어느 때 먹었던 닭고기보다도 맛있는 닭고기를 그날 우리는 먹었다. 변변찮은 식탁이었지만 스스로 만든 먹거리를 먹으며 전에 없던 포만감을 느낄 수 있었다. 아직도 그때의 닭고기 맛을 잊지 못해 요즘에도 캠핑을 가려 하면 으레 전날부터 생닭에 밑간을 치곤 한다. 지인들은 닭을 구워 먹는다는 말에 의아해 하기도 하지만, 돼지고기처럼 쉽게 타지 않으면서 담백한 풍미를 자아내는 구운 닭에 금세 매료되곤 한다. 고추나 토마토를 함께 구워 준다면 금상첨화다.

9월 19일, 터키의 두 번째 기점인 앙카라에 도착했다. 매일 자잘한 도시만 지나다니다가 모처럼 인구 4백만에 육박하는 대도시를 보게 되니 어쩐지 낯설었다. 도심을 구경하고자 한다면 곧장 달린다 해도 하루 만에 도시를 벗어나지 못할 정도였다. 터키의 3대 도시를 각각 한국의 도시와 매치시킨다면 이스탄불은 서울-인천, 이즈미르는 부산, 그리고 앙카라는 세종시라 비유하면 적절하지 않을까.

이스탄불과 이즈미르가 해안에 위치하며 오랜 시간 경제적, 문화적인 발전을 이룩한 데에 반해 앙카라는 한때 어느 민족국가의 수도이긴 했으나 오늘날과 같은 지위를 누려보지는 못했다. 앙카라가 터키의 수도가 된 것은 비교적 최근의 일이다. 터키의 아버지 '아타튀르크Atatürk'가 본거지로 정하고 전근대 질서를 몰아내며 근대적인 터키의 기틀을 마련한 곳이 앙카라였다. 이후 터키의 정치적인 기관이 집중되어 지금에 이른 것이었다. 그래선지 '각진 건물'들이 이스탄불에서보다 많이 눈에 띄었다. 특이한 점은 그 건물의 상징적인 인물이라든가, 지향하는 인물의 얼굴이 그려진 대형 현수막이 건물 마다 걸려 있다는 것이었다. 가게마다 초승달과 별이 걸려 있는 것 또한 인상적이었다. 국가 상징물을 생활 속에서 자연스럽게 사용하고 있는 것 같았다.

제법 이른 시간에 도착해 구경도 하고 캠핑장을 찾을 겸 이곳저곳을 돌아다녔다. 주로 공원이나 광장을 목적지로 삼고 다녔는데 역시나 다른 도시보다 대체로 깔끔한 모습들이었다. 대도시답게 어느 곳이든 야유회를 나온 사람들로 북적였다. 그러나 어디에도 편히 몸을 누일 수 있는 곳은 없었다. 대개의 공원이 저녁이 되면 문을 닫았으며, 그 이외의 공간은 모두 건물로 채워져 있었으니까. 복잡한 도로를 위태롭게 다니면서 우리는 점점 지쳐갔다. 종래에는 해가 저물 때까지도 잘 만한 곳을 찾지 못했다. 우리를 둘러싼 빌딩 숲이 위압적으로 느껴졌다. 시골에서 나고 자란

탓인지 도시에는 그다지 흥미가 없던 우리였다.

　그러나 도시는 밤에 비로소 그 위용을 드러냈다. 캠핑을 포기하고 녹초가 된 우리는 울루스Ulus역 근처 호텔에 여장을 풀었다. 앙카라에 와서 고생만 하고 돌아가는 것 같아 어쩐지 마음이 울적해져 밤공기나 쐬자며 밖으로 나갔는데 마침 호텔 앞 겐츠리크 수변공원에서는 분수 쇼가 진행되고 있었다.

　꽉 막힌 도시에 새 숨을 불어넣고, 지친 도시인들에게 쉼터를 제공할 목적으로 공원이 만들어졌다면 이곳 겐츠리크 수변공원은 제 기능을 완벽하게 수행하고 있는 셈이었다. 시시각각 옷을 갈아입는 조명들은 찾은 이로 하여금 그저 걷는 것만으로도 황홀함을 느끼게 해 주었다. 호수를 맴돌다 불어오는 바람은 나절의 피로를 가라앉히고 있었다. 근사한 공원에는 이에 걸맞게 근사한 레스토랑들이 있었다. 호수 건너 놀이동산에서 즐거운 비명소리가 들려왔다. 현란한 놀이기구 조명들이 호수에 비쳤다. 선선한 바람을 맞아가며 정취를 즐기고, 카페에서 차를 마신 사람들은 너른 공터에 설치된 공연의자에 앉아 분수 쇼를 감상했다. 저녁을 먹은 우리도 그 무리 속에 섞여들었다.

　밤의 도시는 조명을 밝힌다. 조명은 인간이 보고 싶어 하는 것들만을 보여준다. 불과 몇 시간 전까지 우리를 괴롭히던 풍경들은 사라지고 공원의 화려한 조명들만이 우리를 유혹했다. 어디선가 선선한 바람이 불어와 슬리퍼를 신은 맨발을 간질였다. 물기둥과 음악, 빛이 만들어내는 쇼는 환상적이었다. 역사적 매력은 약했지만, 현대의 터키가 가진 최고의 기술력, 연출, 음악, 그리고 공간의 이해가 만들어낸 응집체로서 앙카라의 위상을 상징적으로 보여주고 있는 것 같았다. 그것은 터키에서 한 번도 보지 못한 모습이었다. '터키'와 '현대적'이라는 수식은 어쩐지 어울리지 않았다. 유려한 역사에만 시선을 두고 있는 동안 어쩌면 우리는 이 나라에 대해서 지독한 편견을 갖고 있었는지도 모르겠다.

메마른 고원, 숨겨진 보석들 _앙카라에서 이즈미르까지

다음 목적지는 카파도키아Cappadocia, 앙카라에서 남동쪽으로 200여 ㎞ 떨어진 지점에 있었다. 이틀이면 충분히 갈 수 있는 거리였다. 자전거는 정직한 운송 수단이다. 목적지까지 남은 거리는 정확하게 시간에 비례하여 점차 가까워진다. 그 얼마간의 시간을 견디면 되는 것이다.

우리는 안장 위에서 보내는 그 시간을 좋아했다. 여행 수단으로 줄곧 자전거를 선택한 이유도 그 때문이었다. 그러나 아나톨리아 고원을 달리는 동안에는 가끔 그 시간이 괴롭게 느껴지기도 했다. 내륙으로 파고들면 파고들수록 볕은 날카롭게 내리쬐고 바람은 뜨거워졌다. 건식 사우나에 들어와 있는 듯한 기분이었다. 수분을 많이 담지 못해 끈적해진 땀이 쉴 새 없이 흘러나왔다. 큰바람이 한 번씩 불 때마다 길가의 모래가 선글

라스 안으로 들이쳤다.

　도심을 벗어나자 내몽골에서와 같이 인적이 드문 도로만이 계속됐다. 우리는 가끔 등장하는 주유소에 들러 휴식을 취하거나 에너지를 비축했다. 터키의 주유소는 대개 작은 휴게소의 역할을 하고 있었다. 우리나라의 편의점과 같이 다양한 음식과 잡화를 구비 한 매점이 있었으며, 더러는 숙박업을 겸하기도 했다. 운이 좋으면 친절한 사람들에게 공짜로 차이를 얻어 마실 수도 있었다.

　9월 22일, 100㎞ 정도를 달렸을까. 목적했던 키르셰히르Kirsehir가 가까워지며 어디서 잘지를 궁리하고 있던 우리 앞에 잘생긴 한 남자가 나타났다. 그의 이름은 야신이었다. 외모나 목소리가 상당히 젠틀했던 그는 자전거를 좋아하는 고등학교 교사였다. 그래선지 영어에 매우 능통했다. 차에서 내려선 그는 대뜸 우리더러 잘 곳이 있느냐며 물었고, 딱히 정해진 곳이 없다고 하자 자신과 함께 가는 것이 어떻겠냐고 했다. 그는 '비도스Bidos'라는 지역 자전거 동호회의 회원이었다. 피곤한 얼굴을 하고선, 산더미 같은 짐과 함께 터키 국기를 꽂고 분주히 달리고 있던 우리가 그는 몹시 반가웠나 보다.

그는 곧 휴대폰을 통해 어디론가 전화를 걸었다. 상기된 목소리로 수화기 너머의 누군가와 한참을 통화하고 있는 그를 우리는 걱정 반 기대 반으로 쳐다보고 있었다. 통화를 마친 야신의 표정이 밝았다. 우리가 인근의 '골Gol'이라는 레스토랑에서 잘 수 있다는 반가운 소식이었다. 자전거 동호회 비도스의 리더인 '셀칸'이 운영하는 레스토랑이었다. 야신의 자동차를 따라 그곳으로 갔다. 비록 10㎞ 남짓을 되돌아가야 했지만(!) 그곳에 가면 뭔가 재밌는 일이 있을 것 같았다.

쭉 벋은 도로를 한참 달리던 야신은 어느 쯤에서 우회전하더니 포장되지 않은 시골 길로 진입했다. 억새 과의 식물들이 바람에 흔들리며 속삭이는 듯한 소리를 냈다. 〈글래디에이터〉에서 막시무스가 집으로 향하는 길의 풍경과 비슷했다. 얼마나 시간이 지났을까?, 잠시 후 눈이 시원해질 정도로 푸른 호수를 옆에 끼고 있는 호젓한 건물이 모습을 드러냈다. 산토리니처럼 하얀 외벽에 붉은색으로 장식된 'GOL'이라는 글자가 선명하게 보였다. 셀칸은 웃음으로 우리를 환영해주었다. 척 봐도 장난기 많이 보이는 얼굴이 범상치 않았다. 미스터 빈처럼 능청스러운 인상이었다. 우리는 귀엽게 생긴 주니어 셀칸과도 인사를 나누고, 소식을 듣고 찾아온 다른 동호회 회원들과도 환담을 주고받았다.

이야기를 나누며 알게 된 것 중 하나는 그곳에 방문한 외국인 자전거 여행객이 우리가 처음이 아니라는 사실이었다. 이미 많은 여행객이 이곳을 거쳐 갔다고 했다. 비도스의 회원들부터가 이미 여러 번 함께 해외를 나가 본 베테랑들이니 누구보다 우리의 마음을 잘 알고 있었을 것이다. 고급 레스토랑의 화장실에 생뚱맞게 샤워기가 설치되어있는 이유도 바로 그 때문일 터.

건물 안으로 들어서자 생각보다(?) 고급스러운 인테리어가 시선을 사로잡았다. 창으로는 호수의 푸른 빛과 새들의 날갯짓이 고스란히 전해졌다. 셀칸은 첫 대면에서 자신을 소개하며, '아내는 앙카라에 있고, 나는 지금 여자친구를 찾고 있어!'라며 개구쟁이 같은 웃음을 지었다. 그렇게 유쾌한 성격에 이렇게 근사한 레스토랑까지 가진 그가 너무나 멋져 보였다.

곧 저녁이 되고, 주방에서 기름, 향신료, 채소 등의 냄새가 섞여 식욕을 돋구었다. 배가 몹시 고파졌다. 셀칸은 경치가 잘 보이는 테이블로 우리를 안내하고, 직접 음식을 만들어 내왔다. 공짜로 얻어먹기 민망할 정도로 푸짐한 음식들이 테이블 위로 그득그득 채워졌다. 보기만 해도 군침이 돌았다. 본의 아니게 '가난한 여행'을 표방하고 있던 우리가 언제 그런 곳에서 음식을 먹어 보겠는가. 환대를 베풀어준 셀칸에게 감사하며, 야신을 비롯하여 우리 넷은 즐거운 만찬을 함께했다. 뭐라도 마음을 표현하고 싶어 우리는 종이에 한글로 '고맙습니다.'라는 메시지를 남겼는데, 셀칸은 그 별 볼 일 없는 종이를 우리 눈앞에서 고이 액자에 꽂아 주었다.

식사가 막바지에 이를 때쯤, 셀칸은 뭔가 꿍꿍이가 있는 듯이 의뭉스러운 표정을 하며 대뜸 우리에게 자신의 휴대폰을 건넸다. 그는 영어를 하지 못했다. 휴대폰을 쥐어주며 터키어로 무슨 말인가를 하려는 그, 그

의중을 헤아리고 야신이 우리에게 셸칸의 말을 영어로 통역을 해주었다.

"섹시한 일본 여자(?) 흉내를 내달래!"

'설마 장난전화 하시려고요?!'

해서는 안 될 일이지만, 철없던 소싯적 장난전화로 여러 명을 골탕먹인 적이 있는 장본인으로서 그의 제안을 냉큼 받아들었다. 그런데 '섹시한 일본 여자'라니? 모르는 척 해보고 싶었으나 이미 우리 머릿속에는 어떤(?) 영상들이 떠올랐다. 일본은 선진국이자 '성진국'이라는데, 정말로 글로벌 하구나.

셸칸이 연결해준, 이름도 성도 모르는 수화기 너머의 상대를 향해 나는 유혹의 화살을 마구마구 날렸다. 기모찌, 이따이 등 정체를 알 수 없는 단어들이 기묘하게 변조된 내 목소리를 타고 흘러나왔다. 생각보다 잘해서 스스로도 놀랐다. 수화기 속 그 남자가 당황해 하며 무슨 말을 더듬더듬 거리는 동안 옆에서 사람들은 웃겨 죽겠다며 난리가 났다. 내 딴에도 살면서 그렇게 웃어보긴 또 처음이었다. 어쨌거나 좋은 것 얻어먹고, 그렇게 웃음이라도 줬으니 다행이라고 생각했다.

식사를 마치고 우리는 레스토랑 마당의 한적한 곳에 텐트를 치고 셀칸, 그리고 야신에게 작별인사 나누었다. 내일 다시 만나자고, 즐거운 경험을 하게 해줘서 고맙다는 말과 함께. 그들이 떠나고 한참 후에도 웃음의 여운이 가시지 않아 우리 둘은 각자의 텐트에 누워 조금 전의 일을 복기하며 키득거리다 잠이 들었다.

아침은 반바지를 입은 허벅지를 시리게 하는 추위로부터 시작되었다. 여행하는 동안 날이 바뀌는 것을 의식하지 못하고 있었다. 그런데 어느새 이곳 또한 완연한 가을이었다. 터키는 내륙과 해안의 기후가 확연히 달랐다. 해안의 경우 여름과 겨울, 낮과 밤의 온도 차 변동이 그리 크지 않지만, 내륙은 그 변동이 심하다. 그곳은 내륙이었다. 가방 깊숙한 곳에 보관했던 겨울옷들을 다시 꺼냈다.

전날 우리는 야신과 아침 시간을 함께하기로 약속했다. 도시에 도착하면 전화하라면서 그는 우리에게 연락처를 남기고 떠났다. 그러나 디테일하지 못한 영어 실력 때문에 '우리에게는 연락수단이 없다.'는 사실을 미처 말하지 못했다. 그래서 키르셰히르 중심가에 도착한 후 야신에게 연락하기 위해 도움을 청해야 했다. 주변을 둘러보다 자전거를 가진 우리 또래의 젊은 남자에게 사정을 말했다. 이야기를 잠깐 나누다 보니 신기하

게도 그 또한 비도스의 일원이었다. 그는 야신은 모르지만 셀칸은 안다고 했다. 이 동네에서 셀칸은 꽤나 유명한 사람이었나 보다. 그의 도움에 힘입어 우리는 무사히 야신을 만날 수 있었다.

그의 설명을 들으며 우리는 도시의 유적들을 만나고, 동네의 노천카페에서 소소한 아침을 먹으며 유익한 시간을 보냈다. 우리가 그날 목표로 하던 여정의 일부분만이라도 함께 하고 싶어 하던 그는 그러나 그날이 마침 친구의 결혼식이라며 함께하지 못함을 안타까워했다. 작별 인사를 하기 전 그는 자신의 집에 들러서는 잠깐 기다라고 하더니 못내 아쉬운 표정으로 옷 한 벌을 꺼내왔다. 비도스의 상징이 들어가 있는 단체 라이딩복이었다.

"기억해, 우리는 타겟을 정했으면 그저 그곳에 가기만 하면 되는 거야."

그가 말했고, 우리는 언젠가 꼭 다시 만나자고 말했다. 그러나 사실 그렇지 못할 확률이 더 크다는 것을 알았다. 그러나 언제까지고 그들을 잊을 리는 없을 것이다. 사나이들의 깊은 포옹을 나누고, 손을 흔드는 그를 뒤로하고 우리는 카파도키아Cappadocia를 향해 멀어져갔다.

9월 23일, 키르셰히르를 떠난 뒤 길 위에서 예상치 못한 난관에 부딪혔다. 경사각은 좋은데 노면이 좋지 않았다. 잘 깔린 아스팔트 위에, 왜 이 나라 도로건설에 종사하시는 분들은 재차 자갈을 덮어놓았을까. 예민한 자전거는 그 위를 곱게 지나지 못했다. 온종일 울퉁불퉁한 노면을 달리다 보니 손목이 욱신거리는 건 물론이고 머리까지 띵했다. 훗날 이즈미르에 도착할 때까지 내륙을 달리는 동안 우리는 줄곧 그런 길을 따라 달려야 했다.

인간은 자신이 설정해 놓은 목표를 통해 고통을 감내한다. 그날 우리가 목표했던 곳은 카파도키아. 관광대국 터키, 그중에서도 이스탄불과 더불어 3대 관광지 중 하나이자 스머프들의 고향인 곳. 그곳에서 누군가는 자신이 지구가 아닌 어느 낯선 행성에 와 있는 듯한 기분이 들기도 했다고 한다. 남겨진 기이한 흔적들만큼이나 기구한 역사적 배경을 갖고 있어 수많은 관광객이 찾는다는 그곳은 놓치고 가면 후회 할 만한 장소 중 하나였다. 그러나 그 시간 동안 우리 머릿속을 지배하던 것은 그곳의 환상적인 풍경과 전설이 아니라, 다름 아닌 라면, 근 40여 일 동안 보지 못했던 한국 라면의 맛을 볼 수 있다는 기대였다.

그곳에 한식당이 있다고 했다. 얼마 전부터 미치도록 라면이 먹고 싶었다. 배가 터지도록 에크멕Ekmek을 먹어도, 타욱Tavuk을 먹어도, 심지어 쌀밥을 해 먹어도 위장 한구석에서 허전한 느낌이 가시지 않았다. 위장은 신기하게도 그 부족한 요소를 채울 수 있는 음식이 무엇인지를 두뇌로 전달하여 관념화시키는 능력이 있다. 그리하여 우리는 쉽게 알 수 있었다. 그것이 라면이라는 것을.

　앙카라의 대형마트에서도 한국 라면을 찾지 못했지만, 카파도키아에
는 한국 라면을 파는 식당이 있다는 정보를 입수했다. 아울러 한식당이
있다는 것은 그만큼 한국인 관광객들 또한 많다는 방증일 터, 그들과 또
특별한 시간을 보낼 수 있지 않을 수 있을까. 짐짓 기대했다. 물론 우리
또래의 젊은 여성 관광객들을 가장 선망했다고는 여기서 말 못하겠다.

　궤레메 국립공원Göreme National Park의 중심으로 향했다. 자전거와 오
토바이를 대여해 주는 곳도 있고, 말도 몇 마리 보였다. 그리고 바라 마
지않던, 한식당 간판이 높은 곳에서 우리를 굽어보고 있었다. 식당 이름
이 '한식당'이었다. 네온사인이 광명처럼 비추었다. 테이블에 앉아 메뉴판
을 확인하니 제육이며 찌개류, 비빔밥 등이 있었다. 그런데 가격이 상상
을 초월했다. 그나마 신라면과 공깃밥 세트가 가장 저렴했는데 그래 봤자
15리라였다. 1리라가 우리 돈 650원~700원이니 말 다했다. 라면을 만 원
주고 사 먹게 생긴 것이다. 울며 겨자 먹기로 두 세트 주문했다.

라면 하나에 이렇게 환장하게 될 줄이야. 마약이 들어있는 것이 확실하다. 파블로프의 개가 되어버린 우리는 주방에서 전해지는 향긋한 스프 냄새에 정신

을 주체할 수가 없었다. 라면이 식탁에 도달한 그 순간만큼은 뭣 하나 부러울 게 없었다. 유격 때 봉지에 넣고 조몰락거리며 비벼 먹던 짬밥보다 맛있었던 것 같다. 허기진 사람의 젓가락에 잡히는 음식의 용량이란 상상을 초월했다. 굶주림에 이성은 이미 마비된 지 오래였다. 라면 한 그릇에 각자 공깃밥 두 공기씩을 국물에 말고 허겁지겁 먹었다. 꼭 라면이 아니라도, 뜨거운 국물을 얼마나 그리워했는지 모른다. 그러고 있는 사이, 식당의 입구로 중년의 동양 남성 두 명이 들어왔다.

웨이터가 그들을 맞이하며 '저쪽에 이미 한국인이 와 있다.'며 우리를 가리켰다. 라면에 밥 말아 먹다 말고 얼떨결에 눈인사했다. 여행에 대해서 대강 설명하니 그들은 '대단들 하다.'며 엄지손가락을 치켜세웠다. 그러다 보니 누가 한국인 아니랄까 봐 고향 이야기가 나왔다. 그런데 둘 중한 명이 안성 출신이라고 했다. 그곳에서 학창 시절을 보낸 나와 희동이 반색하며 출신 고등학교 이름을 대자 이번에는 상대편에서 화들짝 놀랐다. "내가 안법고등학교 22회 졸업생이다!" 터키 한복판에서 고등학교 선배를 만난 것이었다. 놀랍기도 하고, 황당하기도 했다. 어쩌면 이런 말도 안 되는 일이 일어날 수 있는지, 보고도 믿기지 않았다. 이렇게 만난 것도 인연이라며 그들은 우리 밥값을 대신 처러 주었다. 언제 어느 상황에서 다시 마주치게 될지 모르는 것이 사람의 인연이랬다. 갑자기 '착하게 살아야겠다.'는 생각이 들었다.

어쨌거나 카파도키아에 도착했다. 앙카라를 떠나온 지 불과 사나흘이 지났다. 거리로는 천 리가 채 되지 않는다. 그 짧은 시간 동안, 달리면서 조차 알지 못한 순간에 우리는 어느새 천년의 세월을 거슬러 오르고 있었나 보다.

세계 7대 경관으로 손꼽힐 정도로 지상의 다른 어느 곳에서도 유례를 찾아볼 수 없는 비경을 간직하는 카파도키아. 그것은 원래 오래전부터 이곳에 존재하던 도시의 이름을 가리키는 말이었다. 기원전부터 히타이트Hittite인들이 자리한 이래 꾸준히 사람이 살기 시작하였고, 한 왕국의 수도로까지 번성하던 카파도키아는, 그러나 로마의 영향권 안에 들면서부터 점차 그 위세가 꺾이다가 끝내는 속주로까지 지위가 격하되게 된다. 그런 카파도키아가 오늘날 이처럼 세계적인 명소로서 거듭난 데에는 오래전 이곳에 살던 한 집단의 통한의 역사가 있다.

수백만 년 전 고도 4천 미터에 이르는 활화산 에르시예스산의 폭발이 있었다. 뿜어져 나온 화산재들이 바람을 타고 넓게 퍼져 나간 뒤 인근의 땅에 내려앉아 포개지고, 눌리고, 뒤틀리고를 반복하였다. 그리고 로마가 아직 크리스트교를 공인하기 이전인 7세기경, 초기 크리스트교 신자들이 박해를 피해 이곳까지 흘러들어 왔다. 오랜 지각운동 뒤에 생성된 드넓은 응회암 지역은 이 가엾은 홈리스들에게 제 살을 깎아주며 살아갈 터전을 만들어준다. 실제로 만져보고 두드려본 결과 듣던 대로 이 응회암질의 바위들은 못으로 살짝 긁기만 해도 가루가 떨어질 만큼 조각하기가 쉬워

보였다.

　위협으로부터 도망쳐 나온 신자들이 이곳을 마주했을 때의 느낌이란 지금의 관광객들이 느끼는 바와는 달랐을 것이다. 그들에게 이곳은 그저 바위밖에 보이지 않은 황량한 암석지대였을 것이다. 힘든 몸을 이끌고 앞으로 자신들이 살아갈 곳을 스스로 개척해 나가야 했던 이들, 바위 안을 깎아 만든 곳에 들어가 봤을 때 보이는 자국들이 고단했던 박해자들의 역사를 말해주고 있었다. 아직도 선명하게 남아있는 정 자국들, 살아남기 위해 이들은 얼마나 많은 망치질을 해야 했을까. 그 막막함이란 또 어떠했을지.

　바위 안에 지어진 깨알 같은 집들이 궤레메 국립공원에 분포되어 있었다. '여기다가 초를 두면 좋겠다.', '여기엔 창을 내볼까.' 생각하며 가장 살기 좋은 형태로 깎이고 보존되었을 오래된 동굴들은 밖에서 보았을 때보

다 그 내부로 들어가서 볼 때 더 생생하게 오래전의 그 날들을 상상하게
했다. 또 그늘 한 점 찾을 수 없는 외부에 비해 내부는 유독 선선했다.

　궤레메에서는 야외 박물관을 운영하고 있었다. 엄밀한 의미의 박물관
과는 다른, 요컨대 종교시설이 한 데 모인 단지였다. 응회암반을 깎아 만
든 교회들은 전해지고 있는 것만 해도 수백에 이른다고 했다. 오랜 세월
동안 원형을 유지하고 있는 동굴교회의 모습은 감탄을 자아냈다. 거친
벽면에 그려진 그림들은 특히나 인상적이었다. 조금씩 깎여나간 부분이
있으나 벽화는 시간을 초월한 듯 실오라기 하나까지 선명했다. 그림 속의
예수는 익히 알던 이미지가 아니라 신하를 거느린 왕의 모습이었다. 전당
의 용도로 만들어진 굴 안의 둥근 천장 속, 중앙에 앉은 커다란 예수의
상과, 그보다는 좀 작게 아래쪽에 그려진 그의 제자들, 그리고 사방에는
천사들이 그려져 있었다. 그 배치가 동양의 인물 배치와 닮아있었다. 터

키에서 동양의 흔적을 발견하는 일은 잊어버린 전설을 찾아가는 것만큼 이나 흥미로웠다.

이튿날 길을 잇기 위해 안장에 오르고도 한동안은 국립공원 내부였기 때문에 오르는 언덕마다 천혜의 비경이 이어졌다. 처음 그곳에 도착하기 전에도 꽤 가파른 오르막길을 지나야 했는데, 빠져나가는 길도 오르막의 연속이었다. ATV로 투어 중인 이들도 요란한 엔진 소리를 내며 겨우겨우 경사를 오르고 있었다. '에라, 모르겠다.' 어차피 빨리 가지도 못할 것, 경 치나 구경하며 가자고 걷는 편을 택했다. 고도를 오를 때마다 자연은 그 모습을 바꾸며 우리를 놀라게 했다.

그리고 어느 순간 나타난 작은 마을 우치사르Uchisar, 인수봉 만한 바 위에 촘촘히 들어찬 삶의 터전을 보니 꼭 시골에서 땅벌들이 여기저기 흙으로 지어 놓은 벌집과 같았다. 단단한 모래성은 풍화에 각을 잃고 곡 선으로만 남았지만 그렇게 비바람에도 무너지지 않을 것처럼 단단해 보 였다. 인간의 손길이라곤 하지만 오랜 시간을 견뎌가며 마을은 자연 그대 로의 모습으로 회귀하고 있는 것처럼 보였다. 오직 그곳에서만 볼 수 있 는 기이하고 신기한 풍경들은 소도시 네브셰히르Nevşehir에 이를 때까지 계속되었다.

다음 거점인 파묵칼레까지는 600여 ㎞를 달려야 했다. 그 긴 구간 중 콘야Konya를 제외하면 도시다운 도시가 하나도 보이지 않았다. 그저 강 도 산도 드문 메마른 평야가 죽 이어져 있을 뿐이었다. 달려보니 대부분 평평한 길이라 주행에는 큰 어려움이 없으나 중간중간 있는 주유소가 없

었다면 물과 식량 구하기가 어려웠을 것이다. 하물며 볼거리, 운치 있는 머물 자리, 어울릴 사람들이라도 있으면 좋으련만 길을 둘러싼 건 멀리 지평선까지 이어진 노랗게 익은 드넓은 밀밭뿐이었다. 동서 교역로의 일부분이었다는 이 구간이 어쩜 이렇게 황량하게 변했는지 모르겠다. 터키 내륙에서의 주행은 고행의 연속이었다.

9월 30일은 그중에서도 가장 고생을 많이 한 날이었다. 아침부터 일진이 좋지 않았다. 뒷바퀴가 주저앉고 있었다. 출발한 뒤 채 1km도 못 간 지점에서 우리는 망연히 멈춰 섰다.

아침의 의미는 특별했다. 하루를 열심히 달리고 나면 체력은 거의 완벽하게 소진되었다. 따뜻한 침대이든, 딱딱한 바닥이든, 사붓사붓 한 잔디 위든 상관없이 이부자리에 눕는 순간은… 그래서 작은 죽음을 의미했다. 그렇기에 아침의 눈뜸은 부활과도 같았다. 아무리 피곤해도 하룻밤만 자고 나면 다시 태어난 것과 같이 눈빛엔 다시 총기가 넘쳤다. 의욕도 넘쳤다. 그런데 펑크라니. 가속페달을 끝까지 밟았다가 급브레이크를 밟은 것처럼 맥이 탁 풀렸다. 그날따라 펌프도 말을 듣지 않았다. 결국, 자전거를 끌고 사람들에게 물어가며 한 카센터를 찾았다. 튜브를 갈고, 주둥이가 맞지 않아 픽픽 새는 걸 억지로 막아가며 콤프레샤로 바람을 넣는 데까지 성공했다. 시각은 벌써 오후 한 시를 지나고 있었다.

내내 평지를 달리다가 그날은 산으로 둘러싸인 시골 길을 달렸다. 시종 왼편에 산을 낀 채 달리다가, 점점 그 산맥과의 거리가 가까워지더니 4시쯤 해서 고갯길을 넘게 되었다. '이것만 넘고 다음에 나오는 읍내에서 그만하자.' 지친 몸에 위안을 가져다줄 그 시간을 생각하며 고개를 올랐다. 저무는 태양이 눈동자를 찔러댔으나 황혼 무렵이라 따갑지 않았다. 정상에 오르자 정리할 시간이 다가오고 있다는 안도감이 들었다. 이제 내려가기만 하면 되었다. 그렇게 스스로 위로하며 앞장서서 내려가는데 희동이 뒤에서 소리쳤다. "아 X발 뒷바퀴 바람 빠졌어!"

몇 주 동안 잘 달리던 자전거들이었는데 그날따라 약속이라도 한 듯이 같이 주저앉아 버린 것이었다. 구멍이 난 곳은 찾을 수 있었지만, 펌프가 고장 나버려 속수무책이었다. 하는 수 없이 상황을 타개할 콤프레샤가 나타날 때까지 정처 없이 걷기 시작했다. 해지기 전에 자리 잡는 건 포기했다. 그로부터 펌프가 있는 주유소를 만나기까지 30분을 넘게 걸어야 했다.

펑크를 때우고 보니 이미 어둠이 내려앉은 뒤였다. 주유소 직원은 20km를 더 가야 쉴만한 곳을 찾을 수 있다고 말했다. 낮 동안에야 10~20

㎞가 우습게 보이지만 이미 어둑어둑한 그 시간에 체감거리는 배 이상이었다. 깜깜한 시야만큼이나 상황이 암담하기 그지없었다. 하물며 아직 저녁도 먹기 전이었다. 살기 위해 달렸다.

불빛 하나 없는 길이 계속됐다. 라이트를 켜도 한 치 앞만 겨우 볼 수 있을 뿐이었다. 기어를 잘게 쪼개야만 앞으로 나아갈 수 있다는 사실만이 길의 난이도를 가늠하게 해주었다. 야간에, 지방도로에 하물며 산이라니. 추석이었다. 푸짐하게 차려진 기름진 음식들을 못 먹는 것도 서러운데 이 고생까지 하게 만드는 상황이 억울하기 그지없었다.

주유소 직원이 말해준 동네까지 도착했을 때는 긴장이 풀어져 탈진 상태에 이르기 직전이었다. 우리는 숙박업소의 위치를 묻기 위해 겨우 페달을 굴려 마을 초입에 보이는 또 다른 주유소에 다가갔다. 친절한 직원들이 차를 가져왔다. 밤안개에 차가워진 몸을 몇 잔의 커피로 녹였다. 그동안 주유소 사장 핫산이 근처에 하나 있다는 오텔Otel로 전화를 걸어 객실 여부를 확인했다. 그러나 설상가상으로 그곳엔 빈 객실이 하나도 없었다. 실망을 표현할 일말의 체력조차 남아 있지 않았던 우리는 이내 체념하고 핫산에게 캠핑을 부탁했다.

그러나 판도라가 금기의 상자를 열었을 때처럼 거듭된 절망 속에서도 다행히 한 줌의 희망이 보이려고 했다. 절망과 함께 남은 커피를 츄릅츄릅 홀짝이던 때였다. 사무실에 들어가 오랫동안 전화기를 붙잡고 있던 핫산이 통화를 마치고 신의 현신처럼 다가왔다. '당신들, 오늘 오텔에서 묵을 수 있게 됐어요!' 나중에 알고 보니 경찰과 관공서, 오텔에 싹 전화를 돌려 협조를 구한 모양이었다. 그는 서둘러 차를 몰고 우리를 오텔 앞까

지 데려다 주었다. 그리곤 미처 보답도 하기 전에 홀연히 사라져 버렸다. 당시의 그는 정말 간달프 같았다. 경황이 없어 제대로 감사를 전하지도 못한 채 그를 돌려보낸 것이 정신을 차리고 나니 마음에 걸렸다.

　허름하고 엉성한 방이었다. 오텔 주인이 우리를 위해 창고로 쓰이던 방을 부랴부랴 정돈한 듯이 보였다. 그러나 죽지 않고 내일을 살게 해 준 것만으로도 우리는 그 마을의 모든 사람에게 감사했다. 그만큼 암담했다. 모쪼록 핫산 덕에 여행을 다시 이어나갈 수 있게 되었다. 힘겹게 세수를 마치고, 누가 먼저랄 것도 없이 우리 둘은 깊이 잠이 들었다. 세상 모르고 자는 사이에 9월의 마지막 날이 지나가고 있었다.

10월 2일, 사막과도 같은 고원의 건조한 길을 며칠 동안 달린 끝에 파묵칼레Pamukkale에 도착했다. 정말 고원은 고원이었나 보다. 앙카라를 목표로 터키 순례를 시작하였을 때 얼마 지나지 않아 거대한 고개를 오른 적이 있었다. 그 이후 이어지는 평지와 낮은 구릉을 넘으며 언젠가 GPS를 보았을 때 우리는 내내 1,000m에 이르는 높은 곳에서 주행하고 있었다. 이스탄불을 빠져나와 만났던 산봉우리의 그 끝없는 오르막이 아나톨리아Anatolia 고원의 입구였나 보다.

그 후 수십 일이 지나 고원의 출구를 빠져나왔다. 해발고도 300m까지 단숨에 내려왔다. 의심이 갈 정도로 끝없이 눈앞에 펼쳐진, 심지어 깔린 지도 얼마 되지 않은 새까만 내리막길이 선물처럼 안겨 들어왔다. 바다와 가까워지며 황톳빛 풍경은 초록으로 옷을 갈아입었다. 깨끗한 구름이 쪽빛 바다에서 무리 지어 유영하고 있었다.

D320 도로를 따라 달리던 우리는 중소 도시 데니즐리Denizli 인근에서 파묵칼레를 가리키는 이정표를 따라 한적한 시골 길로 진입했다. 교차로 한 쪽에 서 있는 하나투어 소속의 관광버스 서너 대가 이곳이 유명한 관광지임을 증명하고 있었다. 길은 평평했다. 도로를 따라 시원한 그늘을 만들어내는 나무가 줄지어 서 있었다. 곧게 뻗은 그 그림자를 사이에 두고 주변에는 드넓은 밀밭이 펼쳐져 있었다.

떠들썩하던 카파도키아의 첫 모습에 비하여 파묵칼레는 비교적 조용한 분위기였다. 그곳은 그저 조금(?) 드라마틱한 풍경을 가진 작은 시골 마을에 불과했다. 어쩐지 뭐라도 해야 할 것만 같았던 카파도키아와 달리 파묵칼레에서는 예의 그 '아무것도 하지 않을' 자유를 누릴 수 있을 것만 같았다.

미리 예약해 둔 도르트 메비즘 호텔Dort Mevism Hotel을 찾아 들어갔을 때 확신 할 수 있었다. 파묵칼레의 다른 호텔들처럼 그곳 또한 풀을 갖추고 있었다. 방문을 열고 복도에 섰을 때 등나무 아래로 보이던 하늘처럼 파란 물결이 눈에 선하다. 우리는 그곳에서 넉넉한 인상의 주인 내외를 만났고, 앞서 투숙하고 있던 대만 국적의 자전거 여행객과도 정담을 나누었다. 그곳 분위기에 금세 매료되어 조금 더 오래 머무르기로 했다.

그 날 저녁에는 모처럼 비가 내렸다. 객실 앞 난간을 두르고 넝쿨이 자라고 있었다. 잎사귀로 물방울 떨어지는 소리가 보이는 듯이 선명했다. 까만 밤, 유서 깊은 역사를 지녔으나 소박하기 이를 데 없는 이 시골 마을에 100일여 만에 찾아온 비로 일대는 저녁 몇 시간 잠시 전기가 끊기는 작은 소란을 빚었다. 중국으로 떠나는 선상에서 본 이후 처음이니 우리에게도 비는 실로 오랜만이었다. 그러고 보면 50일에 가까운 시간 동안 비를 한 번도 맞지 않은 것이 신기했다. 그간의 날들이 날씨 걱정하지 말고 잘 달리기나 하라는 하늘의 배려였다면 지금 파묵칼레 도착과 맞물려 내리는 이 가을비는 기왕 쉴 거 더 맘을 편히 가지라는 뜻이려나. 한동안 건조했던 마음을 촉촉하게 적시는 이 단비를 기꺼워해 마지않았다.

이튿날엔 마을을 구경하고 다녔다. 그곳을 생각하면 아직도 인중을 타고 고소한 냄새가 흘러들어오는 것 같다. 그 작은 마을 어디에서나 고슬고슬 흘러나오는 빵 굽는 냄새를 맡을 수 있었다. 터키인들의 주식은 '에크멕Ekmek'이라는 밀가루 빵이다. 조밥이니 콩밥이니 우리가 다양한 형태로 쌀을 조리하여 먹듯이 터키에도 지역마다 그 모양과 맛이 조금씩 다르다. 그중에서 럭비공처럼 생긴 모양의 에크멕이 가장 대표적이다. 바삭하게 구워진 껍질 아래에 부드러운 속살이 숨겨져 있다.

터키 대부분 음식점과 호텔은 에크멕을 기본으로 제공했다. 음식점에서는 메인 음식과 함께, 호텔 아침상에서는 갖은 채소와 함께 '카흐발트 *Kahvalti*'의 일부로, 국과 함께 공깃밥이 나오듯이. 그즈음 우리의 주식도 에크멕이었다. 밀이 풍부한 나라였기에 어디에서나 1리라라는 저렴한 금액으로 에크멕을 구해 먹을 수 있었다. 우리는 거기에 초콜릿과 잼을 발라 먹기도 했으나 나중에는 이곳 사람들이 먹는 것처럼 버터를 바르거나 스프를 곁들여 먹었다. 처음엔 낯설었으나 점차 익숙해졌고, 그리 먹는 것이 가장 맛있기도 했다.

향긋한 빵 냄새를 따라가자 작은 빵집이 나타났다. 노릇노릇하게 구워진 빵들이 열을 맞추어 층층이 선반 위에 놓여 벽 한 면을 차지하고 있었다. 어쩐지 둥글고 푹신한 빵을 닮은 인상의 아주머니가 세평 남짓한 공간에서 부지런히 움직이며 김이 모락모락 나는 빵을 오븐에서 막 꺼내고 계셨다. 그녀는 막 구워낸 빵 한 귀를 망설임 없이 찢더니 우리에게 건네주었다. 솜사탕 같은 속 빵이 입안에서 녹아 금세 풍미를 자아냈다. 파묵칼레에 머무는 며칠 동안 우리는 갓 구운 빵을 사서 입이 심심할 때 뜯어 먹기를 즐겨 했다.

전통적이라고 하긴 뭐하지만 뭔가 현대적 도시보다 뭔가 수구적이고 예스러움이 느껴지는 마을의 분위기와는 달리 그곳을 거니는 사람들은 하나같이 다른 얼굴을 하고 있었다. 순위 매기기 좋아하는 이들 중 더러

는 이곳을 죽기 전에 꼭 가봐야 할 장소 중 한 곳으로 꼽기도 했다. 터키 최고의 여행지답게 그곳에서는 다양한 인종의 사람들을 볼 수 있었다. 또한, 그만큼 다양한 요리들을 맛볼 수 있는 음식점들도 즐비했다. 각각의 레스토랑은 이슬람 풍의 액세서리들로 아기자기하게 장식되어 있었고, 입 간판에는 영어, 중국어, 일본어 등으로 기재된 음식명들이 관광객들을 유혹하고 있었다.

　그중에 무스타파 할아버지의 가게가 있었다. 커넬 샌더스를 연상시키는 푸근한 외모와 익살스러운 제스처, 귀여운(?) 우리말 발음으로 이미 한국인 관광객들 사이에 그는 친한파(?)로 유명했다. 어느 날 오후 세시쯤 늦은 점심을 먹기 위해 그곳에 들렀을 때 아니나 다를까 그는 카운터에 앉아 노트북으로 강남스타일 뮤직비디오를 보던 중이었다.

　"메르하바Merhaba!"

　당차게 인사하고 들어가자,

　"메르하바Merhaba! 근데 어디서 왔어?"

　"한국에서 왔어요!"

"혹시 서울에서 왔느냐?"라며 묻는다. 그렇다고 말하자 대뜸,

"이 화 여 대 다녀?"

"??........"

실제로 저렇게 말했다. 또박또박 한 글자도 틀리지 않겠다는 의지를 담은 듯이. 그런데 이화여대라니, 정말이지 엉뚱한 곳에서 엉뚱한 소리를 듣자 순간 무슨 말인가 하다가 이해하고 나서 배꼽을 잡았다. 아무래도 이화여대 학생들이 최근 그를 만나고 갔나 보다. 어쩐지 입 간판에 젊은 여성의 필체가 느껴지는 한국어 메뉴가 있더라니. 개드립에 침을 질질 흘리면서 웃느라 우리는 그곳이 여성만 다니는 곳이기 때문에 우리는 가고 싶어도 갈 수 없다고 설명하는 일을 포기했다. 그래서,

"네. 거기 다녀요." 했다. 그러자 말이 통했다고 생각했는지 갑자기 출처를 알 수 없는 단어들이 봇물 터진 듯 그의 입에서 쏟아져 나온다.

"안 철 수, 박 근 혜, 홍 삼, 변 태…" 유력 대선후보의 이름에서부터 '변태'로 시작하여 '개'와 '씨'로 시작하는 무수한 쌍욕까지 도저히 연관성을 찾을 수 없는 그런 단어들이, 만화같이 뚱뚱한 외국인 할아버지의 입에서 나오자 배가 간질거려 서 있을 수가 없었다. 너무 웃겨서 그대로 카펫 위에 주저앉아 울부짖듯이 웃었다. 대체 그런 말은 어디서 배웠는지.

마지막에 우리에게 어떤 대선 후보를 지지하느냐고 물었을 때가 클라이맥스였다. 대선을 불과 석 달여 앞둔 당시에는 차기 대통령으로 세 명의 유력 인사가 거론되고 있었다. 그러니까 예의 그 '박 근 혜'와 '안 철 수', 그리고 '문 재 인'이. 그 단어를 가르치고 간 사람들은 아무래도 확실한 정치적 신념을 갖고 있었나 보다. 내가 지지하는 이를 말하자 무스타

파는 짐짓 근엄한 표정을 지으며 "No!"라고 말했다. 그러고는 다시 유쾌하게 웃었다. 웃음을 선물해준 그에게 보은하는 마음이 있었기 때문에 우리는 신라면 작은 컵 두 개를 시키고 12,000원을 내는 데에 그다지 주저함이 없었다. 강남스타일 비트에 맞춰 자신의 흘러내린 배를 '촵! 촵!' 때리던 그의 모습이 눈에 선하다.

그렇게 각기 다른 이야기가 만들어지는 골목들을 지나자 불현듯 탁트인 공간이 나타났다. 목화의 성, 파묵칼레였다. 작은 호수를 병풍처럼 두르며 선 순백의 지형. 그 전경이 꼭 만년설에 뒤덮인 고산과 눈이 녹아 만든 호수를 작게 축소 시켜 놓은 듯했다.

세계자연유산으로 지정된 석회암반에 오르기 위해서는 입장료를 지불

해야 했으나 호수가 있던 작은 공원은 마을 주민과 관광객들에게 언제든지 개방되어 있었다. 사람들은 잔디에 앉아 바닥이 훤히 비치는 물에 발을 담그며 소일하고, 그 옆에 능글맞은 거위들이 뒤뚱거리며 지나다녔다. 밝은 햇살 아래서 하얀 암반과 푸른 생명체들은 한 번도 본 적 없는 이질적인 풍경을 만들어냈다.

10월 5일, 파묵칼레에 올랐다. 숙소를 나선 시간이 11시, 저 멀리 목화의 언덕 마루에 이미 수많은 인파가 보였다.

사진으로만 보던 비현실적인 풍경을 직접 눈으로 보게 되자 실감이 나지 않았다. 가령, 아무리 제주도가 환상적인 모습을 간직하고 있다고 하지만 사실 그것은 살면서 적어도 한 번쯤은 보아 온 풍경의 극치에 다다른 것에 불과하다. 비슷한 유형의 것들을 이미 몇 번은 보고 자랐기 때문에 아름다워도 놀랍지는 않았다. 그러나 전에도, 앞으로도 이곳을 제외하면 어디에서도 찾아볼 수 없는 유형의 풍경을 보며 그 놀라움은 이루 말할 수 없었다. 파묵칼레는 그런 곳이었다.

순백의 석회암반, 그곳에 하늘을 담은 듯 파랗게 고여 있는 물을 보고도 두뇌는 으레 보아온 대로 이것을 순간 '눈'으로 인식했다. 이미 돌이라는 정보를 가진 채 신을 벗고 직접 그 석회암반 위로 발을 디디면서도 그 미지근하고도 딱딱한 감촉에 놀라 호들갑을 떨었다. 조금은 거친 그 느낌이 꼭 각설탕 같았다. 깨물어 보면 단맛이 날 것처럼.

오랜 시간에 걸쳐 물의 흐름에 맞춰 형성되어 중국 오지에서나 볼 수 있는 계단식 논의 형태로 굳어진 석회암반은 그 천연의 모양만으로도 이미 '탕'과 흡사한 기능을 하고 있었다. 세계유산으로 지정되기 전까지는 이곳에서 실제로 목욕을 즐기는 것 또한 허용되었다고 한다. 심미적으로도, 실용적으로도 관광을 위해 만들어진 파라다이스인 셈이다. 푸른 눈을 가진 노인들은 이미 수영복 차림으로 그곳을 헤집고 있었다.

산 중턱에 세워진 고대도시에 다다를 때까지 그 풍경은 계속 이어졌다. 올라갈수록 사람들이 더 많았고, 태반은 아예 수영복 차림이었다. 산 어딘가에 있을 수원지에서 쉴 새 없이 암반 온수가 쏟아져 내려왔다. 수로 중간중간 관리 당국에서 반신욕을 하도록 마련해 둔 곳은 이미 주인이 다 정해져 있었다.

그런데 정상까지 올라 신을 신고 고개를 들자 다시 새로운 세상이 펼

쳐졌다. 그때까지 걸어온 길과는 명도와 채도가 워낙 달라 시공간을 초월한 기분이었다.

히에라폴리스Hierapolis로 불리는 이 도시의 유래는 기원전 2세기까지 거슬러 올라간다. 그곳은 당시 소아시아의 왕국이었던 페르가몬의 주요 도시 중 하나였다. 이후 페르가몬 왕국이 로마의 손아귀에 넘어가며 이 지역 또한 로마의 지배를 받게 되는데, 이때부터 성스러운 도시라는 뜻의 '히에라폴리스'로 불리 우며 전성기를 맞이하기 시작한다. 유명한 온천을 가진 도시가 그러하듯이 이곳 또한 왕조의 휴양지로 널리 애용되었다. 클레오파트라가 이곳에 들렀다는 이야기 또한 전설처럼 전해진다.

세월의 무게를 이기지 못해 무너져 내린 수많은 건축물, 그 조각들은 무너진 채로 그 자리에서 다시 오랫동안을 견디어왔을 터이다. 그 시간을 말해주듯 석회암으로 빚어진 커다란 파편들 위에는 까칠한 이끼가 자라고 있고, 비에 씻기고 부식되어 군데군데 패인 자국이 보인다. 산 중턱에 자리한 제법 커다란 면적의 평지, 입구에는 히에라폴리스의 호시절 모습이 지금의 여느 터키 중소 도시 번화가 못지않았음을 보여주는 복원도가 서 있었다. 두께가 1.5m에 이르는 두꺼운 성벽은 도시의 위엄을 짐작하게 해주었다.

어쨌거나 자그마치 2000년 전부터 그곳에 도시가 있었다. 11세기와 13세기 무렵 각각 전쟁과 지진을 겪고 쇠락의 길을 걸었다는 사실이 무색하게 그곳에는 전성기의 온전했던 건물을 상상할 수 있을 정도로 잘 보전된 유적들이 많았다.

그중에서도 눈길을 끄는 것은 고대 목욕탕이 있던 흔적들이었다. 온천수로 유명한 지역답게 유적지 곳곳에서 목욕탕의 흔적을 발견할 수 있었다. 지금도 유적지 한곳에 현대식 시설을 들여 수영장이 운영되고 있는데, 그곳에 가면 2,000년이 넘은 유적 위에서 유영하는 기회를 가질 수 있었다.

이곳의 온천수는 위장병, 신경통 등 여러 병증에 효험이 있다고 알려졌는데 이 같은 사실로 인해 만병통치 온천수로 이름을 날리며 예부터 많은 병자가 도시를 찾았다고 전해진다. 이를 증명이라도 하듯 도시의 가장자리에는 갖은 형태의 수많은 석관이 불규칙한 형태로 분포되어 있었다. 일반적인 석관의 규모에서부터 고시원 하나 정도의 크기까지, 더러 삼국시대 왕들의 무덤을 연상시킬 정도로 거대한 고분도 심심찮게 보였다. 그 때문에 히에라폴리스가 로마의 귀족들이 말년을 보내기 위해 찾던 도시라는 주장이 설득력을 얻고 있다.

물을 이용하여 번성한 도시이기 때문에 또한 히에라폴리스에는 그와

관련한 수도시설이 고도로 발달해 있었다. 수로나 덮개돌 등 비교적 원형을 유지한 채 이곳저곳으로 퍼져 있는 물길을 따라가며 오래된 옛날 그곳에 물이 흘렀을 모습을 상상해보는 것도 깨알 같은 재미 중 하나이다. 현대적인 하수도 시설이 갖춰지기 시작한 것이 산업혁명 이후였다고 하는데, 2,000년 전 이미 견고한 설계를 할 수 있는 기술이 있었다는 사실이 새삼 놀라웠다.

히에라폴리스 방문의 대미는 도시 뒤편의 원형극장에 오르는 일이다. 엄밀히 말하면 반원 극장이다. 15,000명을 수용할 수 있는 장소였다. 가장 높은 관중석에 앉아 주위를 둘러보면 낯설고도 익숙한 것이 묘한 기

시감을 불러일으킨다. 당대의 모든 국력과 기술이 집약되었을 터이다. 알맞은 각도로 설계된 관중석에서는 머리가 아주 큰 사람이 앞에 앉더라도 무리 없이 공연을 지켜볼 수 있다. 앉아보니 무대에서 가장 먼 곳에 앉은 사람이라도 보통 시력만 되면 중앙의 연기가 생생하게 보였을 것 같았다. 소리도 잘 울렸다. 반대편에서 가이드가 관광객들에게 유적에 관해 설명하는 모양이었는데 그리 크지 않은 목소리였음에도 그 소리가 바로 앞에 있는 듯 아주 생생하게 들렸다. 관중석 아래를 살짝 깎아 소리의 울림을 배려한 고대인들의 디테일은 또 더 말해 무엇하랴. 그런 무대에서 공연하는 이는 어떤 기분이었을까.

한동안 원형극장에 머무르다 내려와 맨발로 다시 석회암 밭으로 진입했다. 돌아가는 길이었다. 그러나 잠시 망설이다가 옷을 갈아입고 물 안으로 뛰어들었다. 피부 좋아진단 소리에 클레오파트라까지 환장하고 찾았다는 석회암 펄을 몸에 발라 보았다. 따뜻한 온천수에 좌욕도 했다. 잠시나마 고대 귀족들의 삶을 흉내 내며 긴장을 풀고 있으니 정말이지 뭉친 근육이 싹 풀리는 느낌이었다. 파묵칼레에서 보내는 마지막 날이었다. 총 5일을 묵었다. 메마른 고원을 달리느라 인이 박인 피로를 그동안 다 해소하고 기분 좋은 표정으로 그곳을 떠날 수 있었다.

10월 10일, 이스탄불을 떠난 지 오랜만에 바다와 만났다. 황량한 대륙을 달린 끝에. 아직 열을 품지 않은 선선한 바람이 불어오던 아침이었다. 이름 모를 노란 꽃들이 만개해 있었다. 봄인가 하는 착각을 일으킬 정도로 희망적인 풍경이었다. 내내 끓던 가래마저 신기하게도 바다를 보자마자 사라졌다. 어렵사리 내륙을 달리고 다시 만난 바다는 터키에 첫발을 디뎠던 때를 떠올리게 했다.

해안에는 언덕이 많았다. 오르막을 하나를 넘으면 고개와 고개 사이 백사장마다 작은 마을들이 나타났다. 유럽풍의 주황색 지붕을 얹은 똑같은 모양의 주택들이 규칙적으로 배열되어 있고, 길마다 틈새마다 남쪽의 나무들이 보기 좋게 심어져 있었다.

그즈음 우리에게는 일행이 하나 더 생겼다. 셀추크Selçuk에서였다. 터키의 대표적인 항구 도시인 이즈미르로 가는 길목에 유명한 관광지가 있다는 정보를 접하고 그곳에 들르게 됐다. 그곳은 고대 도시의 유적이 있는 곳이었다. 그러나 이미 히에라폴리스에서 원 없이 시간 여행을 한 우리에게 셀추크의 오래된 흔적들은 아무런 감흥을 주지 못했다. 그곳은 그저 그늘마다 팔자 좋게 늘어져 있는 들고양이와 베이징 시내 횡단보도를 방불케 하는 인파로만 우리의 기억 속에 남았다.

사람이 많은 데를 피해가며 유적지 변두리의 잊혀진 건물 주위를 배회하는데 그곳에 그 녀석이 있었다. 처음엔 나뭇가지인 줄 알았다. 그러나 나뭇가지라고 하기엔 멀리서 보았을 때 입체감이 사뭇 달랐다. 눈치채지 못했다면 밟고 지나갔을 정도로 아주 작지만, 그 형태가 무생물이라고 하기엔 좀 이상한 면이 있었다. 점차 가까이 다가가자 모습이 확실하게 보였다. 생명체였고, 그중에서도 파충류였다. 녀석의 신경을 거스르지 않을 정도의 거리를 두고 멈춰 섰다.

"왜? 뭐 있어?"

"야 이거 뭐지, 골 때린 게 하나 있는데? 도마뱀인가?"

그러나 단연코 도마뱀은 아니었다. 그렇게 느리게 움직이는 도마뱀을 본 적이 없으니까. 살아있기나 한 건지 의심이 갈 정도로 아무런 동요도 없이 그것은 마치 오래된 도시의 일부인 양 화석처럼 굳어 있었다. 풀숲 한쪽에 어지럽게 널려있는 공사용 PVC파이프 깨진 조각 하나를 집어 들어 녀석의 발밑에 두었다. 죽지는 않았는지 느릿느릿 움직여 조각 위를 오르는 녀석. 졸린 눈에 앙다문 커다란 입, 날렵한 몸을 가진 이 녀석의 정체에 대해서 궁금증이 증폭되고 있는 그때,

"어?! 이거 색깔 변하는 것 같은데?"

"오, 진짜네. 아까는 똥색이었는데, 색깔 바꾸는 거 보니 카멜레온인가 보네?! 근데 얘를 어쩌냐?"

하다가 얼떨결에 데려와 버렸다. 색깔을 바꾸는 파충류가 이외에도 더 있을지 모르겠지만, 우리가 아는 선에서 그런 동물은 카멜레온밖에 없었기 때문에 녀석이 카멜레온이라고 굳게 믿었다. 지금도 그렇게 믿고 있다. 이후로 몇 달 동안 녀석은 우리와 여러 나라를 함께했다. 기분 상태에 따라, 기후에 따라, 주변 색깔에 따라 시시각각 바꾸는 피부색을 보는 일이라던가, 제 얼굴 반 만한 눈동자를 끔뻑거리며 느릿느릿 기어가는 모습을 보는 일은 소소한 재미였다. 그런데 카멜레온이라니, 동물원에 가야 겨우 볼 수 있는 동물을 길바닥에서 주워 올 줄 누가 상상이라도 했겠는가. 정말이지 세상은 참 넓고, 별 희한한 일이 다 있다고 생각했다.

어쨌거나 바다를 끼고 달리는 일이 좋았다. 해안선 모양 따라 그려진 길 위에 있으면 어쩐지 마음이 편안했다. 목적지까지 남은 거리가 좀처럼 줄어들지 않아도 눈앞에 아무리 높은 언덕이 우리를 기다리고 있다 하더라도 내륙에서와 같은 막막함이 들지 않았다. 내륙에 있을 때는 우리 앞에 놓인 대평원을 보면서도 막연하게 갇혀 있는 듯한 기분을 느낄 때가 많았다. 그러나 바다를 볼 때는 달랐다. 내륙과는 반대로 그곳은 아무리 가고 싶어도 갈 수 없는 곳이기 때문에 가지 않아도 된다는 사실이 묘한 안정감을 주었다.

달리는 내내 그리 멀지 않은 곳에 언제든 쉬어 갈 수 있는 그늘진 언덕이 우리 곁에 있었다. 그리고 그때마다 아름다운 풍경들이 늘 함께 했다. 쉬는 동안 빈 물통 속에서 혼자 놀고 있는 '존슨(셀추크에서 데려온 카멜레온을 그렇게 부르기 시작했다. 가장 익숙한 영어 이름이라는 이유였기 때문이다.)'을 밖으로 꺼내 개미굴 앞에 놔주거나 파리들 근처로 이끌곤 했다. 물론 먹이를 주겠다는 심산이었으나, TV에서 보았던 길고 민첩한 혓바닥을 한 번도 보지 못했다. 그래도 먹고 살고는 있는지, 녀석이 사는 통 안에 개미를 몇 마리 넣어 놓으면 나중에는 한 마리도 남아 있지 않았다.

내숭쟁이 존슨과 어색한 동행을 시작한 지 얼마 되지 않은 10월 12일 이즈미르에 도착했다.

신화의 바다를 건너 유럽으로 _터키 이즈미르에서 에디르네까지

이즈미르, 터키 제1의 수출항이자 280만의 인구를 가진 대도시라는 타이틀에 걸맞게 그곳에서는 어쩐지 부유한 도시 특유의 세련되고도 여유로운 분위기가 풍겼다. 자이언츠와 같은 거대한 갈매기가 날아다니는 해변과 그 모양 따라 놓인 도로, 그 뒤편에 줄을 지어 선 고층 빌딩이 꼭 해운대나 송도를 닮아 있었다.

우리는 해안에 인접한 어느 자전거용품점에 들러 장비 몇 개를 샀다. 점포들 사이에 큼지막하게 써진 '시마노SHIMANO'라는 글자가 얼마나 반가웠는지 모른다. 갖고 있던 휴대용 펌프가 고장 나고 엎친 데 덮친 격으로 여분으로 챙겨 두었던 튜브마저 다 써버리고 나서 달리는 내내 불안했다. 그러나 내륙의 소도시에선 장비 구하기가 여의치 않았다. 수레나 자동차 등과 같이 바퀴가 달린 다른 탈 것들을 수리하며 간간이 자전거를 수리해주는 정비소는 많았으나 작으나마 전문적으로 자전거 용품을 취급하는 곳은 한 군데도 없었다.

붙임성이 좋은 사장님이 권한 차이 한 잔씩을 들고 매장 안을 구경했다. 즐비한 자전거 용품들을 보니 눈이 휘둥그레졌다. 아무래도 자전거를 탄 시간이 축적될수록 안목이 생기는지, 갖고 있으면 요긴하게 쓸 수 있을 만한 물건들이 많이 보였다. 그러나 욕심이 생길수록 자전거는 무거워지는 법, 당초 사려고 했던 펌프와 튜브만 사고 매장을 빠져나왔다. 그곳에 적을 두고 있는 자전거 동호회 사람들이 먼 데까지 우리를 배웅해주었다.

이즈미르를 나섬과 함께 터키에서 가고자 했던 모든 지점에 대한 방문을 끝냈다. 이제 온전히 국경을 향해 가는 길만이 남아있었다. 작은 과제 하나를 마친 듯이 홀가분한 기분이 들었다. 그래선지 그 구간 동안 가장 마음이 평온했다. 터키에 머문 지 어느덧 한 달째였다. 모든 것이 익숙해지고 있었다.

그래선지 이후 차낙칼레Çanakkale까지 에게 해Aegean Sea를 끼고 달리는 동안 비교적 규칙적인 생활을 했다. 아침에 일어나 자리를 정돈하고, 고원으로부터 뜨는 태양의 보은을 받으며 오전을 보냈으며, 배가 고프면 그늘에 앉아 점심을 먹고, 수평선 너머 신화의 바닷속에서부터 번져나가는 석양을 바라보며 캠핑장에서 하루를 마무리했다.

터키의 도로를 달리며 갓길에 흡사 묘비처럼 생긴 시설물을 종종 볼 수 있었다. 외양과는 다르게 그것은 묘비가 아니라 따로 목적이 있었다. 중심에 작은 수도가 나 있는데 그곳을 통해 나오는 물은 마셔도 탈이 없을 정도로 깨끗했다. 근처에 차를 세우고 물을 마시고 있는 운전자들을

종종 볼 수 있었다. 보통 전날 미리 즉석Corba스프를 사다가 그곳에서 물을 받아 끓여 빵을 곁들여 먹었다.

　저녁이 되면 지친 몸을 이끌고 해수욕장으로 기어들어갔다. 10월도 벌써 반이 넘게 지나갔건만, 해변 온도는 여전히 30도에 육박하고 있었다. 그래서인지 백사장에는 여전히 적지 않은 사람들이 때늦은 바캉스를 즐기고 있다. 반라 상태로 금방이라도 바다로 가라앉을 듯이 내려온 태양 빛을 온몸으로 받으며 세상 부러울 것 없는 것처럼 모래 위 단잠에 빠진 사람들의 모습을 마주하며 보기만 해도 그 마음들이 전해지는 것 같았다.

　그중에서도 가장 좋았던 구간은 부르하니에Burhaniye부터 게리볼라Kucukkuyu까지의 길이었다. 10월 15일, 점심 먹을 곳을 물색하며 주행을 하던 중간에, 결국 못 이기는 척 어느 해안에 자전거를 세웠다. 지나치기에는 실핏줄처럼 일렁이는 명암을 품고 있던 그 물이 너무 맑았다. 우리나라의 해수욕장을 생각할 때 유흥이라는 단어가 그림자처럼 따라오는 것에 반해 이곳은 글쎄, 최소한 고요했다. 평화롭다는 말이 더 정확하겠다. 아직 더위가 가시지 않은 10월의 해변, 풍류를 즐기고 있는 사람들은 대부분 머리가 희끗희끗 센 노인들이었다. 그 모습이 마치 사후에 만나는 영원한 천국 같았다.

근처 캠핑장에 자리를 잡고 오매 불방 기다리던 바닷물 속으로 몸을 던졌다. '살 것 같다.' 라는 말이 제일 처음 나오는 게 참 뜬금없었다. 사람들로 북적이지도 않고, 구애받을 것도, 남겨진 미션도 없으니 마음이 먼저 물 위로 둥둥 떴다. 물은 너무나 시원했고 또 맑았다. 그러나 물을 보고 환장하고 놀 나이는 아니었다. 우리는 어느새 뭍으로 나와 따뜻하게 데워진 나무 선착장 바닥에 몸을 지지고 있는 서로의 모습을 발견했다.

한동안 드러누워 우리는 아무것도 하지 않았다. 정말이지, 아무것도 없는 하늘을 멍하니 바라본다든가, 바닥에 붙어있는 따개비 따위를 만지작거릴 뿐이었다. 그러다가 맥주를 홀짝거리고, 재밌는 일이 생각났다는 듯 흰 돌멩이를 주워 모아다가 그림을 그렸다. 멋진 풍경을 본다거나, 전설적인 유적지를 방문하거나, 한 번도 먹어보지 못했던 음식을 먹는 것보다 그리운 순간은 바로 그런 때이다. 앞엣것들은 앞으로도 할 수 있겠지만, 뒤엣것은 시간 부자들만이 누릴 수 있기 때문에. 가진 건 쥐뿔도 없었지만, 시간이 많았기 때문에 오히려 지금보다 더 넉넉한 시절이 아니었나 싶다. 퇴근 후 컴퓨터에 앉아 당시를 회상하며 그런 생각들을 해본다.

10월 16일, E87 도로를 따라 계속 북쪽을 향해 달리다가 다르다넬스 해협Dardanelles St.에 이르러 차낙칼레 근교에 여장을 풀었다. 그날 묵

은 곳은 해변에 위치한 어느 호텔 앞 공터. 철 지난 유원지의 숙박업소들이 그렇듯이 손님이 뜸했고, 간간이 빵을 훔쳐 먹기 위해 텐트를 바라보고 있는 도둑고양이 몇 마리만이 눈에 띄었다. 그리고 좁은 해협을 사이에 두고 저 건너에 유럽 대륙이 보였다. 마치 대치하고 있는 군인들처럼 길게 늘어선 두 대륙. 그래서였을까, 저 옛날 트로이 전쟁부터 1차 세계대전 차낙칼레 전투까지, 해협은 예로부터 새로운 세계로 향하는 통로이자 비극의 현장이었다.

낮 동안 달린 코스가 경사가 많고 노면이 고르지 않아 고생한 후였다. 피곤하기도 하거니와 비릿한 해산물 냄새와 해초 향이 어디선가 너울처럼 밀려들며 부둣가의 향수를 불러일으키는 바람에 괜스레 센티해졌다. 별로 의식하지 않고 있었는데, 다음 날 배를 타면 아주 먼 곳으로 가야 할 것만 같은 이상한 기분이 들었다.

기분 탓이었는지는 몰라도 그날 무심결에 고개를 들어 본 하늘에는 별이 참 많이도 떠 있었다.

"떠나가는 그 저녁에 나는 몹시 날고 싶었지
별이 맑은 하늘을 향해
아무도 없고 아무 소리도 없는 그런 맘의 하늘 속으로…

넌 물었지 세상의 끝은 어디 있냐고
그곳에 기다리면 언젠가 널 볼 수 있냐고
난 알았네, 세상의 끝은 지금 이란 걸
하지만 나는 말해 주었네
그곳은 아마도 별이 지지 않을 거라…"

　스피커에서는 전람회의 목소리가 흘러나오고 있었다. 손이라도 내밀면 닿을 듯 가까이 있는 수많은 빛이 꼭 모빌처럼 반짝이고 있는데, 가만 보면 꼭 일렁이는 것 같기도 하고 울먹이는 눈동자 같기도 했다.
　군에서 행정반 근무할 때 기름을 담당하던 선임이 있었다. 동갑이지만 일부러 연락하고 싶은 생각은 없게 만들던 유형의 인간이었다. 그이가 꼭 이렇게 별 보는 것을 좋아한다고 했다. 도저히 그 여드름투성이의 찌글찌글해 보이는 얼굴 어디를 봐도 그 취미와 매치가 되지 않았다. 하물며 별 보는 일 따위가 취미가 될 수 있다는 것도 당시에는 이해가 되지 않았다. 그러나 그날 조금은 그 마음을 이해할 수 있을 것 같기도 했다.
　아프대륙의 끝이었다. 해협을 사이에 두고 두 개의 대륙이 마주하고 있었다. '참 멀리도 돌아왔다.'며 터키에 처음 발을 디뎠을 때가 생각났다. 이스탄불에서 바다를 보며 뭣도 모르고 '저게 바로 지중해구나! 키야!' 호들갑을 떨던 그때의 그 바다가 마르마라 해Marmara Sea였다는 것도, 또 그 아래에 있는 바다가 에게 해이며, 지중해는 그 둘을 품고 있는 바다라는 사실도 정확하게 알았다. 그만큼 오랜 시간이 지났으니까. 웬만한 간판 정도는 터키발음으로 읽을 수도 있고, 터키인과의 대화도 자연스러워질 만큼의 시간이 지났으니까.

이튿날 해협 너머로 향하는 배를 탔다. 섬이 많은 에게 해와 해협이 있는 마르마라 부근에는 좁은 거리를 오가는 페리보트가 일반 대중교통처럼 잦게 운항하고 있었다. 배를 타는 일 같지 않게 가격도 저렴하다. 우리는 도합 5리라, 즉 한화 3,300원에 해당하는 비용만을 지불하고 자전거와 함께 배에 오를 수 있었다. 표를 산 시각이 11시 48분, 배는 12시에 출발했다. 보트는 15분 만에 동서양을 가로 질렀다.

해협을 건너자 가을이 성큼 다가왔다. 거슬러 온 시간이 그제야 제자리를 찾고 있었다. 계절의 정취를 조금 일찍 맛보고 들뜬 마음으로 바라보던 8월의 내몽골, 그 한 없이 맑은 하늘이 비로소 그곳에서도 보이기 시작했다. 10월도 이미 꺾이고 저만치 흘러간 때, 늦었지만 터키의 하늘에서도 가을의 기운을 느낄 수가 있었다.

터키는 크게 두 방향으로 다른 나라들과 육로 국경을 맞대고 있었다. 당시 한창 시리아와 포성을 주고받으며 대립각을 세우고 있던 동쪽의 경계가 그중 하나이고, 유럽과 맞닿은 서쪽 경계가 다른 하나이다. 이스탄불, 이즈미르 등의 대도시와 멀리 떨어져 있으면서도 국경과 가까운 지역

이기 때문인지 군인들이 많이 보였다. 반대로 거주하는 민간인의 숫자는 적었다.

　불가리아 국경지대까지 평평한 대지를 가로질렀다. 사람이 적다 보니 건물보다는 논밭이 많이 보였다. 추수가 끝난 논을 쓸고 우리에게로 불어오던 바람에서 익숙한 곡물의 냄새가 풍겼다. 아래 지방은 아직도 추수가 끝나지 않은 밀밭이 황금빛으로 익어가며 풍요로운 분위기를 연출하고 있던데 반해 그곳에서는 밑단만 덩그러니 남은 논밭의 곡물들이 가을 특유의 쓸쓸함을 불러일으켰다. 하루를 달리면 하루만큼 시간이 가는 게 아니라 열흘씩 건너뛰는 것 같았다. 지중해에서 멀어지면서 미처 적응할 틈도 주지 않고 기온이 곤두박질쳤다.

　10월 20일 키르클라렐리Kırklareli에 도착했다. 도시에 들어서자 갑자기 큰 소리가 들리기에 쳐다봤더니 놀이터에서 놀던 아이들이 길가로 달려와 '와' 하면서 일제히 환호성을 지르고 있다. '헬로! 헬로!', '어디서 왔느냐?'에서 시작해서 '이름이 뭐냐?'까지 아는 영어들은 총동원하는 녀석들, 동양인을 본 적이 없었는지 상당히 신기해하는 얼굴이었다. 근데 누구에게 배웠는지 그 와중에 한 녀석이 '포르노, 포르노'라고 하기에 그 모습이 재밌어 우리는 핸들을 부여잡고 웃었다. 하여간 이래서 어딜 가나 애들 앞에서는 나쁜 짓 하면 안 된다니까.

도심 숙소에 여장을 풀고 고속버스 터미널을 찾았다. 키르클라렐리부터 흑해Black Sea 연안의 도시 부르가스Burgas까지 100㎞ 남짓 조성된 국경 산악지대를 버스로 이동할 계획이었다. 터미널에는 버스회사마다 부스를 마련해놓고 승객을 유치하고 있었다. 각 부스는 부동산처럼 유리 벽에 행선지 정보를 덕지덕지 붙여놓고 있었다. 부르가스 노선을 운행하는 회사 부스를 찾아 들어갔다. 내친김에 발권까지 마쳤다. 12시 출발이었다. 그런데 너무 일사천리로 진행되니까 기분이 이상했다. 마음의 준비를 하기도 전에 이별할 시간이 다가오고 있었다.

버스는 22일 출발 예정이었다. 남은 하루를 푹 쉴 수 있었다. 그래서 그 참에 미뤘던 이발을 했다. 가장 마지막으로 머리를 깎았을 때가 언제였더라… 아마 출국을 일주일 앞둔 시점이었을 것이다. 머리를 깎지 않은 지 벌써 두 달째였다. 외출 채비를 마치고 인터넷으로 견본 헤어스타일을 몇 장 찍어 근처 이발소로 향했다. 갑자기 머리를 깎는 데에는 각오를 다지기 위한 목적도 없지 않았다. 이제 겨우 자리를 잡은 나라를 떠나 다시 생경한 나라로 떠난다는 사실은 설렘과 함께 미지의 두려움을 동반했다. 몇 주 전만 해도 '더는 질려서 못 있겠다.'며 하루라도 빨리 떠나고 싶었던 나라인데 그 내면에는 사실 그 익숙함이 주는 안정감을 좇고자 하는 이율배반적인 감정이 공존하고 있었나 보다.

숙소 객실에서 보이던 남성전용 헤어클럽으로 비장하게 들어가 앉았다. 미용 의자 앞에 바로 머리를 감을 수 있는 개수대가 설치된 점을 빼곤 한국과는 크게 차이가 없는 구조였다. 그런데 갑자기 웬 어린애가 와서 가위를 잡는 것이 아닌가. '이 아이가 내 머리를 깎는다고? 많이 봐야 고등학생 정도로밖에 안 보이는데?' 순간 아차 싶었지만 이미 이발용 천까지 다 두른 상황이었다. 믿어보는 수밖에 없었다.

걱정과 달리 우리가 내민 사진을 보고 소년은 능수능란하게 가위를 움직였다. 경력에서 묻어나오는 손놀림이 여느 한국 헤어디자이너 못지않았다. 아마 터키 이발 계에서는 도제 제도가 성행하고 있는가보다. 소년은 자못 진지한 표정으로 머리를 만졌다. 그의 그러한 노고 덕에 나는 마지막까지 만족스러운 얼굴을 유지하며 건물을 빠져나올 수 있었다.

객실로 들어와 거울을 보았다. 긴 머리에 가려져 보이지 않던 것들이 거울에 비쳤다. 그 안에는 건강하게 선을 드러낸 얼굴과 수세미처럼 불규칙하게 무성해진 수염이 있었다. 그리고 무심결에 눈썹을 올렸을 때 언제 생겼는지 모를 주름 몇 가닥이 이마에 새겨져 있었다. 살이 빠진 탓이건, 그동안 알게 모르게 받았던 스트레스 탓이건 간에 그 작은 거울은 지난 몇 달의 흔적을 고스란히 비추고 있었다.

10월 22일, 아침 창을 열자 아침 햇살이 침대를 쓰다듬듯이 비추고 있었다. 지난 기간 동안의 불볕더위가 무색하게 키르클라렐리의 날씨는 유독 흐렸다. 터키의 마지막 모습이 먹구름 낀 을씨년스러운 도시로 기억되지 않기를 바랐는데 다행이었다. 기분 좋게 터미널로 향했다.

그런데 버스가 도착하기로 한 예정된 시각이 가까워지자, 누가 먹물을

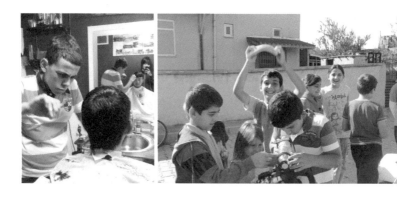

양동이째 들이부었는지 갑자기 하늘이 어두워지기 시작했다. 한 방울 두 방울 떨어지던 비가 삽시간에 번져 작은 도시를 점령해갔다. 아니나 다를까 티켓을 판매했던 직원은 '버스가 악천후로 인해 연착되고 있으니 조금 기다리라'는 말로 나쁜 소식을 전했다. 별 의심 없이 그 말을 믿고 다시 기다렸다. 퍼붓던 소나기가 점점 잦아들 기미를 보였다.

버스는 이스탄불에서 승객을 태우고 출발하여 국경 근처까지 온 다음에 이곳 키르클라렐리에서 마저 손님을 태우고 불가리아로 가는 방식이었다. 이미 시간을 지체한 버스는 그런 승객들의 불만을 잠재우기 위해서인지 터미널에 진입하지 않고 국도변에서 우리를 합류시키겠다고 전했다. 그 말을 영어도 전혀 할 줄 모르고 표현력까지 젬병인 운수회사 직원에게 듣는 일은 여간 고역이 아니었다. 빗방울을 머금고 언제 떨어질지 시간만 재고 있는 구름 떼가 사납게 지상을 내려다보고 있었다. 그러겠다고, 당신이 설명한 그 자리로 나가겠다고 했다. 도로변에서 급하게 자전거를 버스에 싣는 일이 내키지는 않지만 어쩔 도리가 없었다.

버스가 지척까지 왔다는 연락을 받고 직원이 설명한 승차 장소로 나갔다. 부스를 나서자 기다렸다는 듯이 다시 비가 내리기 시작했다. 가림막 하나 없는 인도에 서서 기다리자니 가랑비에, 옷이며 가방이 다 젖어 갔다. 10분쯤 지났을까? 저 멀리서 이쪽을 향해 오는 버스 한 대가 보였다. '드디어 불가리아로 가는구나!' 전면 운전석에 앉은 사람이 또렷하게 보일 정도로 가까워지는 버스, 그런데 우리를 본 기사 양반의 표정이 영 꺼림칙했다.

버스는 어쩐지 우리를 보자마자 속도를 높이는 듯싶었다. 희동이 "우리가 부르가스행 승객인 걸 모르는 거 아냐?"라고 말하자 '아차' 싶어 표를 흔들어댔다. 기사는 그제야 차를 세웠다. 마지못해 세운 기색이 역력했다. 티켓까지 보여줬는데 왜 이럴까 싶었다. 혹시 자전거 때문일지도 모른다고 생각했지만 이미 표를 구매할 때나 당일에나 자전거를 대동해야 한다고 분명한 의사 표시를 했기 때문에 기사의 태도를 이해할 수 없었다. 하지만 기대와는 달리 차에서 내린 기사는 자전거를 보며 난감한 표정을 짓더니 갑자기 어디론가 전화를 걸었다. 그리고는 상대방을 향해 거친 언사를 뱉어냈다. 왜 슬픈 예감을 빗나가지 않는지… 그건 분명, '자전거가 있다는 걸 왜 진작 말하지 않았느냐'며 직원에게 하는 일갈이었다.

분위기가 점점 이상해졌다. '안 그래도 지금 두 시간이나 기다렸는데 바쁜 사람 앞에 놓고 뭐하는 짓이람.' 슬슬 짜증이 나기 시작했다. 그때 마침 기사와 함께 내렸던 차장이 버스 하부의 짐칸을 개봉했다. 드라마틱하게 짐칸이 드러나는 순간 우리 둘 다 아무 말도 할 수 없었다. 이스탄불에서 탄 승객들이 실은 가방으로 짐칸은 이미 포화 상태였다. 도무지 자전거가 들어갈 자리라곤 없어 보였다. 애꿎은 차장이 그래도 땀을 뻘뻘 흘려가며 공간을 마련해보려 했지만, 자전거 한 대 들어갈 공간조차 만들 수 없었다.

'이게 무슨 경웁니까?!' 통화를 마친 기사에게 따졌다. 기사는, '봐라, 당신들은 탑승 못 한다.'면서 부스에 환불을 요구하라며 얄밉게 어깨를 으쓱거렸다. 그리고 도망치듯 버스는 떠났다. 남겨진 우리는 울분에 한참 동안 씩씩거리며 서 있었다. 나중에는 어이가 없어서 웃음이 나왔다.

터벅터벅, 티켓을 샀던 부스로 향했다. 자전거를 실을 수 있다고 자신하던 그 직원은 없고 다른 직원만 있었다. '환불은 또 제대로 될까?' 싶었는데 다행히 그는 군말 없이 티켓을 환불해주었다. 그러나 부스를 나서면서 찝찝해서 견딜 수 없었다. 티켓을 팔았던 그 직원을 만나면 면상에서 한국 욕을 실컷 퍼부어 주고 싶었는데, 화를 누그러뜨리는데 긴 시간이 필요했다.

호텔로 돌아오니 시각이 벌써 2시 가까이 되어 있었다. 포만감으로 화를 누르기 위해 일단 밥을 먹었다. 그리고 재기하여 새 루트를 알아보았다. 그대로 전진해 국경의 산악지대를 넘기에는 어려움이 많았다. 그래서 인근 도시를 경유 한 뒤 다른 경로로 국경을 통과하는 방법을 택했다. 그렇게 하루를 공치고 에디르네까지 이어진 D020 도로를 따라 예정에 없던 주행을 한 번 더 한 뒤에야 터키를 벗어 날 수 있었다.

PART 3

한 번도 보지 못했던 유럽

두 바퀴로 떠난 유라시아

두 개의 색을 가진 나라, 불가리아 _스빌렌그라드에서 바르나까지

10월 25일, 중국, 몽골, 터키를 넘어 드디어 유럽연합에 가입된 국가에 도착했다. 그중에서도 첫 번째 나라는 불가리아. 사실 이전에 방문한 곳들은 상식선에서 어느 정도 사전 지식을 갖고 있었으나, 불가리아를 필두로 앞으로 이어질 동구권 국가들은 일부러 찾지 않는 한 살면서 정보를 접하기가 쉽지 않은 나라들이었다. 그럼에도 불구하고 불가리아에 대해 갖고 있던 이미지 중 하나를 꼽는다면 그곳이 바로 '장수의 나라'라는 것. 우리나라 사람 중에는 불가리스를 가장 먼저 떠올리는 사람도 있을 것이다. 실제로 요구르트는 이 나라의 주요 생산물 중의 하나이며, 그러한 세계적 품질의 유제품이 현지인들의 장수에 영향을 미쳤으리라는 짐작을 어렴풋이 할 수 있었다. 불가리아는 또한 자연의 혜택을 많이 받았기로 여행자들 사이에서는 유명한 나라였다. 얼마나

보존이 잘 되어있는 자연환경을 지녔기에 그러한 말을 듣고 있는지, 자연은 국경이 없기에 당장은 알 수 없었지만, 부르가스로 향하며 내륙을 주행하는 동안 그 말이 지닌 의미를 이해할 수 있었다.

반면 자연을 제외한 다른 요소들은 국경을 넘는 순간부터 이미 그곳이 조금 전까지 겪던 것과는 다른 나라임을 확실히 인지하게 해주었다. 그곳처럼 국가 간 문화, 경제력 등의 차이를 적나라하게 드러내는 장소가 또 있을까. 불과 몇 분 만에 영 다른 세상에 온 기분이었다. 통관을 기다리며 족히 수백에 이르는 화물차들이 국경부터 5㎞ 구간에 아예 한 차선을 점거한 채 줄을 서 있었다. 듣기로 인근 국가 중 터키의 경제력이 압도적이라고 하는데, 그래선지 문물의 전파도 일방적으로 보였다.

그 차들을 지나 빈 차선을 따라 빠르게 앞으로 전진해갔다. 멀리에 흡사 톨게이트처럼 생긴 건물이 있었다. 터키 출입국사무소였다. 게이트로

가 차례를 기다렸다가 직원에게 여권조회를 받았다. 그리고 다시 10m가량 전진하여 간단한 세관 조회를 거쳤다. 그제야 '굿바이'라고 적힌 간판이 보였다. 그리고 불가리아에 관할임을 알리는 표시도 멀리서 모습을 드러냈다.

잘못 한 것은 없으나 괜히 책잡힐 일 있나 싶어 미리 불가리아어 인사를 익혀놓은 상태였다. 대학 교양 시간에 잠깐 배운 러시아어와 비슷했다. '즈드라베이Zdravéi', 불가리아 관할 구역의 첫 번째 게이트를 담당하는 무뚝뚝한 직원과 처음으로 불가리아어로 인사를 나눴다. 그러면서 그때 그 엉망진창인 게이트들을 보고 생각했다. '어쩜 이렇게 다를 수 있을까?'하고…. 공산권이었던 탓에 동유럽의 발전이 더뎠다고는 익히 알고 있었지만, 그래도 예의 그 '유럽'인데 이렇게까지 엉망이라니, 그전까지 나는 유럽의 모든 나라가 다 풍족하게 살고 있다고 생각하고 있었다. 정말 아무것도 몰랐던 것이다. 페인트가 군데군데 벗겨진 건물들, 그대로 방치되고 있는 조류의 배설물, 오래된 간판의 러시아어 표기들을 보면 몽골과 다를 게 없었다. 깔끔하게 정돈된 터키의 출입국관리소를 본 일이 불과 몇 분 전이라 충격이 더했다.

우리가 지나왔던 국경의 도시, 혹은 국제 여객항이나 공항이 있어 일국의 관문 역할을 하는 다른 도시들이 화려한 색채를 뽐내는 데에 반해 불가리아의 첫인상은 이상하리만치 고요했다. 색이 벗겨진 도로 위를 달리며 우리가 볼 수 있던 것은 불에 타 앙상하게 뼈를 드러낸 버스 한 대, 주인 없이 먼지 쌓인 채 버려진 목조 상가건물 한 채가 전부였다.

도시의 분위기도 크게 다르지 않았다. 불가리아에서 처음 접한 도시는 스빌렌그라드Svilengrad였다. 붉은 페인트칠이 벗겨져 빛이 바랜 건물들과 세상 아무것에도 관심이 없다는 듯이 무표정하게 주변을 거니는 사람들이 거기에 있었다. 그런 곳에서는 오죽하면 울울창창한 가로수들까지 무미건조해 보였다. 희동은 그 모습을 보고 영화 〈이퀼리브리엄〉의 한 장면을 상상했다고 한다. 못 본 척하는 것인지, 진짜로 못 본 것인지. 낯선 사람들이 낯선 모습으로 그 곁을 지나가든 말든 눈길 한 번 주지 않는 모습이 심지어 좀 무섭기까지 했다. 터키에서는 뜨거운 환영이 오히려 귀찮기까지 했는데….

유럽이라고 해서 다 같은 유럽인 줄만 알았지 내가 알던 유럽이 유럽의 일부에 불과하다는 사실은 유럽에 도착하기 전까지 전혀 알지 못했다. 그러니까 그전까지 알던 유럽의 모습이라면 아주 단편적인 것들이었다. 요컨대 신재생에너지로 운행하는 자동차 충전소를 만들었다는 독일의 어느 도시라던가, 걱정 따위는 아무것도 없고 허드렛일을 하는 목동마저도 유유자적하는 듯 보이는 하이디의 마을, 혹은 내내 여유롭게 지내고 낮 동안 낮잠을 즐기면서도 행복해 보이는 이베리아 반도 사람들의 인상 따위와 같은. 그러나 여기 사람들에게서는 그런 모습을 찾아볼 수 없었다.

그래도 한 가지 좋은 점이 있었다면 물가가 상상을 초월할 정도로 저렴했다는 것이었다. 먼저 다녀간 여행자들은 터키에 관해 이야기하면서 대부분 저렴한 물가에 환호했다. 그러나 중국을 경험한 우리에게는 모든 것이 비싸게만 느껴졌었다. 그곳에서 지낼 때는 어느 가게에 가건 가장 안전하고(?) 맛있는 음료를 쉬는 시간마다 마실 수 있을 만큼 부담이 없었는데 터키에 들어서자 물가가 비약적으로 뛰어 버렸기 때문이다. 그래

서 불가리아가 좋았다. 그곳에서는 적어도 먹을 것을 눈앞에 두고 허기를 참아야 하는 일은 없었다. 그곳에서 우리가 간단히 요기 하기 위해 처음 들렀던 곳은 도시 중심가의 작은 팬케이크 가게였다. 가장 비싼 메뉴가 2.5레바, 약 750원에 불과했다.

불가리아의 국토는 남한의 면적과 비슷하다. 그러나 인구는 겨우 6분의 1 수준에 불과하다. 지나온 터키보다도 인구 밀도가 적다. 그래서 달리고 있는 국경 근처의 외진 도로에서는 주유소라던가 상점을 볼 기회가 드물었다. 마주치는 마을들은 모두 우리네 시골 풍경을 닮아 있었다. 평화로운 전원의 한복판에서는 차라리 그런 것들보다는 귀가 긴 노새를 보기가 더 쉬웠다. 말처럼 기품 있지는 않지만 모자라 보이는 생김새가 정겨워 한 마리 키우고 싶은 생각이 절로 들었다.

10월 26일 불가리아에서 처음으로 아침을 맞이했다. 바람에 나뭇잎들이 부대끼는 소리와 가지에 앉은 새들의 지저귐, 이 비슷한 소리가 길목마다 자꾸자꾸 들렸다. 소리와 함께 내려온 마른 낙엽들이 이따금 아스팔트 위를 갈지자로 헤매고 있었다. 10월도 얼마 남지 않은 때였다. 한국에서도 그맘때쯤 단풍이 절정을 이루고 있었을 것이다. 사람의 손을 타지 않는 빽빽한 나무들 사이에 난 길을 따르며 우리도 자연이 만든 화려한 색에 취해 보는 중이었다. 그렇게 계절의 정취를 느끼고 있노라면 이 숲을 지나 회색빛 도시와 미소를 잃은 사람들이 존재한다는 것이 상상이 되지 않았다. 그러나 도시에 들어서면 어김없이 세상은 무뚝뚝한 붉은빛으로 물들어 있었다.

엘호보Elhovo에 막 도착했을 때였다. 낯선 사람이 거리에 나타난 것을 눈치챈 몇몇 아이들이 어슬렁거리며 다가왔다. '얘들이 대체 이 어둑어둑한 시간에 낯선 사람들 옆에 말없이 서성이는 이유는 무엇일까.' 궁금해서 가만히 쳐다보았다. 우리는 1,000원짜리 냉동 피자로 저녁을 해결할 요량으로 패스트푸드점 앞에서 해동되어 나올 피자 조각들을 기다리고 있었다. 예닐곱이나 되었을까, 사내 두 놈이 쭈뼛거리며 테이블로 다가왔다. 보통 그런 경우 외국인을 보고 신기해서 말을 한 번 붙여 보려는 목적인 아이들이 태반이었다. 그러나 이번에는 달랐다. 우선 얼굴이 밝지 않았다. 그들은 우리에게 말을 몇 마디 던지는가 싶더니 통하지 않자 저들끼리 눈치를 주고받았다. 억양이나 표정을 보니 무언가를 바라는 눈치였다. 동유럽을 여행하며 적선을 요구하는 아이들을 마주했다는 경험담을 들어본 바가 있었다. '얘들도 거기에 뜻이 있나,' 싶었는데… 맙소사, 한참을 고민하던 아이들이 글쎄 검지와 중지를 펴더니 입에 갔다 대는 것이 아닌가, 틀림없이 담배를 달라는 제스처였다. 우리는 이 상황을 행여 지나가는 사람에게라도 보여 안 좋은 상황이 생길까 염려하여 얼른 그 아이들을 돌려보내려고 하였다. 그러나 쭈뼛거리면서도 떠날 생각은 하지 않았다. 보다 못한 옆 가게 아주머니가 훈계조로 쫓아낼 때까지 아이들은 우리 옆에 그대로 서 있었다. 그 결에 마지못해 가면서도 아이들은 자신들을 혼낸 아주머니를 쳐다보며 노골적으로 비아냥거렸다. 무엇이 아이들을 그리 만든 것일까….

붉은색은 곧잘 공산주의의 상징으로 여겨지곤 한다. 혁명의 급진성과 혁명주체들의 순수성, 그리고 열정 등의 단어가 가진 이미지가 뜨거운 것 또는 혈액을 의미하는 붉은색과 매치가 되는 까닭이 아닌가 싶다. 동유럽에서도 소련의 뜻에 가장 모범적으로 따랐다는 불가리아, 그 때문인지 그러한 붉은 색채들은 여전히 건축물들에 잔존하고 있었다. 그러나

같은 붉은색임에도 지금의 그 흔적들은 '뜨거운 열정'이라던가 하는 구 공산권 국가들의 무형 자긍심을 떠오르게 하는 것이 아니라 몰락한 체제가 남긴, 아직 처리하지 못한 찌꺼기 같은 느낌이었다. 설치된 이후에 오랜 시간 관리가 되지 않아 산화되어버린 쇠붙이들을 보면 측은한 느낌 마저 들었다. 언제 마지막으로 새 건물이 지어졌는지 알 수 없을 정도로 도시의 모든 건물은 쇠하고 깎여 나가 있었다. 우리나라의 기준으로 본다면 재개발 기한을 넘긴 주택들도 상당했다. 그러나 그 빛바랜 건물 중에서도 유독 그 존재를 드러내는 것들이 있었다. 그것들은 대개 술집이나 밤업소였다. 상가 밀집지역에는 옷가게가 유독 많았다. 그러고 보니 오래된 회색빛 거리와는 다르게 그래도 불가리아 사람들은 다들 잘 입고 다녔다. 몽골에서와 비슷한 모양새이었다. 경제적 수준과 패션에 대한 갈망 사이에는 어떠한 인과관계가 있는 것일까, 경제가 좋지 않을 때 립스틱 판매가 급증한다는 속설과 비슷한 원리가 아닐까 싶었다.

　10월 28일, 키르클라렐리에서 무심히 떠나는 버스를 황망히 바라 만 보고 발길을 되돌린 지 6일 만에야 부르가스에 도착했다. 부르가스는 흑해를 통한 대외무역의 40%를 담당하고 있는 부르가스 최대의 무역항이었다. 19세기 중엽 불가리아가 터키로부터 독립한 이래 수도 소피아 간의 철도가 놓이면서 작은 해변 도시는 대 소련 교역의 중심지로 거듭나기 시작했다고 한다. 항만을 바라보며 일절 흐트러짐이 없이 바둑판처럼 형성된 블록의 모습은 이 도시가 그 시절 철저한 계획하에 전략적으로 육성된 곳임을 보여주었다. 위성지도로 이를 확인하면서 적어도 이 정도 급이면 경제중심지이자 관광지로서 어느 정도는 번영한 도시의 모습을 보여주지 않을까 생각했었다. 그러나 조용했다. 컨테이너를 하역하는 낡은 크레인과 바지선들이 그나마 그곳이 무역항임을 상기시켰다. 무표정한 건물들 사이에서 카지노와 성인용품 가게들은 저들끼리 화려하고, 누구도 신경 쓰지 않아 수북이 쌓인 플라타너스 잎사귀들이 지나는 사람들의 발길에 아무렇게나 채이고 있었다.

　상가가 밀집해 있는 중앙로는 바둑판으로 설계된 도시의 가운데를 가로질렀고 해안과 가까운 끝에는 부르가스 기차역이, 반대편에는 어떤 인물의 동상이 높은 단 위에 설치되어 있었다. 많지도 적지도 않은 사람들이 거리를 배회하고 있었다. 시선을 끌만큼 큰 소리를 내서는 안 된다는 불문율이라도 있는지 그저 일행과 조용히 본인들만의 시간을 보내는 듯 보였다. 몇몇은 자전거를 타고 지나가는 우리를 힐끔힐끔 쳐다보기도 하였으나 그뿐이었고, 터키에서는 예사였던 작은 소동들도 일어나지 않았다. 다가와 말까지 건넨 이들은 딱 두 명이었는데, 두 명 모두 우리에게 뭔가를 요구하던 초라한 행색의 사내아이였다.

그즈음 긴 팔 한 겹만 입기엔 쌀쌀한 날씨가 이어지고 있었는데 부르가스에 도착한 그 날은 눈 오는 날 한파가 잠잠해지듯이 날이 푸근했다. 오히려 그래서 괜히 더 거리가 쓸쓸해 보였다. 선입견 때문인지 모르겠으나 사람들의 표정은 우중충한 그 날의 날씨를 닮아 있었다.

숙소로 가기 전, 해안 공원에 들렀던 것 같은데 뚜렷하게 기억나는 것은 별로 없다. 다만 치우는 사람이 없어 수북하게 쌓인 은행나무 잎이 만들어내던 지독하게 쓸쓸한 분위기만이 강렬하게 남아있다. 술자리에서 실연당한 친구를 보거나 면접에서 영혼까지 털리고 나서 '마포대교'가 어쩌고저쩌고하는 친구들의 모습을 보면 그때 생각이 난다.

대신 부르가스가 선물해준 건 따로 있었다. 그곳에 라면이 있었던 것이다. 도착하기 전부터 부르가스에 까르푸 매장이 있다는 사실을 확인한 터였다. 매장은 도시 외곽에 있었다. 거리를 텅 비워 놓고 사람들은 거기에 다 있었다. 그 넓은 매장이 사람들로 가득 찼다. 개별 상점에서 뿜어대는 전파로 휴대폰 와이파이 안테나가 불을 뿜었다. 광장이나 거리, 심지어 국도변에서까지…. 예기치 않은 장소에서 공용 와이파이가 심심치 않게 포착된다는 것은 불가리아 여행이 주는 즐거움 중의 하나였다.

그러나 기대했던 식품코너엔 라면은 없었다. 즉석식품 코너에도 마찬가지였다. '누들'이라고는 순 불가리아산뿐이었다. '결국, 이 매장에도 없는 건가.' 포기하고 출구로 향하는데 순간 레이더에 뭔가가 포착됐다. 여

기저기 시선을 돌리다 무심결에 한자와 만국기를 본 것이다. 뭔가에 홀린 듯이 그쪽으로 갔다. 세계음식코너였다. 심 봤다. 있었다. 신라면! 선반에 예쁘게 진열되어있는 익숙한 그 공산품의 모습이 보였다. 한 봉지당 2레바였다. 희동이 얼른 가서 바구니를 가져왔다. 거기에서 봉지라면 15봉지와 작은 컵 4개를 쓸어 담았다. 누가 갑자기 뒤통수를 치고 도망가도 너털웃음을 지을 수 있을 것 같았다.

가방은 무거워졌으나 자전거는 2㎝ 정도 허공에 떠가는 듯한 기분이었다. 얼마 지나지 않아 공항 관제탑이 시야에 들어왔다. 함께 보이는 맞은편 해변 마을 사라포보Sarafovo에 예약한 숙소가 있었다. 일찍 들어와서 빨래도 하고, 목욕재계하고 나니 비가 내리기 시작했다. '조금만 늦었어도 저 비를 맞고 있었겠지.' 생각하니 오금이 저렸다. 각오는 했다지만 그 가을에 비를 쫄딱 맞으면서 달리는 기분이 좋았을 리 만무했다. 숙소

에 딸린 테라스에선 해변이 바로 보였다. 방에 처음 들어왔을 때 서핑을 하던 이들이 그때까지 있다가 부랴부랴 떠날 채비를 하고 있었다.

　그리고 오매불망 기다리던 그 라면, 리셉션을 지키던 직원에게 온수를 부탁하고, 컵라면을 개봉하여 혹여 가루 하나라도 놓칠까 조심스레 스프를 면 위에 뿌렸다. 물을 붓고 기다리던 3분의 시간은 영겁과도 같았다. 반면 뚜껑을 열고 빈 그릇을 치우기까지의 시간은 찰나였다. 우리는 생전 처음으로 라면 국물에 빵을 말아먹었다. 합이 생각보다 괜찮았다. 목구멍을 넘어가는 즉시 소화가 되어 버리는 느낌이었다. 라면은 정말이지 마약 같았다. 그 날 이후 라면은 밥상의 단골 메뉴가 되었다. 주차장에서든 비좁은 창고에서든 비에 젖은 잔디밭에서든 저녁이면 어김없이 버너를 꺼내고 물을 올렸다. 대도시에 가면 대형마트에서 반드시 라면을 보충했다. 세상의 음식들이 아무리 맛있다 한들 주행 후 먹는 라면 맛에 비할 바는 못 되었다.

10월 30일, 부르가스에서부터 9번 도로를 따라 달렸다. 흑해 해안선을 따라 러시아까지 이어진 길이었다. 10월의 끝자락에서 바닷바람이 매서웠다. 추위는 목 언저리부터 왔다. 그리고 귀를 얼얼하게 한 뒤 마지막엔 손등을 때렸다. 지퍼를 턱 끝까지 올리고, 버프로 귀를 덮고 장갑까지 꼈는데도 추웠다.

부르가스 공항 근처에서 하루를 묵고 바르나를 향해 가는 도중에 네세바르 올드 타운Nessebur Old Town에 들렀다. 네세바르 올드타운은 서니 비치Sunny Beach의 남쪽 끝에 있는 마을이다. 우리나라에도 있는 이른바 '신비의 바닷길'로 연결된 조막만 한 섬이다. 기원전부터 중세, 19세기에 이르기까지의 건축 양식들이 혼재, 보존되고 있는데 그 가치를 인정받아 1983년 일찌감치 세계문화유산으로 지정되었다.

네세바르는 동화 같은 마을 안의 모습들과 둥그런 지형 때문에 '흑해의 진주'라고도 불렸다. 과연, 우리는 마을로 향하는 바닷길 입구에서부터 그 전경에 매료되어 눈을 뗄 수가 없었다. 찬바람이 세차게 불었지만, 오히려 그 덕에 하늘은 오히려 파랬다. 길의 왼쪽으로는 기다란 해변이 펼쳐져 있고, 오른쪽으로는 정박해 있는 낚싯배들, 해수면 위로 반짝이는 별들 그리고 정면으로 작은 섬 안에 옹기종기 담긴 중세의 건물들이 보였다.

네세바르는 3,000여 년이 넘는 역사를 가진 고대도시이다. 바다를 향해 불쑥 튀어나온 지형 덕분에 오랫동안 중계무역으로 번성했다고 한다.

또한, 내륙으로 향하는 좁은 통로를 제외한 모든 면이 바다와 접해 있기 때문에 군사적 요충지의 역할도 톡톡히 했다. 그러나 미인은 박명하다는 말처럼 매력적인 도시는 시대를 달리하며 수많은 나라의 먹잇감이 되었다. 네세바르에는 유독 종교 건축물의 흔적이 많았는데, 그것이 전에 있던 지배자들보다 위대해 보이고 싶어 하는 새로운 침략자의 욕망에서 비롯된 것이라고 하니 이 도시의 곡절을 알 만하다.

그런 사정을 겪고 난 후 다양한 문화 양식이 혼재되어, 네세바르에서는 독특한 분위기가 느껴졌다. 유명한 관광지였음에도 그곳 역시 인적이 드물었다. 그러나 현대적인 도시와는 다른 형태의 건물들이 즐비한 거리 한복판에서는 그런 고요함도 운치를 자아냈다. 자전거에서 내려 골목골목을 누비며 우리는 그곳의 고즈넉한 분위기에 이내 매료되었다. 변덕스러운 날씨 탓에 갑작스레 비가 쏟아질 때면 한동안 처마 밑에서 숨을 죽여야 했지만, 여우비가 내리는 청초한 하늘 아래서 밝은 톤의 건물들이 더 형형하게 드러났다.

네세바르에서 예정보다 오래 머문 까닭에 진도를 더 나가지 못해 서니비치 인근의 숙소에서 하루를 묵었다.

10월 31일, 바르나Varna까지 가기 위해 아침부터 바지런히 움직여야 했다. 주행해야 하는 거리는 130㎞였는데, 도중에 복병이 도사리고 있었다.

바르나에 진입하기 위해서는 다다라서 긴 다리 하나를 건너야 했다. 바르나 강 하구를 가로지르는 아스파르호브 다리Asparouhov Bridge였다. 자동차 전용도로의 일부 구간이었다. 일반적으로 자전거가 통행할 수 없

는 도로라는 것이었다. 그러나 여기를 통과하지 못하면 40㎞가 넘는 거리를 에둘러 가야 했다.

아침잠이 많아 대학에 다닐 때는 어떻게든 1교시 수업을 피하려고 했었고, 수강 신청에 실패하기라도 하여 아침부터 수업을 들어야 할 때에는 전날부터 긴장하여 잠을 자기가 어려웠다. 그래서 아침은 늘 피곤했다. 많은 사람이 그렇듯이 그때 느끼는 감정은 상쾌함과는 거리가 멀었다. 아침에 대해서 생각하면 늘 지하철을 타기 위해 분주하게 뛰어다니던 생각밖에 나지 않는다. 그 습관이 어디 가지 않아서 자전거 여행을 하면서도 아침 일찍 일어나 길을 나섰던 적은 얼마 되지 않는다. 조금 더 부지런했다면 그만큼 더 많은 것을 보고 먼 길을 달릴 수 있었을 텐데…. 아쉬움이 많이 남지만, 더 게을러지지 않았다는 것만 해도 천만다행이지 싶다.

하여간에 그 날은 동이 트기 시작하는 것에 맞춰 주행을 시작했다. 새벽의 추위에 두꺼운 외투를 입고 자전거에 올랐던 우리는 채 한 시간이 되지 않아 다시 외투를 가방 안에 집어넣었다. 서서히 떠오르는 태양의 움직임을 따라 몸 안에서도 약동하는 기운이 느껴졌다. 쌀쌀한 바람은 눈동자에 총기를 북돋았다.

사람들이 많이 거주하는 지역을 벗어나자 우리는 이내 울창한 숲으로 둘러싸였다. 아름다운 자연으로 유명한 나라답게 어디를 가도 빽빽하게 자라난 나무들을 볼 수 있었다. 날이 채 밝지 않은 아침의 숲은 그때까지도 야생의 기운을 뿜어내고 있었고 숨을 쉴 때마다 습기가 많은 공기를 따라 나무 향이 진하게 느껴졌다.

그곳에도 가을은 성큼 다가와 있었다. 무르익은 단풍들, 도로변에 지척으로 널린 도토리를 줍기 위해 다람쥐들은 위험을 무릅쓰고 이곳까지 내려서다 인기척 듣고 달아나곤 했다. 이따금 집시들은 도로변에 낡은 트럭을 대고 나무를 하고 있었다. 그러다 수풀을 헤치는 소리가 들려 올라다 보면 저쯤에서 예닐곱 마리의 멧돼지 가족이 어디론가 뛰어가는 모습을 볼 수 있었다.

오후 4시쯤 바르나로 진입하는 다리에 도착했다. 경찰이 입구를 지키고 있었지만 걱정했던 시간이 무색하게 별 제지 없이 다리를 건널 수 있었다. 높은 다리 아래로 바르나 강 삼각주 오스트라바Ostrava가 보였다. 그곳에서도 하늘을 찌를 듯이 키가 큰 나무들이 자라고, 정수리를 다 드러낸 주홍빛 지붕들이 자연이 공간을 내 준 곳에 다소곳이 자리하고 있었다. 해안에는 날렵한 군함을 포함하여 커다란 선박들이 정박해 있었다. 유럽 특유의 뭐랄까, '웰빙'한 그 분위기와 조광 속에서 그런 모습들이 어딘지 모르게 부르가스보다 세련되어 보였다.

11월 1일엔 바르나에서 하루를 더 머무르며 도시를 거닐었다. 시에서 운영하고 있는 'Free Varna Tour'의 루트를 따랐다. '성모 승천 성당 Cathedral of the Assumption of the Virgin로부터 시작된 투어 루트는 차가 다니지 않는 도심 광장을 따라 이어졌다. 볼거리가 부족하다는 바르나였으나 그곳에도 지적 호기심을 불러일으키는 역사적 건축물들은 곳곳에 있었고, 여느 기품 있는 도시들에서처럼 아코디언을 연주하는 거리의 악사들도 볼 수 있었다.

번화가에는 대단위 쇼핑센터도 있었다. 그러나 지독하게 따라붙는 환전상과 노숙자 가족들을 보면 불가리아에서 세 번째 가는 대도시도 가난의 흔적을 채 몰아내지는 못한 듯이 보였다. 곳곳에 보이는 도시 야생동물들의 변사체, 관리되지 않아 무성하게 우거진 가로수, 신화적인 인물의 동상 위를 하얗게 덮은 비둘기의 배설물 등이, 몰락한 가문이 오래전에 버리고 간 저택을 보는 것만 같았다. 그런 도시에 가면 그곳을 점유한 사람들이 아직 완벽하게 자연을 정복하지 못하고 있다는 생각이 들었다.

투어는 골목골목으로 계속 이어졌다. 하루를 쉰다는 생각으로 바르나에 머물렀던 것인데, 투어를 마치고 나서 우리는 어째 주행을 할 때보다도 더 심한 피곤함을 느꼈다. 뱃사람 중에는 아무리 파도가 거칠어도 배 위에서는 멀미하지 않지만, 오히려 육지에 있는 동안 멀미와 비슷한 증상을 호소하는 사례가 왕왕 있다고 한다. 그즈음엔 조금만 걸어도 쉽게 피곤해지곤 했는데, 그 이유가 안장 위에서 보낸 시간이 많아서 일지도 모르겠다. 어쨌든 그래서 투어에서 돌아온 우리는 너나 할 것 없이 침대에 눕자마자 곯아떨어졌다. 누가 주워가도 모를 정도로. 그런데 가는 날이 장날이라더니 꼭 그런 때에 일이 생긴다. 간밤에 작은 소동이 있었다.

시계를 볼 경황이 없어 그때가 몇 시였는지는 기억나진 않지만, 우리 둘 다 혼곤히 잠에 취해 있었던 한밤중이었던 것만은 분명하다. 그때 나는 꿈결처럼 가까이서 들리는 낯선 언어에 이끌려 의식의 수면 위로 올라왔다. 몽롱한 정신에서 꿈인지 생시인지 분간이 안 되는 순간, 재차 그 알아들을 수 없는 말들이 들려왔다. 한동안 무슨 소리인지 듣고 있었다. 그러다 문득 찬물이라도 얼굴에 끼얹어진 것 마냥 정신이 번쩍 들었다. 꿈이라기엔 너무나 또렷한 육성이었다.

귀신이라도 본 사람처럼 깜짝 놀라 일어났다. 잠이 들며 분명히 끄고 잤는데 객실 불이 켜져 있었다. 그리고 등불 아래 우리 둘 말고 또 다른 누군가가 있었다. '헉!' 놀란 맘에 헛숨을 집어삼켰다. 별의별 생각이 다 들었다. 자다가 이상한 소리를 듣고 깼는데 방안에 미확인된 존재가 들어왔음을 눈치챘을 때의 심정이란 정말이지 두 번 다시 겪고 싶지 않은 불쾌감이다.

시선은 그 와중에도 의연히 제 임무를 간파하고 빠르게 존재의 정체를 스캔했다. 육중한 몸을 가진 그 덩어리는 어눌한 말투로 불가리아어를 흘리고 있었다. 왼손에는 커다란 술병이 들려있었는데, 다행히 위협적으로 보이지는 않았다. '아, X발…' 존재를 식별했다는 안도와 함께 본능에 따라 참았던 욕지거리부터 덜컥 내뱉고 말았다. 순간 뜨끔했으나 괜찮았다. 어차피 그는 못 알아들을 테니까. 오히려 그 소리를 듣고 세상모

르고 잠들어 있던 희동도 깨어났다.

　그런데 참 지금 생각해도 웃긴 건, 그 몽롱한 상황에서도 분명하게 들은 바로는 그 덩어리가 분명 울먹이며 '오빠~'를 부르짖고 있었다는 사실이다. 불가리아어로 그 단어가 무엇을 의미하는지는 모르겠으나, 어찌 됐건 술에 취해 울먹이고 있는 중년의 배불뚝이 백인 입에서 '오빠'라는 단어가 나온 것 자체만으로도 해괴한 그림이었다. 정신을 차린 나는, '당신 지금 뭐 하고 있느냐?', '꺼져!' 등의 말을 원어민급 영어 발음으로 구사하였으나 슬라브 어족의 그는 도통 그 말을 알아듣지 못하고 계속하여 어디에도 없을 자신의 오빠를 찾고 있었다. 마지못해 나는 침대에서 내려와 그를 직접 떠밀 듯이 하여 출입문으로 인도하였다. 조를 맞춰 희동이 와서 잽싸게 문을 잠갔다. 객실에 들이닥치던 의도치 않은 그 대담무쌍 함과는 다르게 그는 나의 안내에 어린양처럼 순순히 문밖으로 나갔다. 그리고 객실은 불과 몇 초 전에 어떤 소란이 있었는지조차 벌써 잊은 듯 다시 고요해졌다.

꿈이었을까? 허무하기까지 했다. 우리는 눈만 끔뻑거리며 섰다가, 이내 잊었던 일이 생각났다는 듯이 객실 등을 끄고 일시 정지 걸린 꿈을 다시 잇기 위해 침대에 누웠다. 참 우습다가도, 가만 떠올려보면 또 소름이 끼치기도 한다. 그때 들어온 사람이 그 유순한 사람이 아니라 불손한 목적을 가진 사람이었다면 과연 어땠을까…, 생각하기도 싫다. 그 소란 이후 우리는 잠들기 전에 몇 번이고 문고리를 확인하는 습관을 지니게 되었다.

반가운 이들과의 만남, 루마니아 _만갈리아에서 몰도바 누아까지

11월 3일 유럽의 두 번째 나라 루마니아 땅에 들어섰다. 폐허가 된 오래된 버스 터미널처럼 칠이 벗겨진 출입국 관리소를 유럽인들은 아무런 절차 없이 자유롭게 넘나들었다. '유럽 국가 간 국경은 정말 이런 식인가?' 어안이 벙벙해져 있을 때 불가리아와 루마니아 양국의 관리소 직원들이 우리에게 다가와 여권 빈 면에 각 나라의 출입국 도장을 찍어 주었다. 그것으로 끝이었다. 간편해서 좋았다. 그때부터 나라를 오가는 일은 물리적으로나 정신적으로나 더 이상 부담을 주지 않았다.

두 나라 간의 살림 수준이 비슷한 이유에선지 터키-불가리아 간 국경을 넘을 때처럼 화끈한 반전을 기대하기는 힘들었다. 경계를 넘기 전과 후에 달라진 게 없음에 나라를 갈아탔다라기 보다는 잠깐 쉬었다 온 기분이었다. 그나마 간판에 적힌 알파벳을 보며 실감이 났다.

슬라브 계열의 민족들이 세운 국가들 사이에서 '로마인의 언어를 사용하는 사람과 토지'라는 다소 인위적인 냄새가 풍기는 이름을 갖고 공존하는 국가 루마니아. 1878년 오스만튀르크Osman Türk로부터 독립한 이들은 왕국, 인민공화국을 거친 후 시대적 흐름을 타고 1965년 사회주의 공화국이 되었다.

루마니아 국민들이 터를 잡은 곳은 유럽에서 유명한 곡창지대였다. 이런 토대를 바탕으로 1940년까지 비교적 부유한 삶을 영위하던 이들은 독재자 니콜라에 차우셰스쿠의 통치기간 동안 점차 피폐해져 갔고, 1989년 공산권의 몰락과 함께 더 깊은 수렁으로 빠졌다. 그래도 그나마 불가리아보다는 생활 수준이 나은 편이었다.

목표했던 첫 번째 도시는 만갈리아Mangalia였다. 루마니아 최남단에 있으며 루마니아의 도시 중 가장 오랜 역사를 가진, 그리고 한국 기업이 진출해있는 곳이었다. 아니나 다를까 도시가 가까워지면서 저 멀리 커다란 크레인들이 늘어서 있는 모습이 보였다. 가까이서 보니 크레인마다 커다란 브랜드명이 새겨져 있었다. 'DAEWOO', 한국 기업 대우였다. 정확하게 '대우 만갈리아 중공업'이라고 영자로 새겨져 있었다. 기업들의 해외 진출 트렌드를 선도하며 공격적으로 사업을 확장하였으나 마침 타이밍 좋게 치고 들어온 외환위기의 벽을 넘지 못하고 공중분해 되어 버린 그 비운의 기업.

크레인은 진중하게 움직이며 선박을 건조하고 있었고, 하얀 안전모를 쓰고 바삐 오가는 키 작은 사람들의 모습이 멀리서 보였다. 기업의 흥망성쇠와는 상관없이 낯선 땅에서 'DAEWOO'라는 단어를 발견했을 때 우리

는 묘한 자긍심을 느꼈다. 그리고 한 시대를 풍미했으나 지금은 몰락한 그 기업의 총수가 남긴 말이 기억났다. 세계는 넓고 할 일은 많다. 그 말이 꼭 우리의 도전을 상징하는 것 같아 가슴이 뭉클했다. 비록 그는 역사 속에서 실패자로 기록되겠지만 좁은 우물 안에서 아등바등 힘겨운 경쟁을 하는 지금의 젊은이들에게도 그의 말은 여전히 강한 울림을 주고 있었다.

20세기 동안 비슷한 역사를 경험하고, 현재도 비슷한 수준의 생활을 영위하고 있는 루마니아와 불가리아. 그러나 분위기는 사뭇 달랐다. 불가리아의 첫인상은 온통 우중충한 먹빛이었지만 루마니아에서는 일단 볕부터 밝았다. 그리고 쪽빛 하늘과 강, 나무들, 배가 불룩한 노래방 화면에서나 보던 그런 유럽의 풍경들이었다. 그 아래 V를 긋고 나아가는 요트, 열 맞춰 늘어선 몇 척의 군함 등이 깨끗한 인상을 주었다. 도시의 분위기도 그랬다. 일단 사람들의 표정이 밝았고, 아이들이 많이 보였다. 그런 이들에게는 말을 걸기도 쉬웠다 불가리아에서는 괜히 누군가에게 질문을 던지기가 어려웠다. 표정들이 하나같이 굳어 있었으니까.

요 며칠 이상하게 숙소 찾기가 힘들더니 이날은 단단히 준비한 끝에 헤매지 않고 호텔 앞까지 도착했다. 그런데 리셉션 문이 잠겨있었다. 문 앞에 붙은 작은 종이에 써진 글귀를 보니 건물 '지하에 위치한 카페에서 담당자를 찾아라.'라고 적혀있었다. 계단을 내려가 지하 출입문을 열었는데 순간 당황했다. 아직 바깥에서는 해가 중천에 떠 있음에도 불구하고 은은한 술집 조명 밑에 꽤 많은 사람이 자리를 잡고 앉아있었다. 좁은 건물 안에서 문을 박차고 들어온 동양인에게 순간 모두의 시선이 집중됐다. 흘깃거리는 시선이 민망해서 우리는 다급히 직원을 찾았다.

카페 테이블에 앉아 직원에게 받은 객실 등록부를 적고 있는 나, 그런데 그때 어디선가 들리는 익숙한 멜로디, 낮에는 따사로운 인간적인 여자…? 느닷없이 파티장에 난입해 들어온 동양인들, 그리고 거기에 놀란 사람들이 빚어낸 잠깐의 묘한 긴장감을 뚫고 대뜸 들리는 토종 한국어라니… 글씨를 쓰면서도 상황이 재밌어서 실실 웃음이 나왔다. 환영의 의미였을 것이다. 급하게 휴대폰에서 강남 스타일을 검색한 후 용기 내어 재생 버튼을 눌렀을 저 앳된 여인의 행동이 귀여웠다.

아무래도 이편에서 쳐다볼 때까지 틀고 있을 것 같았다. 그래서 눈인사를 건넸다. 그러면서 리듬에 맞춰 고개를 흔들거리자 상대방은 '꺄르르' 좋아했다. 예쁜 얼굴들에서 웃음이 피어나니 더 예뻤다. 혹시나 해서 강남 스타일 틀어봤는데 진짜 한국인이라니 웅성대며 반색하는 루마니아 친구들, 한 명이 직접 음악이 나오고 있는 휴대폰을 들고 우리가 앉은 테이블로 와서 음악을 들려주었다. 나오는 가사를 동시에 원어 발음으로 불러주니 무척 좋아했다. 하는 짓도 예쁜 루마니아 친구들. 대우, 싸이, 그리고 그 친구들까지, 루마니아에서의 여정은 이렇게 반가운 것들과의 만남으로 시작되었다.

11월 4일. 만갈리아에서 하루를 묵고 39번 도로를 따라 콘스탄차Constanta로 올라갔다. 그곳에서 기묘한 우연과 또다시 마주쳤다.

일찌감치 콘스탄차에 도착하여 예약해 둔 숙소를 찾고 있었다. 숙소에 대한 설명 중 3성급에 해당하는 서비스가 제공된다는 문구가 있었다. 그래서 으레 호텔 건물을 염두에 두고 주변을 수색했다. 그러나 GPS와 지도가 가리키고 있는 지점은 어느 아파트 단지 안이었다. 도무지 영문을 알 수 없어 예약명세를 자세히 보니 상호가 호텔이 아니라 황당하게도 'Apartment'로 끝나 있었다. 어디를 봐도 숙박업소임을 알리는 표시는 찾을 수 없었다. 아파트 몇 칸을 빌려 장사를 하는 모양이었다. 그런 경우가 처음이라 당황스러웠지만, 여차여차해서 동, 호수까지 확인하여 해당 라인 입구 앞에 서는 데까지는 성공했다. 그러나 벨을 누르자 반응이 없었다. 루마니아에서는 영어가 잘 통하지 않았다. 어쩔 방법이 없어 전전긍긍하고 있는 사이 백발의 동양인 한 명이 말을 걸어왔다.

그는 자신을 타타르인Tatar이라고 소개했다. 먼 옛날 칭기즈칸이 동유럽까지 진출했을 때 그를 따라 나선 후 이곳에 정착해 터전을 이룬 몽골인들이 그의 조상이렷다. 그런데 그 후로 수백 년이 지났음에도 불구하고 그는 어떻게 지금까지도 조상들과 같은 얼굴일까, 어눌한 영어 발음으로 그는 우리에게 국적을 물었다. 중국인이냐 일본인이냐를 먼저 묻던 서양인들과 달리 그는 대번에 알아보았다. 'Korean?'하고. '네, 한국인입니다.' 답하는 우리를 보며 그는 더 놀라워했다. 그리고는, '엥? 여기 내 이웃 중에도 한국인 있는데?!' 라며 바로 맞은 편 동으로 간 그는 대뜸 1층 창문으로 가 누군가를 불렀다. 소리를 듣고 창으로 얼굴을 비친 이는 단단한 체구에, 어쩐지 자신만의 고집이 있어 보이는 중년의 신사. '안녕하세요.' 말하면서도 이 상황이 실감이 나지 않았다. 먼저 간단하게 소개와 상황 설명을 했다. 몇 마디 대화가 오고 가고, 그는 우리를 일단 자신의 집으로 안내했다. 그 사이 인연을 맺어준 장본인께서는 할 일을 마쳤다는 듯이 미소를 지으며 유유히 사라졌다.

숙소를 찾는 데 도움이나 좀 얻을 수 있을까 기대를 하고 안으로 들어갔던 우리는 '억'하는 사이 어느새 그분과 식사를 함께하고 있었다. 뜨신 밥과 김치가 올려져 있는 테이블 위에 더 무엇이 필요할까. 루마니아에서 먹는 집 김치라니! 무슨 연유로 그곳에 서성거리고 있었냐는 어른의 질문에 우리는 잠시 그간의 사정을 이야기했다. 이야기를 들은 어른께서는 별일 아니라는 듯이 예약명세에 기재된 전화번호로 직접 업주와 통화 후 우리와의 만남을 주선해 주셨다.

식사를 마치고, 외부 업무 후 돌아온 숙소 주인인 라두와 만났다. 사기를 당한 게 아닌가 싶을 정도로 불안해하던 것과 달리 그는 매우 친절하게 우리를 응대했고 기다리게 한 것이 미안했는지 짐짓 부산을 떨며 묵을 방을 안내했다. 집 한 채를 통째로 빌려주는 형식이 맞았다. 주거 세팅을 다 갖춘, 4인 가족이 거주할 만큼 널찍한 공간을 둘이서 맘껏 이용할 수 있었다. 예약 당시 콘스탄차에 있는 숙소 중 가장 저렴한 축에 속하는 곳을 고른 것인데, 5성 호텔 부럽지 않은 시설이었다. 세탁기며 가스레인지를 무료로 쓸 수 있었으니까. 한국에 있는 친구들을 불러다

밤새도록 술을 퍼먹고 싶은 생각이 간절했다. 이런 숙소가 왜 진작 나오지 않았을까… 묵은 빨래도 하고, 익힌 음식도 먹을 수 있으니 내 집이다 여길 수 있을 만큼 안락해 보였다. 게다가 한국인 이웃이라니, 짐 정리를 마치고 다시 어른의 집을 찾아 오랫동안 이야기꽃을 피웠다.

그는 오래전 고향을 떠나 배를 타고 대양을 누비다 루마니아에 정착해 일가를 이룬 가장이었다. 20년 전 만갈리아에서 만나 그로 하여금 뿌리를 내릴 수 있게 만들어 준 현지 출신의 아내와 함께 희동과 같은 건축을 전공하고 있고, 당시 스위스에서 수학 중이던 꼭 우리 또래의 아들이 그의 가족이었다. 그의 삶이 마치 영화 같았다. 외항 선원이 각지를 떠돌다가 운명의 여인을 만나 정착하는 이야기는 실제로 영화나 드라마에서 단골로 쓰이는 소재이기도 했다.

우리가 관심을 두자 그는 더 구체적인 이야기들을 꺼냈다. 시골 깡촌에서 나고 자라 목포에 있는 해양전문고등학교에 다닌 그는 졸업하자마자 무역선에 올랐다. 무역선을 따라 세계를 누비기를 수년, 실력을 인정받은 그는 스물아홉의 젊은 나이에 대형 선박의 선장이 되었다고, 그의 이십 대는 얼마나 치열했을지….

　목포에서 학교를 나왔다는 이야기를 듣고 고향 생각이 난 나는 괜스레 그와의 연결고리를 찾아보려는 요량으로 어른께 유년을 보낸 곳이 어디냐며 여쭈었다. '해남 땅끝마을!' 그가 그렇게 답하자 내심 깜짝 놀랐다. 그곳은 나의 주민등록상 본적지였다. 전라남도 해남군 현산면 일평리. 부친의 고향인 그곳이 곧 나의 뿌리라고 생각하고 있던 차였다. 그래선지 아주 어릴 적에 떠나왔음에도 남도는 지금까지도 야릇한 향수를 불러일으키는 곳이다. 반가운 마음에,

　"제 본적이 일평리입니다." 하니

　"일평리 알지, 나가 현산국민학교 출신인디."

　소름이 다 돋았다. 그곳은 부친의 모교였다. 세상에 터키에서 고등학교 선배를 만나더니 루마니아에서는 아버지 국민학교 선배를 만날 줄이야. 살면서 한 번 경험하기도 어려운 기막힌 우연이 여행을 하면서 아무렇지도 않게 나타나고 있었다.

　그날 그리하고 난 후 이튿날 아침을 먹을 때에도, 저녁을 먹을 때에도 늘 어르신은 우리를 당신의 집으로 초대해 주셨다. 어르신과 이야기를 나누면 시간 가는 줄 몰랐고, 밤이 깊고 맥주병이 테이블 위에 그득 할 때쯤에야 집으로 돌아가 잠자리에 들곤 했다.

　물질적으로나 정신적으로나 고향 같은 푸근함을 느낀 때였다. 그 정에 겨워 며칠을 그곳에서 보냈다. 그리고 첫날 빨아 놓은 침낭이 다 마를 때쯤, 겨울 새벽녘에 이부자리를 나서는 심정으로 다시 길을 나섰다. 따듯한 커피 한 잔 속에 담긴 마음을 건네받는 것을 마지막으로 그와의 만남을

정리했다. 떠나는 우리의 가방 안에는 부부가 정성껏 담근 김치가, 절대로 잃어버리지 말아야 할 것들만 넣어둔 지갑 깊숙한 곳에는 그들의 명함과 연락처가 소중히 보관되고 있었다. 언젠가 그분을 다시 만나면 꼭 따뜻한 밥 한 끼를 대접하고 싶다는 마음과 함께, 아쉬운 인사를 나누면서…

11월 7일, 흑해를 따라 북쪽으로 이동하던 우리는 만갈리아를 기점으로 서진하기 시작했다. 22C 도로와 3번 도로를 이용했다. 흑해와 다뉴브 강Danube을 잇는 좁은 운하, 그리고 수도 부쿠레슈티Bucharest까지 설치된 철길이 내내 우리와 평행하여 이어졌다. 길은 평탄했다. 그러나 날씨가 변덕스러웠다. 하루에도 몇 번씩이나 구름이 모였다가, 다시 사라지곤 했다. 알고 보니 오랫동안 이곳에 터를 잡고 사는 사람들에게 그 정도는 일상이라고.

도로는 대평원을 가로질러 수도를 향해 일직선으로 뻗어있었다. 끝이 보이지 않은 넓은 논밭이 과거 대륙 전체의 밀 생산을 담당하던 이 나라의 호시절을 짐작하게 했다. 다뉴브 강물 위로는 그 시절부터 무려 한 세기가 넘는 시간 동안 열차를 든든히 떠받들었을 철교가 여전히 제 임무를 다 하고 있었다. 기술력은 곧 국력의 상징이다. 그랬던 나라가 어쩜 이렇게도 망가졌는지, 그래서 친구를 가려 사귀어야 한다는 건가 보다.

한편 그즈음 몸은 말이 아니었다. 터키를 지나고부터 시작된 급작스러운 기후 변화에 몸이 적응하지 못하고 있었나 보다. 늦가을이 되니 잠은 많아지고, 일조량이 적어서 그런지 흥도 덜 나고, 추위와 역풍에 힘은 배로 들었다. 루마니아의 평원은 다녔던 길 중에서도 가장 쉬운 구간에 속했지만, 그때는 그런 걸 느낄 겨를이 없었다.

평원을 달리기 시작한 지 3일째 되는 날은 그중에서도 가장 힘들었다. 110㎞에 육박하는 목표 주행거리가 주는 부담감, 그리고 아무리 달려도 달라지지 않는 풍경이 정신을 피폐하게 만들었다. 바퀴에 실린 무게는 온전히 스스로 짊어져야 할 책임이었다. 막막함 속에서 우리는 각자가 하루 종일 시간과의 싸움을 벌이고 있었다.

3시가 넘어서부터는 정말이지 도중에 서버리고 싶었던 때가 한두 번이 아니었다. 그러나 그런다고 누가 우리를 도와줄 수 있는 것도 아니니, 그저 이를 악물고 버티는 수밖에…. 그런데 온몸이 과부하에 신음하고 있는 그때 오히려 평상시보다 깊은 명상에 빠지기 쉽다. 겨울, 따뜻한 히터가 작동하고 있는 차 안에서 운전 중인 나, 시각은 당시와 같은 오후 어느 때, 짧았던 낮이 끝나가고 있다. 라디오에서는 아마 그쯤 하루를 정리하는 잔잔한 프로그램이 진행 중일 것이다. 거기까지 생각하고 나서 나는 뜬금없이 이금희 씨의 목소리가 듣고 싶어졌다. 커피 한잔을 마시면서 귀만을 열어둔 채 무장 해제하고 싶었다. 그러나 현실은 칼바람 속이었다.

드래곤볼에 묘사된 '정신과 시간의 방'을 연상시키는 평원을 한참이나 달린 후 11월 10일 부쿠레슈티에 도착했다. 부쿠레슈티. 그렇게 입에 안 붙는 수도 이름은 또 처음이었다. 영문 발음 '부커레스트'가 조금 더 익숙하기는 했지만, 여전히 생소하기는 마찬가지였다. 그도 그럴 것이 루마니아라는 나라 자체에 관심을 가져본 적이 없었기 때문이었다. 루마니아라고 하면 어쩐지 검붉은 액체와 차가운 입김, 먼지를 뒤집어쓴 거미줄 따위가 생각나곤 했다. 불가리아 하면 장 건강에 좋은 야쿠르트가 생각나듯이.

어쨌든 부쿠레슈티는 그런 루마니아의 수도였다. 그곳에 대한 최초의 기록은 15세기 루마니아 공국의 왕이 요새로 삼아 오스만 제국의 침략에 저항했다는 이야기였다. 이후 도시는 17세기 루마니아의 수도가 되고 급속도로 발전하기 시작하여 지금에 이르렀는데, 처음 이곳에 터를 잡았다는 그 왕이 바로 루마니아 역사에서 막대한 지분을 보유하고 있는 블라드 체페슈, 우리에게 잘 알려진 드라큘라의 모델이 된 인물이다.

부쿠레슈티에서 이틀을 머물렀다. 선입견으로 걱정했던 것과 달리(?) 도시에서는 가을 햇살을 닮은 따뜻하고 차분한 분위기가 흘렀다. 넓은 도심광장에는 유려한 전통 양식의 건물들과 현대적인 건물들이 조화를 이루고 있었는데 그게 꼭 우리가 생각하던 유럽의 모습이었다. 특히나 부쿠레슈티에는 녹지가 많았다. 휴일을 맞아 그곳에 들른 가족단위 나들이객들이 행복한 하루를 보내고 있었고, 그 위로 거리의 악사들이 띄운 음표들이 둥실둥실 날아다녔다.

　그런 풍경들을 보면 그곳에 불과 몇십 년 전까지만 해도 독재의 암막이 드리우고 있었다는 사실이 믿어지지 않았다. 니콜라에 차우셰스쿠. 그가 처음 국가지도자가 된 후 1965년까지 루마니아는 25년간 고통의 세월을 지나야 했다. 그가 김일성의 통치 스타일을 흠모하여 스스로 신이 되고자 했던 일화는 유명하다.

　그러나 동방의 극악무도한 독재자가 국가의 모든 권력을 손아귀에 넣고 후세에까지 권좌를 유지하고 있는 것과는 달리 그의 권력은 채 한 세대를 넘기지 못했다. 그가 자신의 권력을 유지하기 위해 세웠던 거대한 궁전 앞, 그 살벌했던 역사의 현장 앞에는 갓 몽우리를 연 들꽃 몇 송이만이 아무것도 모르는 백치 처녀 마냥 청승맞게 바람에 이리저리 흔들리고 있었다. 해가 뉘엿뉘엿 기울어갈 때쯤 우리는 장을 보기 위해 까르푸에 들렀고, 나오는 길에 근처에 있던 작은 자전거전문점을 발견했다. 일

부러 찾을 생각은 없었다. 그렇다고 참새가 방앗간을 그냥 지나치랴, 언제 다시 자전거포를 만날지도 모르는데. 마침 자전거를 타고 있었던 우리는 간단히 점검이나 받아볼 요량으로 자전거 가게에 들어갔다. 그리고 그제야 요 며칠 평지에서도 우리를 힘에 부치게 하던 원인이 어디에 있었는지를 비로소 알게 되었다. 어처구니없게도 바퀴에 바람이 없었던 것, 너무 황당해서 오줌이 마려울 지경이었다.

공기가 차가워지면서 움츠러드는 것은 비단 여인네의 가녀린 두 어깨만이 아니었다. 그것은 튜브 안에 들어있는 공기 역시 마찬가지였다. 분자의 활동량이 온도에 비례한다는 것은 기본교육만 받아도 다 아는 사실이다. 그러나 어째서 우리는 그런 생각 한번 하지 못하고 그렇게 고집스럽게 고통을 감내했던 것일까.

그리스에 살았던 유명한 철학자는 우리 뇌를 유려한 갈기를 가진 온순한 백마와 거친 숨을 몰아쉬며 날뛰는 흑마가 함께 끄는 마차로 비유했다. 먼 곳을 향해가는 여정은 별다른 장애요인이 없어도 늘 힘이 든다. 그래서 하루에도 몇 번씩이나 고삐를 탈출하고 싶은 흑마의 유혹에 직면했다. 그 유혹을 피하기 위해서는 항상 핑계를 경계해야 했다. 그래서 짚어보기가 두려웠던 것이다. 바퀴가 지면에 붙어 버린 듯한 기분이 들어도 그것이 나약한 육체에서 나오는 핑계일까 봐. 그 핑계에 굴복하면 남은 길을 갈 수 없을 것 같으니까, 그래서 바람 넣기를 거부하고 한사코 고통의 시간을 고집부린 것일지도 모른다.

권위(?) 있는 전문가의 진단에 우리는 비로소 아집에서 벗어날 수 있었다. 별로 힘들이지 않고도 펌프질을 할 때마다 튜브 속으로 바람이 쑥—

쑥- 들어갔다. 적정 압력을 갖추고 바퀴는 더욱 단단해졌다. 외양은 별 차이가 없었지만, 지면을 밀고 앞으로 나가는 힘이 몰라보게 달라졌다. 진작 이럴걸….

다행히 바퀴를 제외하고는 별다른 문제는 없었다. 다만 나서기 전에 나는 날씬하고 잘빠진 장갑 하나를 새로 장만했다. 그동안 반 장갑 하나로 늦가을 추위를 버티느라 고생이 이만저만이 아니었다. 도저히 견디기 어려울 때, 나는 장갑 밖에서 추위를 견디고 있는 손가락 마디마디들을 보호하기 위해 양말을 손에 끼우고 달리곤 했다. 제대로 세척이 되지 못한 그 느물느물하고 새까만 벙어리장갑을 끼고 나면, 대청마루 위 메주가 놓여있던 어린 시절 고향의 향기가 은은하게 풍기곤 했다. '쓸 데에는 좀 써!'하는 어머니의 목소리가 귓전에 들리는 것 같았다.

11월 11일, 다시 루마니아 서쪽 국경을 향해 평원으로 들어섰다. 발칸 국가 대부분이 그렇듯이 고층빌딩과 고풍스러운 저택들이 즐비하던 부쿠레슈티 도심을 벗어나자 금세 익숙한 시골풍경이 나타났다.

시가지를 빠져나와 주도로인 7번 국도에 올라탄 우리. 가는 길목을 사이에 두고 정겨운 시골 마을이 끊이지 않고 계속 이어졌다. 드문드문 나타나는 목 좋은 공터에는 채소를 싣고 온 상인들이 북새통을 이뤘다. 동글동글한 양상추와 호박, 당근이며 대파, 피망 등 색색의 채소들이 이슬에 젖은 청초한 나신을 뽐내고 있는 아침 풍경. 그런 구간이면 좁은 길에 자동차와 노새, 자전거가 함께 지나갔다. 루마니아에서 말이며 당나귀는 트랙터, 경운기 등의 농기계보다 더 흔히 보였다. 두 가구당 한 필쯤은 있음 직했다. 근처의 펍Pub에서는 코가 벌건 중년의 신사들이 댓바람부터 맥주를 앞에 두고 와자하게 판을 벌이고 있었다. 아침 시골 장터에는 활기가 넘쳤다. 찬란히 부서지는 햇살, 기지개를 켜는 새들의 맑은 지저귐 아래로 펼쳐진 풍속화 속에서 짐짓 다가올 설날 아침에 마주할 산뜻함을 미리 먼저 느꼈다. 바람을 보충한 바퀴 덕에 속도는 몰라보게 빨라졌다. 달릴 맛이 났다. 이대로 목적지까지 한달음에 달려갈 수도 있을 것만 같은 기분이었다. 그러나 한창 잘 달리던 도중에 예기치 못한 장소에서 느닷없이 브레이크를 잡아야만 했다.

우리를 멈춰 세운 것은 바람도, 추위도, 노면도, 지형도, 허기도 아니고 앙증맞은 똥강아지 세 녀석이었다. 시골 길을 벗어나 아스팔트 도로의 갓길을 따라 달리던 우리. 속도를 만끽하며 씽씽 달리고 있던 와중에 덤불을 비집고 비척비척 도로로 향하는 검은 털 뭉치가 보였다. 세상 빛을 본 지 불과 한 달도 안 되어 보이는 작은 강아지. 그 앙증맞은 모습에 무장해제된 희동과 나는 너나 할 것 없이 브레이크를 잡고 그 앞에 멈춰 섰다.

향하고 있는 곳이 얼마나 위험한지도 모르고…. 겨우 한 뼘 정도나 될까, 어미 품에서 한창 응석을 부릴 시기이건만 어디를 봐도 다 큰 개는 보이지 않았다. 저러다 험한 꼴 당할라, 일단 안전한 쪽으로 녀석을 옮겨 놓았다. 풍파를 겪지 않은 털이 극세사 이불보다 보드라웠다. '헤치지 않는단다, 애야.' 낯선 생물체에서 느껴지는 체취에 겁을 먹었는지, 작고도 따뜻한 고동 소리가 손바닥으로 전해졌다. 그리고 조금 있자니, 어쩜 세상! 덤불 사이에서 딱 그 녀석만 한 다른 형제들이 뒤뚱거리며 이쪽으로 다가왔다. 눈에 넣어도 안 아플 귀여운 새끼강아지가 세 마리씩이나 내 앞에서 아장아장하고 있다니! 저 쓰레기 더미가 아마 어미 잃은 똥강아지 삼 형제의 보금자리였나 보다.

불가리아 출국을 하루 앞두고 루마니아에 대한 개괄적인 정보를 파악하기 위해 외교부 홈페이지에 접속한 적이 있었다. 화면에서 가장 먼저 접하게 된 문구가 다음 내용이었다. '주인 잃은 개가 많으니 유의할 것.' 실제로 국경을 넘고 나서 처음 발을 디딘 인적 없는 유원지에서 사람보다도 먼저 우리가 마주했던 것이 주인 없는 똥개 무리였다. 안 그래도 되는데, 녀석들은 코앞까지 달려 나와 우리를 아주 격렬하게 환영해 주었다. 그런데 이는 비단 루마니아만의 얘기는 아니었다. 인간이 통제권을 완벽하게 장악하지 못한 모든 나라에서 개들은 그 방조 속에 도시의 야생동물이 되어가고 있었다. 관리 여력이 없거나 혹은 애초에 그런 의식조차 갖고 있지 않은지. 중국, 몽골, 터키, 불가리아, 루마니아 등 지나온 모든 나라에서 비슷한 현상을 목격할 수 있었다. 이들 국가의 도로에는 그래서 채 마르지 않은 끔찍한 것부터 시작해서 카펫처럼 눌어붙어 형체를 알아볼 수 없는 것까지 셀 수 없이 많은 동물의 사체가 즐비하게 널브러져 있었다. 몇 번을 봐도 그런 것들은 당최 적응되지 않았다.

이 아이들의 어미도 먹이를 구하러 가다 어디선가 참변을 당한 게 아닐까, 손을 펼치면 어미가 그리웠는지 손가락을 핥았다. 먹다 남은 식빵을 하나 부숴 주었다. 배가 고팠는지 일제히 코를 박고 퍽퍽 한 걸 잘도 먹었다. 그 모습이 안쓰러워 물도 한쪽에 담아 주었다. 싹싹 훑어 먹을 때까지 지켜보고, 희동과 함께 녀석들의 처우에 대해 논의했다. 이대로

있다간 비명횡사하기 일쑤였다. 결국, 새 주
인을 찾아주기로 했다.

　우선 길 건너편에 있는 마을로 데려갔다.
새로운 주인을 찾아 한 집 한 집 보러 다니
는데 봐줄 만한 사람을 찾기가 쉽지 않았
다. 이틀 전에도 길에서 같은 처지에 놓인
강아지 한 마리를 인심 좋은 아주머니께 분양해 준 일이 있었다. 거기는
아이들이 있는 집이라 그런지 강아지를 그리 반겼었다. 더 먼 곳으로 가
보기로 했다. 궁여지책으로 슈퍼마켓에서 받은 비닐봉지에 아이들을 넣은
후 핸들에 매달았다. 작은 몸뚱이들은 영문을 모른 채 봉지 안에서 발버
둥 쳤다.

　얼마 후 아이가 있는 집을 찾았다. 그러나 역시 결과는 마찬가지였다.
외국인이 다짜고짜 어디서 강아지를 데려와 키우겠느냐며 내밀면 만에
하나 운이 좋아 개 키우기를 좋아하는 사람이라도 선뜻 받기란 아무래도
껄끄러웠을 것이다. 새 주인에게 분양하기는 글렀고, 안전한 곳에라도 옮
겨줘야겠다고 생각했다. 서스펜션이 없는 자전거가 매끄럽지 않은 노면에
흔들릴 때마다 강아지들이 깨갱거리며 앓는 소리를 했다.

　한 시간 넘게 달린 끝에 겨우 녀석들이 지낼 만한 공터를 발견했다. 골
목을 따라 시골 마을의 깊숙한 안쪽까지 들어가서는 적당한 장소에 녀석
들을 내려주었다. 멀미를 했는지 세 녀석 모두 기진맥진이었다. 먹고 힘내
라고 그때까지 조금 남아있던 빵을 모조리 털어주고, 사 놓고도 먹을 일이
없었던 통조림 하나를 까 주었다. 허겁지겁 먹이를 먹고 있는 녀석들을 두

고 돌아서는 발걸음이 죄지은 사람처럼 무거웠다. 그 대상이 유명한 관광지이던, 반가운 사람이던, 맛있는 음식이든 간에, 머물지 못하는 여행이기 때문에 한 번 어딘가에 정을 들여 놓으면 늘 그렇게 마음이 쓸쓸했다.

부쿠레슈티 이후 피테슈티Pitești, 크라이오바Craiova 등의 도시를 빠르게 지나왔다. 루마니아 남부 지역에 넓게 펼쳐진 대평원은 접경도시 드로베타투르누세베린Drobeta-Turnu-Severin을 기점으로 끝이 났다. 그곳에서 갑작스럽게 내리는 비에 연이틀을 꼼짝없이 갇혀 있다가 11월 15일 다시 길을 이었다. 그리고 다뉴브 강을 만났다.

'내 마음속 강물이 흐르네
꼭 내 나이만큼 검은 물결 굽이쳐 흐르네
긴 세월에 힘들고 지칠 때
그 강물 위로 나의 꿈들 하나둘 띄우네
설레던 내 어린 나날도 이제는 무거운
내 길 위에 더 무거운 짐들 조금씩 하나씩 나를 자꾸 잊으려
눈물을 떨구면 멀리 강물 따라 어디쯤 고여 쌓여가겠지.
텅 빈 난 또 하루를 가고 내 모든 꿈은 강물에 남았네.
작은 섬이 되었네.'

시시때때로 바뀌는 풍경에 어울리는 노래를 들으며 분위기에 흠뻑 취할 수 있는 것은 자전거 여행을 하며 누릴 수 있는 축복 중 하나였다. 연이틀 비가 내린 그맘때 즐겨듣던 곡은 패닉의 '강'이었다. 가을의 한복판

에 단어들이 찬 물방울처럼 선연히 마음을 적셨다. 스물셋의 젊은 화자가 시간에 흐려져 가는 총천연색의 어린 꿈들을 안타까워하며 쓴 가사가 시간을 관통하여 스물다섯의 내게도 떨림으로 전해졌다. 비단 여행을 하고 있지 않았더라도 이런저런 생각들이 많아지는 계절이었다. 좁은 협곡을 따라 넘실거리는 다뉴브 강의 유구한 물결 속에서 지나간 기억들이 되살아났다가 다시 사라지곤 했다.

　강을 기준으로 이쪽은 루마니아, 건너편은 세르비아Serbia의 영토였다. 양편 모두 깎아지는 듯한 절벽들 뒤로 험준한 산봉우리가 자리하고 있었다. 본래 이어져 있던 산맥의 가운데를 물이 가르고 지나는 형국이었다. 독일에서 발원하여 유럽의 여러 나라를 지나 흑해로 흘러가는 다뉴브 강, 우리는 그 끝인 콘스탄차부터 상류로 거슬러 올라가고 있었다. 그러나 루마니아에 있는 지난 구간 동안은 강을 따라가는 도로가 마련되어 있지 않았다. 마침내 유일하게 강을 벗 삼아 달릴 수 있는 구간을 만난 곳이 세르비아 접경지역이었다. 많은 이들에게 철문협곡, 이른바 아이언 게이트Iron Gate라고 알려진 구간이었다.

역사상 아이언 게이트라는 이름을 가졌던 지형은 이곳을 제외하고도 몇 군데가 더 있었다. 그리고 그 대부분은 비슷한 특징을 가지는데, 바로 깎아지는 듯한 절벽과 그것이 만든 좁은 통로였다. 오랜 시간 동안 철은 가장 강력한 물질이었고 그것으로 만든 철문은 수많은 침략군을 좌절시키는 존재였다. 다뉴브 강이 지나는 아이언 게이트 또한 마찬가지였다. 본래 아이언 게이트는 드로베타투르누세베린과 오르쇼바Orşova 사이의 약 3㎞ 구간의 협곡을 의미했다. 이는 발칸 반도Balkan Pen.와 카르파티아 산맥Carpathian Mts. 사이를 가르는 지름길이었기 때문에 문명의 통로가 될 수 있는 조건을 충분히 갖추고 있었다. 이따금 이곳을 차지했던 이들이 지배권을 유지하기 위해 세웠던 망루와 성곽의 흔적들을 확인할 수 있었다. 그러나 20m에 이르는 수심과 급류는 선박의 운항을 쉽사리 허락하지 않았다. 이곳에서의 항행은 근대에 이르러 운하가 건설되고 나서야 수월해질 수 있었다.

1964년에는 협곡의 중요성을 깨달은 당시 유고슬라비아 연방Yugoslavia과 루마니아 양국의 노력으로 발전용 댐을 건설하기 시작하여 1972년 완공되었고, 수운량 또한 오늘날과 비슷한 모습에 이르게 되었다. 그리하여 현재는 144㎞에 이르는 협곡 수리 조직을 통틀어 아이언 게이트라고 하고, 양국 정부에서는 이 일대를 자연공원으로 지정하여 보존에 힘쓰고 있다.

드로베타투르누세베린에서 6번 도로를 타고 25㎞를 달렸다. 작은 도

시 오르쇼바를 기점으로 6번 도로는 강과 갈라져 북쪽 골짜기로 올라갔다. 우리는 오르쇼바에 잠시 멈춰 점심을 해결했다. 빵과 물, 마요네즈, 케첩 그리고 마가린. 그즈음 정착된 매뉴얼이었다. 먹거리가 점점 향상되고(?) 있었다. 간단히 식사를 마친 후 57번 국도로 갈아타고 다시 강과 나란히 섰다. 거점 도시들을 연결하는 목적으로 깔린 길인 6번 도로와는 달리 그 길은 오직 강을 유랑하는 이들을 위해 만들어진 도로였다. 차가 달리지 않아 사위가 조용했다. 고즈넉한 분위기 속에서 그 길을 달렸던 다른 사람들도 자기만의 시간을 갖지 않았을까.

강변도로답게 관광객들을 맞이하는 숙박업소가 구간마다 마련되어 있었다. 펜시우네Pensiune로 명명된 이 호텔들은 대개가 아주 저렴한 가격들이어서 여름이면 우리처럼 자전거를 타고 여행 온 유럽 각지의 젊은 이들도 꽤 많았을 것 같았다. 두보바Duvova를 지날 때쯤 우리는 그중 경치가 가장 좋아 보이는 숙소에 들어가 하루를 마무리했다.

이튿날, 조식 레스토랑의 오픈 시각이 8시, 우리는 7시 30분쯤 알람을 듣고 일어났다. 블라인드 사이로 언뜻언뜻 맑은 기운이 비쳤다. 날이 개었나 보다. 활짝 젖히자 강 마을의 청초한 아침 풍경이 한눈에 들어왔다. 건너편의 높은 절리에 가려 해가 보이기까지는 조금 기다려야 하는 시간이었다. 수면 위로 물안개가 얕게 깔려있었다. 조용한 가운데 종소리가 나지막이 울리는데 소들도 아침 꼴을 먹으러 가는 모양이었다. 찬물에 세안을 마치고, 선선한 공기를 깊이 들이쉬며 마저 잠을 깨고는, 식사하기 위해 레스토랑으로 내려갔다.

마치고 다시 객실로 올라와서 잠시 소화를 시키려고 테라스에 올라서니 어느샌가 해가 산마루에 얼굴을 드러내고 있었다. 맑은 낯을 수면 위로 띄웠다. 그때까지 답답하게 머리 위를 덮고 있던 구름이 드디어 물러나려고 하는 듯이 보였다. 시간이 갈수록 하늘이 맑아지고 있었다.

다뉴브 강을 따라 달리는 두 번째 날. 긴 강변도로를 달리는 동안 강폭은 계곡처럼 좁아지기도 하고 바다처럼 넓어지기도 했다. 오랫동안 그런 강물을 품으며 불규칙적으로 깎이고 퇴적되었을 산봉우리가 병풍처럼 주위를 둘러싸며 청명함 속에 마음껏 자신의 색을 뽐내고 있었다. 울긋불긋하게 단풍이 진 접경지역의 산하는 때 묻지 않은 경관이 눈부시게 아름다웠다. 도로에는 이상하리만치 차가 한 대도 보이지 않았다. 차가 다니지 않는 길은 우리 세상이었다. 혹시나 자동차가 올까, 청력만을 남

겨둔 채 모든 신경은 사진을 찍고, 경치를 구경하는 데에 몰두했다. 그런데 환히 개인 이 날씨를 반기는 이들은 우리만은 아니었나 보다. 비 온 뒤에 조황이 좋다는 말을 얼핏 들은 것 같다. 구간마다 자리를 잡고 낚싯대를 드리우고 있는 강태공들이 심심찮게 보였다. 이따금 나타나는 오래된 건축물들은 고절함을 더했다. 그 산세가 우리나라에 있었다면 아마 선비들이 곳곳에 정자를 짓고 노닐지 않았을까.

　루마니아에서 마지막 밤을 보내기 전 그렇게 행복한 주행을 했다. 길 평평하고 경치 좋고 차도 다니지 않는 길. 다뉴브 강을 따라가면 이런 길을 몇 번이고 다시 볼 수 있지 않을까? 기대를 품으며 몰도바 누아Moldova Noua를 끝으로 루마니아 일정을 마무리했다.

다뉴브를 품은 하얀 나라 세르비아 _벨라 크르크바에서 수보티차까지

11월 17일, 유럽의 세 번째 나라 세르비아에 도착했다. 루마니아와 마찬가지로 갖고 있던 이미지가 썩 좋은 나라는 아니었다. 보스니아 내전 당시 알바니아계 무슬림들을 상대로 반윤리적인 인종청소를 자행한 사실이 뇌리에 깊이 각인되어 있었기 때문이다. 세르비아라는 단어가 가장 먼저 연상시키는 이미지는 TV 화면에서 보던 코소보Kosovo의 난민들이었다. 어딘지 모르게 께름칙한 기분 때문에 우리는 세르비아를 피해 갈 생각 까지 했었다.

그러나 기우였다. 가장 먼저 만났던 세르비아인은 통제소에 있던 직원이었다. 우리가 국경을 넘어오는 모습을 그는 호기심 가득한 어린아이 같은 얼굴로 바라보고 있었다. 여권을 보여주자 활짝 웃으며,

"KOREA? 남한에서 왔어요? 북한에서 왔어요?"

장난스럽게 말한 후

"세르비아에 온 걸 환영합니다." 먼저 악수를 건넸다. 그를 만난 후 세르비아에 대한 편견은 눈 녹듯이 사라졌다.

다음으로 만난 사람은 국경 마을의 가게 여주인이었다. 당시 우리는 미처 루마니아 화폐를 다 소모하지 못하고 상당량 갖고 나온 상태이기 때문에 환전할 곳을 찾고 있었다. 무턱대고 가게에 들어가 '과연 환전해 주려나?' 긴가민가하여 몇 번을 성가시게 했지만, 그녀는 가게 문을 열고 들어갈 때부터, 나설 때까지 내내 미소로 화답해 주었다. 꿍한 인상의 다른 동유럽 사람들과는 첫인상이 사뭇 달랐다. 유럽 대륙 내에서 가장 저렴하다는 세르비아 시판 담배를 넉넉히 구매할 수 있었던 건 덤이었다.

여러모로 세르비아에 처음 발을 디딘 날은 기분이 좋았다. 그들을 포함하여 친절한 사람들을 많이 만나기도 했거니와 더욱이 그토록 기다리던 유로벨로EuroVelo 표지판을 확인했기 때문이었다. 출입국 게이트를 빠져나온 직후였다. 커다란 표지판에 세르비아를 통과하는 유로벨로 구간 구간이 여행자들 보기 좋게 지도로 표시되어 있었다. 오른쪽 윗부분 귀퉁이에 그려진 저 자전거 표시, 그리고 숫자 6은 분명 우리가 타려 하던 6번 유로벨로를 표시한 것이 틀림없으렷다.

표지에 따르면 유로벨로에 포함되는 도로는 총 세 갈래의 유형이 있었다. 최대한 강에 밀접하게 가는 메인도로, 거점 도시들을 최단 도시로 잇는 대체 도로, 마지막으로 명소들을 찾아 더 깊숙한 곳까지 들어가는 지방 관광도로가 그것이었다. 표지가 나타났다고 해서 정해 놓은 경로가 눈에 띄게 변경되거나 하는 것은 아니다. 다만 달라지는 것은 이 나라가 자전거 여행자를 신경 쓰고 있을 것이라는 믿음을 갖게 된 것과 계속해서 보일 표지판들을 통해 길에 대한 정보를 더 풍부하게 갖게 되므로 선택의 여유가 생긴다는 점이었다.

세르비아는 유로벨로를 포함하여 이처럼 관광 관련 표지판이 잘 되어 있는 나라였다. 갈색은 현재 국제적으로 관광지를 알리는 신호로 사용되고 있다. 세르비아에서도 길을 가다 보면 이따금 갈색 표지판을 만날 수 있었는데, 큰 글씨로 쓰인 관광지명 밑으로 주변에 있는 편의 시설들이 함께 기호로 표시돼있는 점이 좋았다. 예컨대 '이 관광지 근처에는 숙박업소와 수영장이 있고, 저 관광지 주변에는 캠핑장과 레스토랑이 있겠구나.'하고 그 표지판만 보고도 알 수 있었다. 자전거 여행자들에게는 매우 유용한 정보였다.

11월 18일, 모처럼 순풍이 불어 기분을 들뜨게 했다. 기계의 힘을 빌리지 않는 여행의 특성상 바람은 여간 성가신 존재가 아니었다. '바람이 부는구나,' 느낄 수 있는 때는 언제나 역풍이 부는 때였다. 순풍은 불어도 웬만큼 세지 않은 이상은 잘 눈에 띄지 않았기 때문이었다. 살면서도 그렇지 않은가. 사람들은 대개 자신을 가로막는 존재는 귀신같이 알아채도 정작 도움을 주는 것들에 대해서는 잊고 지낼 때가 많다. '잘 되면 내 덕, 안되면 조상 탓'이라는 말이 다 괜히 생겨나지는 않았을 것이다. 전에도 종종 힘 하나 들지 않고도 비정상적으로 체감속도가 높던 날이 있었다. 그리고 그때마다 나는 단련되고 있는 신체에 대해서 나 스스로 칭찬하고 있었다.

그날도 눈으로 속도를 확인하지 않았다면 몰랐을 것이다. GPS로 실시간 측정되고 있는 당시의 주행속도는 시속 34㎞, 평소의 1.5배가 넘는 수치였다. 체력만으로는 설명되지 않았다. 속도감을 즐기며 줄곧 전방으로만 향해있던 있던 시선을 돌려 주변을 살펴봤다. 길게 자란 마른 억새들이 일제히 전방을 향해 고개를 숙이고 흔들리고 있었다. 순풍이구나.

'We wish you a nice ride and the wind at your back.' 어제 처음 본 유로벨로 표지판에 적혀 있던 그 문구대로 등 뒤로 바람이 불고 있었다. '왜 만날 역풍만 불어대는 거야?!' 약이 올라있던 모습이 우스웠다. '행여나 살면서 과분한 요행이 생기면 그것이 제 본래 실력인양 우쭐대지 말자. 주위를 둘러보면 당사자 모르게 힘을 실어 주고 있는 이들이 보일지도 모르니, 그럴 땐 자만하기에 앞서 돌아보는 습관을 갖자. 그리고 감사하자.'고 생각했다. 순풍에 힘입어 무사히 베오그라드Beograd에 도착했다.

베오그라드는 사바 강Sava R.과 다뉴브 강이 합류하는 지점에 있는 발

칸 반도의 중요한 거점 도시이다. 한때 세르비아, 크로아티아, 슬로베니아 등을 포함하는 거대한 유고슬라비아 연방의 수도였던 이곳. 피로 얼룩진 역사의 시간을 지나오며 그 영화는 퇴색되었을지도 모르지만, 여전히 친절하고 자존심 강한 세르비아인들의 수도로 자리매김하고 있는 곳이었다.

'하얀 도시'라는 뜻을 가진 베오그라드. 그것은 아마 이 도시를 지칭하는 가장 낭만적인 표현 중 하나일 것이다. 그 오래된 유래는 이 도시에 유달리 흰색 건물들이 많은 데에서부터 시작되었다. 그 건물 대부분은 정교회 예배당이었다. 지금도 베오그라드에서는 수난으로 얼룩진 도시의 분위기를 밝게 만들어 주는 순백의 건물들을 쉽게 볼 수 있다. 그곳이 처음으로 하얀 도시라는 이름을 갖게 된 때에는 물론 지금보다 훨씬 많은 예배당이 자리하고 있었을 것이다. 흰색은 순결함을 상징하는 색, 그

런데 그것이 반대로 얼룩진 삶을 종교적 신념으로 극복하고자 했던 치열함에서 비롯되었다는 것은 슬픈 아이러니이다.

그런 베오그라드를 대표하는 건물이 제일 먼저 찾았던 성 사바 세르비아 정교회St. Sava Temple이었다. 세르비아 최초의 대주교인 사바라는 인물을 기리기 위한 정교회였다. 그는 종교인임과 동시에 13세기 중흥을 구가하던 세르비아 왕국의 왕자였으며 또한 탁월한 수완을 가진 외교가였다. 사바는 그의 세례명이었다.

성 사바 성당은 만 명이 동시에 예배를 드릴 수 있는 크기의 거대한 건물로 발칸 반도 최대 규모의 정교회 건물로 유명했다. 멀리서도 상층부의 돔을 또렷하게 볼 수 있었다. 그리고 그 위에 순금으로 이루어진 눈부신 십자가도 마찬가지였다. 전날 도시에 처음 들어왔을 때 원근감을 무시

하는 십자가의 형형한 모습에 의문이 들었던 터였다. 중앙의 돔을 위시하며 그보다 작은 돔들이 사방을 에워싸고 있는 전체적인 모양새는 터키 에디르네Edirne와 이스탄불Istanbul에서 본 사원들과 흡사했다. 아닌 게 아니라 이스탄불의 성소피아 성당Hagia Sophia이 바로 성 사바 성당의 모델이라고 전해지고 있었다.

그러나 멋진 외부에 비해 아직 내부는 공사가 진행되고 있어 다소 어수선한 모습이었다. 40년째 신축공사가 진행되고 있다는 사원은 그 비용을 온전히 시민들의 기부로 충당하고 있다고 했다. 생각보다 기금이 잘 안 걷히는 모양이었다. 앞에는 시민들이 휴식할 수 있는 공원이 마련되어 있어 보행기를 탄 어린아이들에서부터 백발이 무성한 노인들까지 남녀노소 많은 사람이 시간을 보내고 있었다.

베오그라드는 우리나라의 광역시 정도의 인구가 사는 도시였다. 주요 관광지가 밀집해있는 덕에 돌아다니는 데에는 그리 긴 시간이 걸리지 않았다. 사바 성당을 보고, 국회의사당에 들렀다가 점심을 먹었다. 세르비아의 물가는 상상을 초월할 정도로 저렴했다. XXL크기 피자 1/4조각과 500㎖ 코카콜라 세트가 무려 1,600원밖에 되지 않았다. 세르비아에 머무는 동안 중국에서와 같은 풍요로움을 즐길 수 있었다. 피자는 합성조미료 맛이 일품이었다.

소화를 시키기 위해 자전거에서 잠시 내려서는 세르비아의 명동이라는 '왕들의 거리'를 걸었다. 왜 그런 이름이 붙여졌는지는 모르겠다. 차라리 '문화의 거리', '예술의 거리'가 어울린다. 미술관에 가지 않고도 시민들은 거리에서 수준 높은 유화를 구경할 수 있었다. 또한, 그곳에는 수많은 상가가 밀집해 있어도, 어느 곳도 손님을 유치하기 위해 시끄럽게 음악을 틀지 않았다. 우리나라의 유명거리도 앰프에서 나오는 기계음 대신 아코디언이며 어쿠스틱 멜로디로 가득 차는 날이 올 수 있을까.

그 거리의 끝에 우리가 마지막으로 남겨둔 장소가 있었다. 칼레메그단 공원Kalemegdan Fortress이었다. 한때 요새였던 곳이 도시공원의 역할을 하고 있었다. 두 개의 강이 만나는 두물머리의 높은 언덕에 있기 때문에 전망이 끝내주는 곳이었다. 갈잎이 막 떨어지는 11월. 성벽과 낙엽으로 인해 온통 주홍빛으로 물든 공원은 쓸쓸하면서도 한편 낭만적인 분위기를 연출했다. 게으른 오후, 사람들은 저마다 필름 속을 걷고 있는 듯한 모습으로 사랑하는 이와 함께 평화로운 한 때를 보내고 있었다.

그러나 성 사바 성당이 베오그라드의 명이라면 칼레메그단 공원, 아니 칼레메그단 요새는 베오그라드의 명백한 암이었다. 오랜 시간 이민족들의 침략을 받아온 역사가 있는 세르비아였다. 그곳에는 그 상흔을 간직한 성벽이 포탄을 맞았던 모습 그대로 보존되고 있었다. 우리나라의 휴전선 인근이 그렇듯이, 베오그라드의 역사를 가장 잘 상징하는 그 유적지는 외국인 관광객들이 세르비아에서 가장 많이 찾는 명소 중 하나였다. 사람들은 어쩌면 오롯이 드러난 비극의 현장을 목격하면서 현재 누리고 있는 평화의 소중함에 대해 생각하고 있지 않았을까.

11월 20일 짧은 베오그라드 일정을 마치고 숙소를 나서서 곧장 노비사드로 향하기 전에 우리는 자전거 전문점을 먼저 들러야 했다. 발단은 전날이었다.

팔자 좋게 베오그라드 이곳저곳을 구경 다니던 도중, 희동이 갑자기 자전거를 세웠다. '바퀴가 이상하다.'는 것이었다. 한 몸 같던 자전거가 갑자기 명령을 거부하는 듯한 느낌을 받았다고 했다. 하지만 이리저리 훑어보아도 뚜렷한 문제를 찾을 수 없었다. '기분 탓이야~. 일단 좀 더 타보자.'고 말했다. '울퉁불퉁한 노면을 벗어나면 나아지지 않을까?' 생각하며 사람들이 붐비는 왕들의 거리로 진입했다.

거리의 악사들은 악기 하나를 무기처럼 들고 수많은 사람 앞에서 목청을 뽐내고 있었다. 우리는 취향을 저격하는 한 악사의 맞은편 의자에 잠시 머물며 그의 노랫소리에 귀를 기울였다. 그런데 도저히 찝찝해서 안 되겠던지, 희동은 마침 멈춰선 김에 아예 그 자리에서 자전거를 면밀히 점검해보자고 했다. 문제가 생각보다 심각한 모양이었다. 주행에 지장이 있을 정도로 뒷바퀴 림이 자꾸 브레이크에 닿는다고 했다. 그 말을 듣고 다시 자전거를 들여다보니 보니 뒷바퀴의 좌우 밸런스가 맞지 않아 보였다. 오전 한때 요철을 내려오며 충격을 받은 탓에 바퀴살에 이상이 생긴 것이었다.

임기응변으로 일단 뒷바퀴 브레이크를 아예 풀어버린 채, 저속으로 달리며 남은 명소들을 찾아다녔다. 이후 일정을 마치고 집에 돌아가는 길, 우연히 공용 와이파이 신호가 잡히는 곳에서 휴대폰을 이용하여 베오그라드에 있는 자전거점포를 찾을 수 있었다. 구글 지도로 바이크Bike를 검색하니 두 개의 장소가 검색되는데, 상호가 모두 플래닛 바이크Planet Bike로 같았다. 그중 가까운 지점으로 갔다. 마침 대도시에 있으니 아예 전문가의 손질을 받은 후 떠날 요량이었다.

그러나 저녁이 다 되어서야 점포에 도착한 우리를 반기는 사람은 없었다. 오후 다섯 시가 갓 지난 시점이었다. 막 셔터를 내리던 주인장은 정비공이 모두 퇴근한 상태이기 때문에 당장은 수리가 불가하다고 했다. 또한, 그 점포는 분점이며, 좀 전에 검색했을 때 함께 지도에 뜬 다른 점포가 본점이며 오전 9시부터 서비스를 받을 수 있다는 말을 덧붙였다.

날이 밝은 후 우리는 곧장 플래닛 바이크Planet Bike로 향했다. 점포는 신시가지 내에 있었는데, 구시가지와 달리 근방에 자전거도로가 잘 마련되어 있었다. 아침 9시 40분경 본점에 도착했다. 젊은 정비공이 서비스센터를 담당하고 있었다. 우리는 자전거에 매달린 짐들을 모두 제거한 후 서비스센터 안으로 자전거를 가져갔다. 직원은 자전거를 거치대에 매달고 상태를 살폈다.

예상보다 문제가 심각했다. 뒤틀린 타이어를 바로잡기 위해 바퀴살 미세조정만 맡길 요량이었는데, 점검결과 림, 그러니까 굴렁쇠 자체가 손상되었기에 이를 교체해야 한다는 직원의 말이었다. 그 말을 듣고 직접 보니 과연 파손된 부분이 육안으로도 보였다. 알겠다고, 교환 후 아예 바퀴살을 끼우는 작업까지 직원에게 부탁했다. 림 교환비용 900디나르에, 공임 1,200디나르까지 총 2,100디나르(한화 2만 5,000원 상당)를 지불 하였다.

작업은 오랜 시간을 요 했다. '하긴, 바퀴살을 하나하나 뺐다가 옮겨 달아야 하고 밸런스 조정까지 해야 하니 작업하는 사람도 까다롭겠다.'고 생각했다. 작업은 두 시간여 만에야 마무리되었다. 아침부터 자리 한번 뜨지 않고 긴 수술을 마무리한 직원이 고마웠다.

작업을 마치고 출발할 때 이미 해는 중천에 떠 있었다. 가야 할 거리 는 앞으로 70km 남짓. 긴 거리는 아니나 출발이 늦은 만큼 조금 조급해 졌다. 부지런히 달려야 했다. 그러나 서비스센터를 향해 내려온 길을 다 시 거슬러 올라가려는 찰나에 '끼이익' 요란한 마찰음을 내며 희동이 다 시 자전거를 세웠다. 왜 그러냐고 물으니 뒷바퀴가 제대로 고정되지 않았 다고 했다. 작업 막바지에 접어들면서 집중력이 떨어졌나? 바퀴를 마저 고정하기 위해 자세를 잡고 있으니 그 모습을 본 수리공이 멋쩍은 듯 나 와 다시 손을 봐주었다. 그때까지만 해도 훈훈했다.

그리고 다시 출발. 한동안 우리는 강둑으로 이어진 자전거도로를 따라 가다가 도시의 경계로 나아갈 무렵 국도로 옮겨 본격적인 주행에 돌입했 다. 그러나 그리 오래가지 못했다. 또 왜? 뒷바퀴가 수리전보다 더 흔들 린다는 것이었다. 근처 공터에 세워놓고 상태를 점검해본 우리는 이내 분 통을 터뜨렸다. 빳빳하게 바퀴를 지탱해야 할 바퀴살들의 고정상태가 모 두 엉망이었다. 바퀴 옆면이 차체에 닿아 아예 굴러가질 않았다. 믿는 도 끼가 새끼발가락을 찍은 느낌이었다. 절망감이 엄습했다.

우리가 자체 정비를 건너뛰고 처음부터 전문가에게 간 이유는 림을 하 나하나 조절하여 바퀴의 밸런스를 조절하는 일이 고도로 숙련된 장인의 감각을 요 하기에 괜히 건드렸다가 더 문제를 크게 만들지도 모른다는 판단에서였다. 그러니 그때 가서 우리끼리 다시 손을 보기는 겁이 났고 돌아가기에는 너무 멀리 와버려 이도 저도 못하는 상황에 빠져 버린 것이었다. 아니, 다시 갈 수는 있어도 그자의 실력은 믿지 못하겠다. 그렇다고 그대로 목적지까지 달릴 수도 없는 노릇이었다. 주어진 선택지는 단 하나뿐이었다. 이래나 저래나 우리가 고쳐보는 수밖에… 그런데 어떻게?

자전거는 보기보다 과학적이다. 문제가 되었던 바퀴만 해도 그렇다. 그가는 바퀴살들이 사람과 프레임, 짐의 무게를 모두 감당하고 있었다. 분산이 만들어낸 마법이었다. 그러나 이 또한 바퀴살 하나하나가 받는 힘의 크기가 같도록 균형을 유지 시킬 때에야 가능한데, 그러기 위해서는 수십 개의 바퀴살 중 어느 하나라도 어긋나서는 안 된다. 그렇게 중요한 부분인데, 바퀴의 상태를 보니 하나가 어긋난 것이 아니라 정상적으로 끼워진 것을 찾기가 더 어려울 지경이었다.

생판 아무것도 모르는 상태에서 이것저것 건드려보기 시작했다. 바퀴살을 느슨하게도 해보고 조여도 보고, 이것 건드려봤다가 저것 건드려봤다가. 이를테면, 바퀴가 왼쪽으로 휘어져 있는 부분이 있는데, 이 부분의 바퀴살을 느슨하게 해야 교정이 되는지, 조여야 교정이 되는지. 원리를 찾기 위해 계속 실험을 거듭하고 있던 것이다. 뒤틀린 정도의 미세한 변화를 계속 관찰해가면서. 지금에야 이렇게나마 설명할 수 있지만, 당시에는 정말 아무것도 모르는 상태에서 바퀴와 씨름하고 있었다.

수십 분이 지난 후에야 거듭된 시도에서 규칙이 발견되기 시작했다. 그때의 기분은, 뭐랄까, 잃어버렸던 K2 소총 가스조절기를 찾은 기분이었다. 산업혁명 후 인류가 고속성장의 길을 걷듯, 스프 취식을 한 후 우리가 음식문화에 눈을 떴듯, 그때부터는 일사천리로 작업이 진행됐다. 소위 말해 완전히 감 잡았다. 여러 번의 실험과정에서 손에 익은 렌치가 재빠르게 움직이며 바퀴살을 조정했다. 조금씩 뒤틀렸던 바퀴가 본연의 모습을 회복하고 있었다. 자체에까지 닿아 한 바퀴 굴리는 것조차 힘들었던 바퀴가 마침내 브레이크 패드에도 닿지 않을 만큼 완벽하게 균형을 찾았을 때 우리는 거침없이 돌아가는 바퀴를 보며 쾌재를 불렀다.

그 긍정적인 에너지를 추진력 삼아 부지런히 달려야 했다. 해가 오후 4시에 지는 곳에서 시계는 이미 2시를 가리키고 있었다. 중간에 상점에서 피자 두 조각씩으로 간단히 점심을 해치웠다. 해지기 전에 최대한 달려보자며 쉬지 않고 달렸다. 그러나 우리의 의지와는 상관없이 지나는 도시들에서는 겨우 3시 30분이 넘었을 무렵부터 길가에 등을 밝히기 시작했다. 그리고 4시 30분이 되었을 때 세상은 어둠 속으로 완벽히 모습을 감췄다, 하필이면 가로등 하나 없는 구간에서….

'더 나빠질 상황이 있겠냐.' 생각하고서야 자전거를 세워 한숨 돌렸다. 급할수록 돌아가자. 아주 오랜만에 가방에서 스피커를 꺼냈다. 휴대폰과 연결한 후 신나는 음악을 재생시켰다. 살면서 홍채가 가장 커졌을 정도로 한 치 앞도 보이지 않는 길을 두려움과 흥분이 공존한 상태에서 무아지경으로 달렸다. 이스탄불에서 전조등 거치대를 훔쳐간 도둑놈을 저주하며…. 그렇게 6시가 다 되어서야 세르비아 제2의 도시 노비사드Novi Sad로 향하는 다리 앞에 도착했다. 다뉴브 강물 위로 도시의 불빛들이 따스하게 번져갔다. 자연은 태양 아래서 빛나고, 도시는 달이 떴을 때 가장 아름다웠다.

그러나 운명은 가혹했다. 숙소로 들어와 막 짐을 푸는데 어쩐지 느낌이 이상했다. 노트북을 세팅하고, 갈아입을 옷을 준비하고, 먹을 것들을 상에 올리고, 그리고 방전된 휴대폰 배터리를 충전해야 하는데 왜 충전 케이스가 비어있는지… 이 안에 들어 있어야 할 녀석은 당최 어디로 사라졌는지, 가장 큰 문제라고 생각했던 바퀴 뒤틀림까지 손수 해결해냈는데 뜬금없이 분실이라니. 여행 중 단 한 번, 숙박업소 측 잘못으로 짐이 분실된 경우는 있어도 내 실수로 중요한 물건을 잃어버리기는 처음이었다. 겨우 찾아낸 가스조절기를 다시 잃어버렸음을 점호 직전에 확인한 기분이었다. 분실지점으로 유력하게 지목되는 장소, 그러니까 아까 마지막으로 배터리를 확인했던 다뉴브 강 다리까지 다시 가서 확인해봤지만, 그곳에도 없었다. 노비사드를 나설 때까지 우리는 끝내 배터리의 행방을 찾지 못했다. 그래서 한동안 나는 몹시 찜찜한 상태로 살아야 했다.

11월 21일, 9시쯤 늦은 아침 식사와 함께 하루가 시작되었다. 노비사드에 마련해 둔 숙소가 번화한 거리를 마주하고 있어 식당은 일반 음식점 역할도 겸하고 있었다. 투숙객을 대상으로 한 아침 식사는 뷔페식으로 제공되었는데, 리뷰에서 본 대로 풍성한 메뉴들이 준비되어 있었다. 지나온 호텔 중 최고였다. 나란히 예쁘게 썰어진 색색의 과일, 그리고 기름진 소시지가 구미를 당겼다. 조금 늦게 내려가서 그런지, 내부는 다행히(?) 한산하다. 눈치 안 보고 양껏 접시를 채우는 마음이 행복한 시간. 저 옆에 시리얼과 우유도 챙기고, 주스도 따르고, 과일 요구르트까지… 그렇게 한번을 먹고도 성이 차지 않아 재차 한 번을 더 움직인 후에야 식사가 끝난다.

동유럽 구간을 달리며 가장 좋았던 점 중에 하나는 수준급 호텔을 아주 저렴한 가격에 이용할 수 있었다는 것이다. 워낙에 물가가 저렴하기도 하거니와 11월은 관광객이 가장 뜸한 비수기였기 때문이다. 여유를 두고 숙소를 예약할 수 없었음에도 불구하고 그럴듯한 숙소를 어렵지 않게 선점할 수 있었다. 아침에 제공되는 음식들은 대개 숙소의 수준과 비례했기 때문에 그런 곳에 묵으면 늘 아침을 풍족하게 시작할 수 있었다. 몸으로 하는 여행에서 아침의 중요성이야 말해 무엇하랴.

아침을 든든히 먹고 밖으로 나섰다. 노비사드는 40만 명의 인구를 가진, 세르비아에서 베오그라드 다음으로 큰 도시였다. '새로운 지방'이라는 이름처럼 도시의 역사는 그리 오래되지 않았다. 본래 어촌이었는데 근대에 이르러 군사적 요충지로 대두 되면서 중요시되기 시작했다고 한다. 당시 이 지역이 오스만튀르크와 오스트리아Austria 간의 국경이 되는 곳이었기 때문이다. 이후 1748년 시 승격 과정을 거친 후 다뉴브 강에 면하고 중부유럽과 인접한 입지조건을 적극 활용, 발전해 온 것이 지금의 노비사드이다. 강, 그리고 강에 인접하고 조망이 용이한 언덕, 그리고 건너편에 세워진 시가지는 다뉴브 강에 인접한 도시들의 중요한 입지적 특징 중 하나였다.

호텔 문을 나서자 곧 고풍스러운 건물들과 거리로 나온 테이블, 그리고 어김없이 들려오는 이름 모를 현악기 연주 소리가 한꺼번에 오감으로 밀려 들어왔다. 중앙로를 걷던 사람들은 광장으로 모두 모여들었다. 현지인들은 벤치에 앉아 느긋하게 일행을 기다리고, 이방인들은 사방을 둘러보기에 바빴다. 아담하고도 세련된 그 광장이 노비사드 '자유의 광장'이었다. 정방형으로 조성된 광장의 둘레를 오래된 건물들이 병풍처럼 두르

고 있었다. 그중 한 면을 차지하는 것이 노비사드 시청, 그리고 건너편이 노비사드의 상징적인 건물인 성모마리아 성당이었다. 둘은 정교회 건물 특유의 고집스럽게 깨끗한 느낌을 그대로 담고 있었다.

　대표적인 건물들을 위시하고 선 다른 건물들도 마찬가지였다. 그런데 희동은 건물양식에서 미묘한 차이를 보았다고 했다. 개별적인 여러 양식이 혼합된 느낌이라고. 노비사드는 오스만튀르크 치하의 국경도시로 시작되었다. 그리고 유고슬라비아 연방공화국, 그러니까 7개의 국경, 6개의 공화국, 5개의 민족, 4개의 언어, 3개의 종교, 2개의 문자가 1개의 국가를 이루던 시절을 지나 현재에 이르렀다. 그 과정을 거치며 거듭된 비극적 사건들을 생각해보면, 광장 건물들에서 보이는 그 미묘한 차이는 이 도시가 지나온 역사의 경로를 가장 평화롭게 보여주고 있었던 셈이었다.

시가지를 빠져나와 다뉴브 강을 건넜다. 먼저 다녀온 중앙광장이 노비사드의 현재라면, 다음에 찾아갈 곳은 도시의 과거였다. 전날 피곤한 와중에도 발길을 멈추고 카메라 초점을 맞추게 하던 노비사드 요새였다. 강을 기점으로 도심 맞은편 언덕에 자리하고 있었다. 수도인 베오그라드와 흡사한 면이 많았다. 먼저 강을 끼고 발전했다는 것과 언덕을 하나씩 갖고 있는데 모두 성벽이 보존되고 있다는 점, 그리고 많은 국가에 침략을 받은 아픈 역사를 가진 그 장소들이 공교롭게도 지금은 두 도시에서 관광지로 가장 각광 받고 있다는 점이 그러했다.

요새를 향해 한참 동안 경사를 올라 정상에 섰다. 오후 4시, 하늘색이 가장 역동적으로 변하는 때였다. 점차 붉게 물들어가는 노을 빛깔 아래로 다뉴브 강, 그리고 노비사드의 미래가 움트고 있었다. 시시각각 조도를 달리하는 조명으로 인해 도시가 이채롭게 보였다. 지금 더 있자 전설처럼 선 시계탑 뒤로 태양이 시나브로 모습을 감추고 사람이 만들어낸 빛이 그 역할을 대신했다. 전장을 누비던 세르비아의 옛사람들도 그 전경을 보며 고단한 몸과 마음을 추스르지 않았을까… 감동이 쓰나미처럼 밀려드는 그때에는 없는 여자친구까지 다 그리워졌다.

세르비아는 살면서 인연이 없는 나라였다. 그 나라를 생각하며 연상되는 것이라고는 유명한 테니스 선수 조코비치, 그리고 아싸라비아 콜롬비아 뒤에 나오는 생뚱맞은 몇 개의 나라 들 뿐이었다. 그렇게 정보가 부족했기 때문에 몇몇 단편적인 역사적 사실과 '화약고'라는 악칭은 우리로

하여금 강한 편견을 갖게 하였다. 그러나 반대로 기대와 실제 사이의 간극이 컸기 때문에 그만큼 우리는 이곳에서 더 많은 감동을 할 수 있었다. 이제는 세르비아를 생각하면 페트로바라딘 요새Petrovaradin Fortress에서 바라보던 노비사드의 아름다운 야경과 왕들의 거리에서 만난 친절한 사람들의 모습이 가장 먼저 떠오른다. 거리에 서성이고 있으면 너나 할 것 없이 다가와 '제가 도와드려도 될까요?' 하며 먼저 말을 건네주던, 만약 그곳에 가지 않았다면 어땠을까? 그런 사람들과 풍경을 접하지 못하고, 심지어 있는 줄도 모르고 살았다면… 그건 너무 안타까운 일, 그런데 그것이 비단 세르비아에만 해당하는 사항은 아닐 것이다. 세계는 넓고 아직 가보지 못한 곳이 많으니까. 세르비아에서 유쾌한 반전을 경험한 후, 이미 여행 중이었음에도 불구하고 나는 더 많은 여행을 꿈꾸게 됐다. 한번 세계를 경험한 사람들이 다시 출국장을 떠나는 건 그런 이유 때문이 아닐까…. 이틀 후 수보티차Subotic를 끝으로 세르비아 국경을 통과했다.

PART 4

짧았던 가을, 길었던 겨울

두 바 퀴 로 떠 난 유 라 시 아

역사의 최서단, 유럽 한복판의 오리엔탈, 헝가리 _세게드에서 죄르까지

11월 23일 헝가리에 진입했다. 그곳에 도착하니 우선 지난가을의 일이 떠올랐다. 지금이 2015년이니 무려 4년이 넘는 시간이 흘렀음에도 불구하고 생각하면 여전히 안타까운 기억이다. 9월의 어느 날, 애지중지 타고 다니던 자전거를 불과 5m 앞에서 도난당했다. 그때 나는 힘겹게 눈꺼풀을 지탱해가며 편의점 야간 근무를 하는 중이었다. 손님이 뜸한 새벽 시각, 누가 자전거를 훔쳐가는 줄도 모르고 나는 다큐멘터리 한 편에 빠져 있었다. 그때 그 다큐멘터리 제목이 〈신라 왕족은 정말 흉노의 후예인가〉였다. 내용은 이러했다. 흉노족은 오래전 강력한 마상 전술 능력을 바탕으로 유럽에까지 이르는 방대한 영토를 소유 한 바 있다. 혹자는 이를 '흉노제국'이라고까지 명명하기도 한다. 그런데 신라의 김씨 왕족이 바로 흉노족 내에서 중심세력에서 밀려나 한반도

로 남하한 일파의 후예라는 것이었다. 제작자는 그 근거로 김알지 설화의
서사구조, 금을 중시하는 풍조, 그리고 한반도 동남부 지역에서 출토된
유물들이 갖는 흉노족과의 유사성을 들고 있었다.

그런데 유럽 한복판에서 웬 삼국시대 이야기인가? 바로 헝가리라는
국명의 유래에 관한 대표적인 학설 중 하나가 바로 흉노 기원설이기 때
문이다. 전 유럽에 악명을 드높이던 단어 '흉노', 그것이 'Hun'으로 변하
여 땅을 뜻하는 'Gary'와 합쳐져 지금의 '헝가리Hungary'가 되었다는 것
이다. 일부 사학자들은 이 'Gary'라는 말의 어원을 고려와 같은 뿌리로
여기기도 하는데, 믿거나 말거나 기원을 전후하여 활동했던 흉노족과 9
세기경 헝가리에 최초의 왕조를 세운 아르파드 왕조 사이에는 1,000년이

넘는 시간의 간극이 존재한다. 그러나 흉노기원설을 주장하는 사람들은, 올타임 레전드로 평가받는 정복왕 아틸라가 흉노족의 후예임을 자처했고 아르파드가 바로 그런 아틸라의 재림으로 당시 유럽 내에서 평가받았다는 사실을 근거로 내세우고 있다.

헝가리의 국명에 대해 다른 학설은 '오노구르족Onogur' 기원설이다. 우리나라가 Korea라는 국제적 명칭과는 별도로 '대한민국'을 국호로 여기고 있듯이, 헝가리 또한 국제적 명칭일 뿐 자국민들은 '마자르공화국 Magyar Koeztarsasag'을 국호로 여기고 있다. 여기서 마자르는 헝가리인들 스스로 '마자르족'의 후예라고 믿는 데에서 비롯된 것이다. 중앙아시아의 우랄산맥Ural Mts. 동남부에 터를 잡고 있던 유목민족 마자르족은 유럽으로 이동하며 투르크계의 여러 부족을 접하는데 그 중 '오노구르족10개의 부족을 뜻함'과 긴밀한 관계를 맺었다. 오노구르족 기원설을 믿는 이들은 바로 그 부족 명에서 'H' 음이 붙어 오늘날의 '헝가리'라는 유래 됐다고 주장한다.

우리나라 사람들에게는 '헝가리'가 훈족에서 비롯된 단어라는 설이 널리 알려졌으나 사실 학계에서는 오노구르족 기원설이 정설로 여겨지고 있다. 그러나 유목민족은 기록을 남기지 않았다. 따라서 판단을 뒷받침하는 사료가 절대적으로 부족하여 앞으로도 논쟁은 계속되지 않을까 싶다. 다만 13세기에 헝가리 역사서에 수록된 건국신화수사슴 신화를 보면 헝가리, 혹은 헝가리인들의 기원에 대해서 작은 실마리를 얻을 수 있다. 먼 옛날 '님로드Nimrod'라는 전설적인 왕이 살았고, 왕비와의 사이에서 두 명의 쌍둥이 형제를 낳았다. 초원의 정기를 받으며 자라난 형제들은 장성하여 신령스러운 흰 사슴을 따라간 곳에 나라를 세우게 되는데, 그곳이 바로 오늘날의 헝가리 평원이다. 그리고 형제의 이름은 '후노르 Hunor'와 '마고르Magor', 즉 훈Hun과 마자르Magyars이다. 요컨대 헝가리는 훈족과 마자르족이 지분을 나누어 가진 나라라는 것이다.

유럽 대륙 내의 높은 산맥들 사이에 둘러싸인 넓은 분지에 자리 잡고 있는 헝가리이다. 말을 타고 넘어온 동방의 유목민족들이 새로 정착하기에 이만한 곳이 또 없었으리라. 이들이 소유하고 있는 영토는 대부분 지역이 아주 평평하다. 수도인 부다페스트는 중북부에 있는데, 이를 중심으로 거미줄처럼 뻗은 다섯 개의 고속도로가 동유럽의 여러 나라를 연결하고 있다. 도로만 본다면 동유럽의 모든 길이 부다페스트Budapest로 통한다고 해도 과언이 아닐 것이다. 실제로 부다페스트는 중부유럽 최대의 도시라는 명성을 지니고 있었다.

헝가리에서 처음 만난 도시인 세게드Szeged는 5시 방향으로 뻗은 고속도로의 끝에 자리하고 있었다. 건물과 사람, 풍경 등은 이전의 국가들과 다르지 않았으나, 도시에 다다르자 시민의 편의를 도모하고자 하는 작은 배려들을 곳곳에서 볼 수 있었다. 그런 것들은 공산권이었던 동유럽 국가 중 가장 빠른 속도로 자본주의로 이행하고 있다는 헝가리의 생활상을 대변하고 있었다. 대표적인 예가 자전거 도로였다.

물론 헝가리 가기 전에 경유한 다른 나라에도 자전거 도로는 있었다. 그러나 뚜렷한 목적을 지니지 않고 연속성 없이 설치된 경우가 다반사였다. 그래서 오히려 차도로 가는 편이 수월했던 적이 많았다. 그러나 헝가리의 자전거도로망은 달랐다. 거의 도심 전반에 걸쳐 이어져 있기 때문에 마음만 먹으면 자전거도로만 이용하면서도 도시 투어가 가능했다. 또 아무리 차량 통행량이 많은 곳이라도 차도 오른편에 자전거를 위한 공간이 안배되어 있었다. 눈에 익지 않은 도심 속 도로를 달리는 일은 늘 도전이었다. 자동차와 보행자가 밀집해 있기 때문에 사고의 위험성이 그만큼 높아졌기 때문이다. 자전거는 인도와 차도, 어디에서도 환영받지 못하는 존재였다. 따라서 자전거 도로가 제대로 설치돼있는 곳을 달리면 우선 마음부터가 편안했다.

세게드는 각각 루마니아와 세르비아로 뻗어 나가는 두 갈래의 국제 고속도로가 만나는 곳이었다. 세르비아 노선을 따라 세게드까지 올라온 우리는 부다페스트까지 일직선으로 뻗은 헝가리의 5번 국도를 이용하여 북쪽으로 올라갔다. 헝가리 남쪽 끝에서 시작하여 세게드, 케치케메트 Kecskemét 등의 도시를 경유하여 부다페스트로 이어지는 180여 km의 구간 동안 길은 대체로 수월했다. 평원이 갖는 이점이었다.

그러나 헝가리는 평원이면서 또한 높은 산맥들로 둘러싸인 분지여서 안개가 많이 꼈다. 한 번 끼면 아주 심하게 꼈기 때문에 건물이나 자동차처럼 크기가 큰 개체도 가까이 다가가기 전까지는 식별하기가 어려웠다. 사고를 피하기 위해서는 그저 귀를 쫑긋 세우고 갓길에 바짝 붙어서 다니는 수밖에 없었다.

공기 속에 부유하는 찬 물방울들은 동장군의 기세를 한껏 드높였다. 그래서 안개가 낀 날은 맑은 날에 비해 더 춥게 느껴졌다. 터키에서부터 점점 높은 위도로만 향해가고 있고, 계절도 점차 겨울이 가까워지고 있었다. 얼마 전 새로 장만한 장갑 덕에 손은 괜찮았지만, 발이 시려 고역이었다. 특히나 신발 파손이 심한 오른발이 유독 시렸다.

11월 26일, 안개가 내린 젖은 낙엽 위를 이틀 동안 달려 헝가리의 수도 부다페스트에 도착했다. 비수기였음에도 불구하고 도심 속에서는 숙소를 잡기가 어려웠다. 그래서 한적한 교외에 있는 주택단지 내 한 숙소에 여장을 풀었다.

안개가 계속되는 습한 날씨는 날이 갈수록 심해졌다. 우중충한 하늘이 심상치 않더니, 도시 투어를 계획했던 이튿날에는 기어코 아침부터 비가 내리기 시작했다. 기적같이 맑아질 날씨를 기대했던 마음이 날씨처럼 희뿌옇게 흐려졌다. 그러나 실망한들 어찌하랴. 사람의 힘으로 어찌할 수 있는 일이 아니니 더 맘 상하기 전에 정해진 루트를 따라 재게 페달 질을 했다. 우선 헝가리의 시원으로 갔다. 헝가리를 반석 위에 올린 전설적인 인물들의 정신을 느낄 수 있는 영웅광장이었다.

건국 1,000년을 기념하기 위해 만들어졌다는 영웅광장이다. 광장은 부다페스트의 문화 거리인 안드라시 거리Andrasi Utca의 끝에 자리하고 있었다. 수도의 위상에 걸맞게 전 경로에 걸쳐 자전거 도로가 세심하게 그려져 있었다. 날씨가 추웠음에도 불구하고 자전거를 이용하는 시민이 많았던 건 다 그럴만한 이유가 있었나 보다.

광장에 도착하자 헝가리가 자랑해마지않는 여러 인물의 청동상이 우선 눈에 띄었다. 중앙에 가브리엘 대천사가 앉아 있는 높은 기둥이 세워져 있었으며, 그 기둥을 에워싸며 금방이라도 적장의 수급을 따 버릴 기세를 하고 있는 일곱 명의 장수가 바로 마자르족의 일곱 족장이었다. 개중

에는 신라 시대에 제작된 금관의 형태와 유사한 사슴뿔 모양의 머리 장식을 한 인물도 있었다. 마자르는 우리 민족이 스스로 한민족이라고 지칭하는 것처럼 헝가리인들이 스스로 칭하는 말이다. 혹자는 그 어원을 '말갈 Mòhé'에서 찾기도 한다. 앞서 언급한 바와 같이 건국 신화는 헝가리의 탄생을 마자르족과 훈족의 규합으로 기록하였는데, 마자르가 정녕 말갈에서 파생된 말이라면 헝가리는 결국 흉노족과 말갈족이 함께 세운 나라가 된다. 생각해보는 것만으로 재미있는 일이다. 한국사에 자주 등장하는 민족들이 이역만리 서양에 터를 잡은 한 나라의 시작에 관여하고 있다니. 분절된 영토, 분절된 세계를 이미 오래전부터 하나의 초원, 하나의 세계로 인식하고 있던 유목민들의 세계관과 그들이 남긴 발자취가 새삼 놀랍다.

가장자리에는 열 주로 이뤄진 반원형의 구조물이 병풍처럼 광장을 두르고 있는데, 왼쪽과 오른쪽에 각각 7명씩 총 14명의 영웅을 기리기 위해 제작한 청동입상이 함께 서 있다. 나라의 기틀을 잡은 왕, 독립을 쟁취하기 위해 싸운 투사 등 그들은 모두 헝가리의 현재를 있게 한 사람들로 칭송받고 있었다. 이러한 구조 때문에 광장에 있을 땐 마치 성스러운 신전의 내부에 들어온 것 같은 기분이 들었다. 타국인이 느끼는 감정이 이럴진대 자국민들은 말해 무엇하랴.

광장의 뒤에는 바로시리게트Varosliget라는 시민공원이 조성되어 있었다. 광장을 시민 공원의 입구 형태로 설계한 데에는 어쩌면 휴식을 취하기 위해 공원이 모이는 사람들로 하여금 영웅들의 고고한 정신을 잊지 않도록 하고자 하는 의도가 숨어있었는지도 모르겠다.

영웅광장을 지나 루트가 안내하는 대로 더 진입하였으나 이후에는 별다른 소득이 없었다. 공원을 둘러봤으나 흥미를 유발할 만한 것이 딱히 없었다. 도시공원을 나와서 본 다뉴브 강 동편의 모든 경로에 있던 명소들도 그러했다. 유일하게 강렬한 인상을 주었던 곳이 처음의 그 광장이었으나 그마저도 날씨 탓에 사진이 잘 찍히지 괜스레 속상했다. 사진 찍기란 참고서의 문장들 하나하나에 밑줄을 긋는 일과 비슷한 것 같다. 이를테면 지금 보고 있는 그 화면을 뇌리에 각인시키고자 시간의 중간에 방점을 찍는 것이다. 그러니 내가 본 그대로 고스란히 카메라에 담기지 않으면 그처럼 속상한 일이 또 없다. 꼭 뭔가를 놓치고 가는 기분이었다.

분식점에서 산 얇디얇은 피자를 꾸역꾸역 먹는 것으로 점심을 대신한 후 미련 없이 부다페스트 서안으로 이동했다. 서편에는 높은 언덕이 두 개 있었다. 그중 남쪽에 있는 것이 먼저 간 겔라르트 언덕Gellert Hill였다. 정상까지는 계단을 이용해야 했다.

다뉴브 강을 대도시들은 대개가 비슷한 구조를 하고 있었다. 베오그라드와 노비사드가 그랬던 것처럼 부다페스트 또한 강의 이쪽으로 언덕이 있고 그 언덕을 방어용 성벽을 짓는데, 사용하였으며, 반대편의 평평한 지대로 중심지구가 발전하였다. 이 도시의 성벽 역시 지금에 와서는 전망대의 역할을 훌륭히 해내고 있다. 그러나 그날 그곳에서 보이는 건 온통 안개뿐이었다. 그때가 4시였다. 곧 저녁인데 여기서 종료할까 남은 경로를 마저 돌고 갈까, 고민하며 계단을 내려오고 있었다. 그러던 어느 순간, 날이 점점 어두워진다 싶더니 계단 난간에 설치된 조명들이 일시에 켜졌다. 이를 신호로 도시의 모든 가로등이 일제 점등에 들어갔다. 그걸 보고 머릿속에도 전구 하나가 켜지는 느낌이었다. 조명 하나에 도시는 새로운 국면으로 돌입하고 있었다. 낮 동안 날씨 때문에 시무룩했으나 저녁이라면 달랐다. 야경을 보는 데에는 침침한 하늘도 별문제가 되지 않았다. 곧장 다음 장소인 북쪽 언덕으로 이동했다. 부다 캐슬이 있는 곳이었다.

조명이 오히려 어둠을 재촉했는지, 계단을 내려올 때까지만 해도 밝았던 사위가 금세 깜깜해졌다. 강기슭으로 향한 언덕의 정면에는 케이블카가 설치되어 있었고, 언덕 둘레를 돌아 뒤편으로 자동차가 다닐 수 있는 오르막길이 나 있었다. 그 길을 따라 언덕을 올랐다. 알 만한 사람들은 아는지, 어둠이 내려앉은 그 시간에도 언덕을 오른 자동차들의 행렬이 끊이지 않았다. 우리로서도 그때가 비로소 본격적인 투어의 시작이었다. 낮은 경사로 이루어진 길을 천천히 오르다가 마침내 정상에 다다랐을 때,

그곳에는 한 번도 보지 못했던 환상적인 야경이 눈앞에 펼쳐져 있었다. 수없이 많은 조명이 언덕 위의 건물들을 비추고, 그 끝으로 성의 본관으로 진입하는 관문이 있었다. 성은 구ㅁ자형으로 지어졌으며, 중앙에 넓은 마당이 있었다. 빛의 한가운데에 들어와 있는 기분이었다. 아래에서 비치는 노란 조명을 받고 궁전은 전설 같은 기품을 드러냈다. 시끄러운 언덕 아래 시가지들의 소음이 하나도 들리지 않았고, 관광객들의 말소리마저 그 광경에 묻히는 듯했다.

부다페스트Budapest는 원래 다뉴브 강을 사이에 두고 부다와 페스트로 나누어져 있었다. 그러다가 1872년 두 개의 도시가 합쳐져 지금의 부다페스트가 된 것이다. 이 중에서 오래전부터 수도의 역할을 하던 것은 부다였다. 14세기경부터 시작하여 지금까지 수도로 자리매김하고 있으니 부다에는 역사적인 건축물들이 많다. 그중에서 가장 대표적인 것이 부다 캐슬Buda Castle이었다.

13세기 몽골 침입 당시 본 수도였던 에스테르곰Esztergom을 버리고 떠나온 왕이 부다 언덕에 최초의 왕궁을 지었다. 이후 왕궁을 위시하고 새로운 건물들이 세워졌고 마차시 왕 시절에 이르러 그 건물들은 모두 르네상스 양식으로 변형되었다고 한다. 이곳에는 왕족을 비롯한 귀족들과 부호들이 주로 거주하고 있었는데, 페스트 지구에 사는 서민들의 왕래를 엄격히 통제하였다고 전해진다. 화려함의 극치를 보여주는 부다 지구의 건물들을 보며 가난한 페스트 사람들은 무슨 생각을 했을까.

부다 왕궁에서 느꼈던 감동은 궁 밖을 나와서까지 계속됐다. 부다 언덕

전체가 마치 박물관 같았다. 건물들 하나하나가 유리관 안에 사려 깊게 전시된 모형 전시물처럼 보일 만큼 비현실적인 후광을 발산하고 있었다. 그 중에서도 순백의 색으로 뒤덮인 전체 면을 통해 영롱하고 상서로운 기운을 자아내던 마차슈 성당Mátyás templom의 모습은 특히 압권이었다. 마차슈 성당은 부다 왕궁과 더불어 유네스코 세계문화유산에 등재된 바 있다.

부다 언덕에는 이와 더불어 총 3의 역사적인 건물이 유네스코 세계문화유산으로 등재되어 보존되고 있는데 그 마지막 하나는 이른바 '어부의 요새'였다. 마차슈 성당 동쪽에 있는 요새로 1899년에서 1905년 사이에 지어졌는데 당시 시민군이 왕궁을 지키고 있을 때 어부들이 적들의 기습을 막고자 요새 방어에 참여한 데서 이름이 유래했다고 한다. 유목민족의 뿌리에 자긍심을 느끼는 헝가리인들의 민족 정신을 대변하듯이 난간이나

첨탑 등 요새의 곳곳에서 동양적인 색채가 묻어남을 확인할 수 있었다.

당시 그곳에는 부다 캐슬이나 마차슈 성당보다 많은 관광객이 있었다. 이유는 아마 전망 때문이었을 것이다. 부다 캐슬이 그 자체로 빛이 난다면 어부의 요새는 도시 야경을 보기에 가장 적합한 곳이었다. 지나온 많은 도시가 그랬듯이 그곳에서도 성벽 난간에서 기대어 볼 때 가장 탁 트인 도시의 야경을 감상할 수 있었다.

압도적인 존재감을 과시하는 헝가리 국회의사당, 부다와 페스트를 이어주는 10여 개의 다리, 강을 따라 놓인 가로등, 그리고 흔하디흔한 자동차 헤드라이트와 건물의 형광등 불빛까지… 다뉴브 강의 검은 물결 위에서는 그 모든 것들이 별처럼 반짝였다. 새벽녘에 시작된 안개는 밤이 된 후에도 계속되었다. 그러나 낮과는 달랐다. 밤안개는 역할이 뚜렷했다. 빛을 담은 물 입자들이 따뜻하게 도시 전체를 뒤덮었으며, 그때 부다페스트의 모든 곳은 황금빛으로 빛나고 있었다.

초저녁부터 시작해서 밤 10시가 훌쩍 넘었을 때까지, 콧물을 훔치면서도 우리는 그 자리를 떠나지 못했다. 언덕을 내려와서 페스트 지구로 돌아온 이후에도 한동안 다뉴브 강 변을 어슬렁거리며 뭐에라도 홀리듯 빛을 쫓아다녔다. 과연 '다뉴브의 진주'라는 수식어가 아깝지 않을 만큼 부다페스트는 아름다운 도시였다. 낮 동안 축적된 정신적인 피로는 이미 사라진 지 오래였다. 마음 같아서는 밤을 지새우며 빛을 관찰하고 싶었으나 내일을 위해서 핸들을 숙소 방향으로 돌렸다. 대신 앞으로 남은 도시에서는 아무리 바빠도 야경은 꼭 보고 가자고 희동과 둘이 중지를 모으고, 자정이 가까워졌을 때 숙소로 돌아왔다. 그러나 이후 많은 도시를 경험하면서도 그때 부다페스트의 야경만큼 환상적인 야경을 가진 도시를 나는 보지 못했다. 그 때문인지 부다페스트는 여전히 우리 기억 속에 가장 아름다운 야경을 선물했던 도시로 남아 있다.

11월 28일, 부다페스트를 떠나 다시 강을 따라 달렸다. 도심을 빠져나와 한적한 강변도로와 함께 모처럼 맑게 갠 하늘과 만났다. 일진이 좋아 보였다. 부지런히 나와 조깅을 하는 사람들도, 산책 나온 엄마 따라 유모차에 실려 있는 아가들의 표정이 텔레토비 동산의 해님처럼 아침을 환하게 밝히고 있었다.

슬로바키아와 헝가리 간의 접경 지역에 위치한 에스테르곰, 죄르Győr 등의 도시를 경유하여 브라티슬라바Bratislava로 진입할 예정이었다. 그 구간 동안은 인근에 산악지형이 없고, 경유 할 도시 간의 거리도 짧았다. 그래서 모처럼 유로벨로를 충실히 따르며 달려볼 생각이었다.

유로벨로는 유럽의 전 지역을 잇는 국제적인 자전거도로망이다. 유럽 사이클리스트 연맹ECF, Europe Cyclist Federation에서 고안했으며 1995년 처음 구상이 시작된 이래 현재까지 14개의 노선이 확정되어 45,000㎞에 이르는 거대한 네트워크를 구축하고 있다. 2020년을 프로젝트가 완성되는 해로 보고 각국은 국내 여건에 맞춰 각기 다른 속도로 자국 내의 유로벨로 구간 구축에 힘을 쏟고 있는 실정이었다.

유로벨로를 만든 가장 큰 목적은 아마도 유럽 내 자전거 인구로 하여금 더욱 편리한 이동을 가능하게 하여 궁극적으로는 '하나의 유럽'을 만들고자 하는 데에 있을 것이다. 그래서 유로벨로는 매력적인 거점을 찾아 잇는 것만큼이나 자전거 이용자의 편의를 도모하는 데에 중점을 두고 있다. 경사도에 제한을 둔다거나, 캠핑장, 식료품점 등의 위락 시설을 구간마다 구비 해 놓는 등의 노력이 대표적인 예이다.

부다페스트에서 우리가 따라간 것은 유로벨로 중에서도 6번 노선이었다. 루마니아 콘스탄차부터 프랑스 낭뜨Nantes까지 흑해와 대서양을 잇는 이 노선은 '강의 도로'라고도 불렸다. 또한, 유로벨로 14개의 노선 가운데 특히나 수려한 경관과 화려한 유적들을 볼 수 있는 노선으로 유명했다. 얼  마 가지 않아 유로벨로 경로가 그려진 표지판을 만났다. 만리장성이 하루아침에 만들어지지 않았듯이, 유로벨로 또한 우선은 기존에 있던 도로를 토대로 만들어진 모양이었다. 따라서 오래된 아스팔트가 비록 4대강 자전거 도로 정도의 평평함을 갖추지는 못했지만, 인공적인 것에서 느껴

지는 위화감은 오히려 덜 했다. 그 길 위에서는 굳이 지도를 꺼내지 않아도 되었다. 도로에 그려진 화살표, 기점마다 세워진 이정표를 보고 우리는 그저 게임을 하듯 노선을 따라갔다. 늘 바라던 바였다. 기대했던 대로 가는 곳마다 자연이 함께하고 있었고, 멀지 않은 간격을 두고 쓸 만한 캠핑장과 피크닉 장소가 갖추어져 있었다.

느긋하게 달리다가 오후 12시 반쯤 첫 번째 선착장에 도착했다. 표지판에 있던 지도로는 유로벨로를 통해서만 이동할 시 강의 이편에서 저편으로, 다시 저편에서 이편으로 건너며 총 두 번 페리를 이용해야 했다. 국도로만 가면 물론 그런 수고 없이 목표 도시까지 곧장 진격할 수 있었다. 그러나 어차피 총 거리도 얼마 되지 않고, 기왕에 유로벨로를 탄 김에 경로대로 따라가 보기로 한 터였다.

첫 선착장은 타히토팔루Tahitótfalu, 이곳에서 건너편의 바츠Vác로 가는 배를 타야 했다. 문이 닫힌 매표소에는 직원 대신 '티켓은 페리에서 구매하세요.'라는 안내문과 출항 시간표가 있었
는데, 페리는 시골 버스 마냥 시간당 한 번
꼴로 운항 되고 있었다. 기다리는 시간 동안
간단히 요기를 해결했다. 얼마 후 출발시각
이 가까워지자 작은 부두로 서너 무리의 주
민들이 모여들었다. 순서를 기다리다가 페
리 입구 앞에서 매표원에게 표를 샀다. 자
전거를 사람 한 명으로 취급하는지, 네 명분의 표를 끊었다. 티켓 한 장당
430포린트, 즉 2,000원이 넘는 가격이었다. 예상을 훨씬 웃도는 가격이
었으나 기왕 이렇게 된 것 기분 좋게 따를 생각이었다. 이내 출발 한 배는
눈 깜짝할 새에 반대편 강 안으로 위치를 옮겼다. 5분도 안 되는 짧은 시
간 동안 8,000원의 거금이 공중분해 됐다. 지하철 한 번 타는 가격으로
바다를 누볐던 터키가 그리워지는 순간이었다. 그러나 그건 잠시였다. 비
록 국도보다는 느렸지만, 벨로 루트가 경치 좋은 곳만 골라 마을 사이를
헤집고 다니는 통에 우리는 시종 즐거운 마음으로 주행할 수 있었다. 유
로벨로를 따라 달리면 계속 이런 길을 만날 수 있을까. 이런저런 생각들로
마음이 부풀어 오르는 사이, 어느새 북안을 달리는 구간은 끝이 나고, 다
시 건너편으로 돌아갈 페리가 운영되고 있는 소브Szob에 도착했다.

3시 40분에 출항 예정이니 아직 40분가량 남았다. 마침 땅거미가
지고 있었다. 강만 건너면 곧 목적지에 도착할 테니 느긋한 마음으로 시
골 나루의 황혼을 감상했다. 그러던 중 '벌써 시간이 그리되었나?' 싶을

때, 선장으로 보이는 초로의 남자가 말을 걸어왔다. 우리에게 온 그는 사람 좋은 웃음을 머금고 긴말을 늘어놓았다. 그러나 그렇게 긴 문장까지는 알아듣기는 힘들었기에, 우리는 그저 맞장구나 쳐주며 그가 언제쯤 티켓에 대한 이야기를 꺼낼지 잠자코 듣고 있었다. 그런데 듣자하니 말하는 뉘앙스며 제스처가 심상치 않았다. 왜 슬픈 예감은 틀리지 않는지, 그는 배 운행이 취소되었단 이야기를 그리 장황하게 하고 있던 것이었다. 40분을 기다렸는데 배가 안 뜬다니! 그때 우리와 마찬가지로 주변에서 배를 기다리던 커플이 한 쌍 있었다. 정황상 여태 간을 보고 있다가 배 시간이 도래한 그때까지 다른 손님이 추가로 오지 않자 임의로 운항을 취소시킨 것이 분명했다. 우리가 넋 놓고 바라보고 있던 황혼 속에서 천천히 걸어오던 것은 개가 아니라 늑대였다. 불과 몇 분 전까지만 해도 아름답던 하늘을 보며 그때부터는 막막함밖에 느낄 수가 없었다.

"아저씨, 우리 저기 건너 에스테르곰까지 가야 하는데, 무슨 방법이 없을까요?" 사정도 해봤지만,

"그러면 다른 선착장으로 가보는 게 어때요?" 그가 가리킨 곳은 여기서 10㎞ 이상 떨어진 지점이었다.

우리 앞에 있는 저 배만 타면 끝인데, 물색없이 2~30㎞를 더 가게 생겼다. 더군다나 거기까지 가봤자 또 출항이 취소되지 않을 거라는 보장이 없잖은가. 아저씨 웃음이 괜스레 얄미워 보였다.

배도, 휴식도, 이 노력 이후에 보장된 것은 아무것도 없었다. 최악에는 강을 건널 다리가 있는 부다페스트까지 몽땅 되돌아가는 상황이었다. 긴장이 풀려있는 상태에서 다시 주행하려고 하자 마디마디 쑤셔왔다. 강

바람은 시간이 갈수록 매서워졌다. 을씨년스러운 까마귀 소리마저 사방에서 들리는 저녁, 아무것도 모르는 어린아이처럼 속없이 밝은 만월을 조명 삼아 세 시간을 더 달려야 했다.

다행히 이후에 찾아간 선착장에서 페리가 정상적으로 운영되고 있었기 때문에 무사히 배를 타고 강을 건널 수 있었지만, 일찍 도착해서 도시의 역사적인 공간에 가 보고자 했던 계획은 수포로 돌아갔다. 목적했던 에스테르곰은 부다페스트 이전 헝가리의 수도가 있던 곳이었다. 그러나 시간이 지체되었기에 헝가리 가톨릭의 상징이라는 에스테르곰 대성당을 그저 가는 길에 잠깐 들렀다 오는 것으로 만족해야 했다.

한국에서 유럽지역의 노선을 계획할 때 우리는 유로벨로에 대해서 큰 기대를 하고 있었다. 여가 문화가 발달한 유럽에서 만든 자전거 도로이니만큼 여행자를 위한 최적의 조건이 마련되어 있으리라는 생각 때문이었다. 그러나 루마니아, 세르비아 등지를 지나며 보니 현실은 기대했던 모습과 달랐다. 벨로루트라고 해서 뭔가 특별한 점이 있겠거니 생각했지만 일반 국도 별반 다를 바가 없었다. 그래도 살림살이가 좀 낫다는 헝가리는 다르겠지 했는데, 나루에서 겪었던 황당한 일들을 생각해보면 이곳 역시 별수 없나 보다. 한편으론 아쉬움도 든다. 어쩌면 우리가 너무 빨리 온 게 아닐까. 2020년, 유로벨로 전 구간이 완비되는 때에는 기대했던 자전거 도로망이 우리를 기다리고 있을지도 모르겠다. 그때 다시 자전거를 타고 이곳에 와보면 어떨는지. 어쨌든 그 일을 겪은 후 우리는 더는 벨로루트에 크게 의의를 두지 않았다. 그리고 벌처럼 오로지 목표에만 집중했다.

접경에 부는 겨울바람, 슬로바키아
_브라티슬라바에서 오스트리아 빈까지

11월 30일, 슬로바키아Slovakia에 진입했다. 헝
가리와 슬로바키아 두 나라의 출입국에는 별다른 절차가 필요하지 않았
다. 벨로루트 상의 꼬불꼬불 이어진 시골 길을 따라 별생각 없이 페달을
밟던 중 문득 GPS를 확인해보니 우리는 이미 국경을 넘어 슬로바키아
영토에 들어와 있었다.

'아무리 출입국이 쉬워졌다고는 하지만 그냥 이렇게 계속가도 되려나?'

왔던 길을 되돌아 가 벨로루트에서 벗어나서 일반국도를 통해 다시 출
입국을 시도했다. 차량이 왕래하는 일반 국도를 따라가자 검문소가 나왔
다. 그러나 그곳 역시 사람이 없기는 매한가지였다. 이미 오래전부터 사
용하지 않은 것처럼 건물 곳곳에 먼지가 자욱했다.

'그래도 어쨌든 정상적인 경로를 통해 국경을 통과했으니 잡혀갈 일은

없겠지?' 결론짓고 주행을 재개했다. 솅겐조약Schengen agreement에 가입
한 국가들 사이에서 가능한 일이었다. 헝가리, 슬로바키아를 포함한 유럽
의 여러 나라가 이 조약에 가입하고 있는데, 이들 국가 간에는 이처럼 국
경 출입절차가 따로 없었다. 적어도 이동의 자유에 관한 한 가입국들은
한 나라가 된 것이나 마찬가지였다.

국경을 넘어 수도인 브라티슬라바Bratislava까지 내처 달렸다. 헝가리
와의 국경에서 브라티슬라바까지의 거리는 15km가 채 되지 않았다. 오스
트리아 국경과는 아예 붙어 있었다. 수도가 이토록 국경과 가깝게 있는
경우를 본 적이 없던 것 같다.

브라티슬라바라는 도시 명은 10세기경 이곳을 다스렸던 보헤미아
Bohemia의 동명의 왕의 이름에서 유래하였다고 한다. 한때 헝가리의 수
도이기도 했던 이곳은 그러나 20세기 이후 질곡의 역사를 걸었다. 1918
년 체코와 슬로바키아가 강제로 병합되자 브라티슬라바는 체코슬로바키

아Czechoslovakia의 일개 도시로 전락했다. 그리고 1992년 슬로바키아 독립과 함께 다시금 수도의 지위를 회복하게 되지만 이 기간 동안 체코 지역 위주로 투자와 발전이 이뤄진 탓에 슬로바키아와 브라티슬라바의 성장은 더딜 수밖에 없었다. 슬로바키아는 현재까지도 유로 지역 국가 중 가장 생활 수준이 낮은 국가이다.

도시에 도착한 우리는 하룻밤을 자고 이튿날 도심으로 나섰다. 이날은 모처럼 종일 날씨가 좋았다. 아침에 눈을 떠 블라인드를 세웠을 때 그 새로 드는 파란 하늘을 보고 어찌나 기쁘던지, 찬 공기 속으로 퍼지는 하얀 입김이 선명했다.

브라티슬라바는 인구가 채 50만 명이 되지 않는 도시였다. 그래선지 신시가지 상점가에는 햇살이 끝내주는 휴일임에도 불구하고 인적이 드물었다. 어디론가 바삐 걸음을 하는 사람들만이 서리가 내린 보도 위로 빠르게 지나갔다. 모두가 학교나 일터에 나간 시각, 모종의 핑계로 일탈의 자유를 얻어 홀로 거리를 나섰을 때처럼 괜스레 마음이 설렜다. 날씨가 좋으니까 아무래도 다 좋았다. 겨울은 웃는 얼굴로 다가왔다.

처음으로 들른 곳은 은행이었다. 우선 은행에서 유로 화폐를 인출했다. 앞으로는 쭉 한 가지 화폐를 이용할 테니 좀 넉넉하게, '돈이 생기면 쓸 데가 반드시 생긴다.'는 말처럼 마침 바이크샵에 방문할 일이 있었다. 슬로바키아 영토에 들어서자 날씨가 한층 사나워졌다. 마른기침을 유발하는 괴팍한 찬바람이 사방에서 불어왔다. 날카롭고 묵직한 바람이었다. 장갑을 끼고 있어도 손이 너무 시려 아예 두툼한 장갑을 구입 할 요량이었다. 더 겨울이 깊어지기 전에, 더 물가가 비싸지기 전에, 이럴 줄 알았으면 세르비아에서 아예 스키용 장갑을 살 걸 그랬나. 후회는 항상 늦다.

희동은 희동대로 볼 일이 있었다. 세르비아에서 고쳤던 바퀴가 이번에도 말썽이었다. 즉석에서 정비법을 익혀가며 나름대로 잘 고쳤다고 생각했는데 주행을 할수록 바퀴는 자꾸 어긋났다. 근본적인 원인은 바퀴살에 있었다. 당시 직원이 돌팔이 정비를 한 것도 모자라 구매할 때부터 번들로 장착되어 있던 바퀴살 몇 개를 몰래 바꿔 놓았다. 아무리 교정을 해도 바퀴가 자꾸 뒤틀리던 원인이 거기에 있다고 판단한 우리는 아무래도 전문가에게 정확한 진단과 처방을 받아야겠다고 생각했다.

우리는 일단 눈에 띄는 레저 스포츠용품점을 몇 군데 들렀다가 그곳 점주들의 추천을 받아 '그린 바이크Green bike'라는 곳을 찾아갔다. 1층은 카페가, 지하에는 서비스부스와 용품 코너가 운영되고 있었다. 자전거 카페라면 말로만 들어봤지 실제로 보기는 처음이었다. 깔끔한 외관의 1층만 보고 '여기 어딘가에 과연 자전거 판매장이 있을까?' 의구심이 들기도 했다. 자전거를 즐기는 이들이 부쩍 늘어난 요즘은 그런 구조를 갖춘 상점을 쉽게 찾아볼 수 있지만, 당시만 해도 그런 트렌드가 자못 참신해 보였다.

지하로 내려가 우선 희동의 자전거를 맡기고 용품들을 둘러봤다. 장갑 진열장에는 우리가 꼭 찾던 자전거용 겨울 장갑이 있었다. 끼웠을 때 안감이 손가락을 꽉 죄는 느낌이 든든했다. 방수 기능도 탑재되어 있다니 눈이 와도 바람이 불어도 이제 걱정 없겠다. 가격도 이해할 만한 수준이었다. 긴 고민 없이 장갑을 손에 넣고 내친김에 운동화도 사 볼 생각으로 진열장을 둘러봤다. 지금은 땀 배출이 쉽도록 구멍이 숭숭 뚫린 운동화를 신고 있으나, 더 추워지기 전에 일반 운동화를 준비할 필요가 있었다. 그런데 진열장에는 죄다 클릿 슈즈 일색이었다. 페달도 일반 페달이거니와, 발이 페달에 고정된 것이 답답하여 나는 클릿 슈즈를 선호하지 않았다. 그래서 다음으로 미뤘다. 체코쯤에서 다시 한 번 신발 판매장을 방문하기로 생각하고 장갑만 사 들고 나왔다. 그것으로 당장의 문제는 해결되었다.

진열된 용품들을 구경하는 사이 희동의 자전거 정비도 완료됐다. 세르비아에서 만났던 직원과 달리 이곳 직원은 정직했고, 솜씨가 좋았다. 기어이 바퀴살 몇 개를 교환해야 했지만, 그것으로 지금까지의 찝찝함과 언짢음을 떨쳐낼 수 있다면 아무래도 상관없었다. 자전거를 받은 희동이 기꺼워하는 표정을 짓자 나도 덩달아 기분이 좋았다. '더 이상의 고장은 없었으면'하고 바라며 새 바퀴살과 새로운 마음으로 올드 타운으로 향했다.

유럽을 지나며 가장 인상적이었던 점 중 하나는 도시마다 구시가지와 신시가지가 공존하고 있었다는 사실이었다. 오래된 건축물이 현대적인 건물들 사이에 미운 오리 새끼 마냥 덩그러니 있다면 얼마나 초라해 보이는지 모른다. 그러나 유럽 대부분 도시에는 구시가지를 그대로 보존하며 신시가지를 건설하는 방향으로 발전이 이루어진 듯했다. 그런 도시에서 관광객들은 신시가지의 화려한 네온사인 아래서 현대적인 일탈을 즐길 수도 있으며, 구시가지의 고풍스러운 건물들 사이를 걸으며 중세로의 시간 여행을 떠날 수도 있었다.

작은 마을처럼 도시 속에 폭 담겨 계승되고 있는 구시가지에서는 어쩐지 과하게 찬란하고 지나치게 분명한 현대적인 삶에서 잠시 멀어질 수 있

다는 점이 특히나 매력적이었다. 브라티슬라바는 도시의 규모만큼이나 올드 타운의 면적도 아담했다. 어느 곳에 있든 미하일 성문의 높은 첨탑이 보였고, 모든 길은 흘라브네 나메스티에Hlavne namestie 광장으로 통했다.

브라티슬라바 구시가지에는 유난히 좁은 골목들이 많았다. 그리고 그 골목을 만드는 것은 어찌 보면 초라하기까지 한 오래되고 낡은 건물들이었다. 다른 도시처럼 화려하진 않았지만, 오히려 그곳에는 자연스러운 맛이 있었고 거리마다 예스러운 분위기가 흘렀다.

조용하던 신시가지와는 달리 올드 타운에서 사람들은 복작거리며 생기를 불러일으키고 있었다. 사람들 웅성거리는 소리에 귀 기울이며 미로처럼 얽힌 소로를 따라가자 작은 광장이 하나 나왔다. 12월 초하루, 그곳에서는 축제가 한창이었다. 사람들이 다 어디에 있나 했더니 그곳에 있었다. 앙증맞게 생긴 통나무 노점들과 그 앞을 지나는 사람들로 광장은 장날의 시장통처럼 발 디딜 틈 없이 붐볐다. 사람들은 저마다 한 손에 먹음직스러운 음식들을 들고 있었다. 온갖 맛있는 냄새가 후각을 자극했다.

정교하게 만든 수공예품이나 손때가 묻은 헌책을 파는 상인들도 있었다. 공연을 보지는 못했지만, 광장 한쪽에는 작은 무대가 설치되어 구색을 갖추고 있었다. 호감이 가는 물건을 찾느라 사람들의 눈동자는 바삐 움직였는데, 그럴수록 인파는 호수 위의 물결처럼 느릿느릿 움직였다. 커다란 나뭇가지 위에서는 알 전구들이 반짝거렸으며, 그 풍경 속으로 경쾌한 징글벨이 음표가 되어 날아다녔다. 브라티슬라바의 겨울이 그렇게 시작되고 있었다.

흥겨운 분위기 속에 있다가 숙소에 가려니 발이 떨어지지 않았다. 숙소는 그곳에서 8㎞가량 떨어진 교외의 산업단지에 있었다. 제일 싼 곳을 찾는다는 게 어쩌다 보니 근로자 숙소까지 가게 된 것인데, 구시가지에 있다가 다시 가야 할 생각을 하자 맥이 탁 풀렸다. 조금 더 그 분위기에 섞여 있으면 좋을 텐데. 장터에 있으니 내가 살던 여주 5일 장 생각도 나고 하는 걸 보면 겨울은 아무래도 그리운 것들이 더 그리워지는 계절인가보다.

가는 길에 한국산 즉석식품을 파는 식료품점 '아리랑'에 들러 아쉬움을 달랬다. 삼양라면, 안성탕면, 짜파게티, 간짬뽕을 종류별로 세 봉씩 샀다. 내심 아쉬웠던 오뚜기 후추도 함께, 우리가 그것들을 계산대에 올리자 한국인 사장은 계산을 마치고 스팸 한 캔을 서비스로 주었다. 가격이 비싸서 살 생각지도 못하고 있었는데 뜻밖의 배려가 고마웠다.

"중국에서는 끼니마다 이걸 숟가락으로 퍼먹었는데, 이게 이렇게 귀하게 될지 누가 알았겠느냐?" 상점을 나서며 희동이 말했다.

그러게 말이다. 어디 스팸만 그런가, 라면도 김치도, 쌀밥도 마찬가지…. 무엇보다 향수 돋는 날은 소주 한 병이 그렇게 그리울 수가 없다. 숙소에서 들어간 우리는 샤워 후 곧바로 간짬뽕 세 봉을 끓는 물에 투하했다. 그리고 3분 후 희동과 나는 전역을 딱 2개월 정도 앞둔 병장처럼 깔깔이를 입고 식탁 의자에 앉아 게 눈 감추듯 면발을 해치웠다. 그리고 다시 허기가 지기 전에 유두에 남은 매콤한 맛의 잔상이 사라지기 전에 서둘러 잠자리에 들었다.

12월 3일, 9번째 나라 오스트리아로 향했다. 슬로바키아의 수도 브라티슬라바에서 오스트리아의 수도 비엔나Vienna까지의 거리는 어림잡아 80㎞ 정도. 한 나라라고 해도 믿어질 만큼 가까운 거리였다.

브라티슬라바에서 나와 10㎞ 정도를 가자 국경이었다. 역시나 셴겐조약에 조인한 국가 간의 국경이기 때문에 별다른 요식절차 없이 국경을 넘을 수 있었다. 가만히 생각해보면 일국의 수도가 국경에 인접해 있다는 것은 군사적으로 굉장히 위험한 일이다. 그럼에도 불구하고 양국의 수도가 별 탈 없이 수도의 지위를 유지하고 있다는 사실은 이들 국가가 끈끈한 유대관계로 이어져 있음을 방증했다.

비교적 짧은 거리였기 때문에 금세 도착할 수 있겠거니 예상했지만, 개황이 영 좋지 않았다. 건물이 밀집한 도심을 벗어나자 북서쪽으로부터 세차게 바람이 불었다. 역풍이었다. 언제고 쉬운 구간이야 없었지만, 그

날 역시 만만치 않은 하루가 될 것임을 우리는 예감할 수 있었다. 한편 지상으로 내려온 바람이 그렇게 진로를 방해하고 있는 사이 높은 곳에서 부는 바람은 빠르게 구름을 몰고 다니고 있었다. 한나절 동안 날씨가 몇 번이나 바뀌었는지 모르겠다. 하늘은 낮달이 보일 정도로 시리도록 푸르다가도 어느 순간 표정을 바꾸고 금방이라도 비를 뿌릴 듯이 먹구름으로 가득 차곤 했다.

오후 2시부터는 기어이 최악의 상황이 벌어졌다. 어처구니없게도 우박이 쏟아지기 시작한 것이다. 놀이동산에서 사 먹던 구슬 아이스크림만한 작은 알갱이들이 꼭 비처럼 쏟아졌다. 강풍에 자전거는 휘청거리지, 차들은 또 뭐가 급하다고 그렇게 위태롭게 자전거 옆을 지나가는지. 직선 주행을 하려면 눈을 떠야 하는데, 그 얼음인지 눈인지 비인지 모를 것이 자꾸만 따갑게 눈을 찔러대는 것이었다. '이런 상황에는 아마 우주복을 입어도 추위가 느껴지지 않을까?'하고 생각했다. 아니 오히려 그 추위 때문에 동결된 형태로 내린 덕에 옷이 젖지 않은 것을 고마워해야 할까?

눈에 뵈는 것이 없는 상태에서 정말이지 정신 줄을 놓고 달렸다. 그저 직진만 하면 비엔나까지 도착할 수 있기 때문에 지도를 볼 일이 없었던 것은 불행 중 다행이었지만 도시 중심지에 도착해서도 숙소까지는 12㎞를 더 가야 했다. 따라서 선망하던 도시 중 한 곳에 도착하고 나서도 당장은 숙소까지 이어진 도심속 도로를 돌파하는 것이 급선무였다.

2012년 당시 오스트리아의 1인당 GDP는 우리나라보다 두 배 가량 높았다. 그런데 PPP 기준으로 따지면 그 수준이 대동소이했는데, 이는 곧 물가 또한 두 배 가량 비쌀 것이라는 점을 의미했다. 더군다나 그때까지 지나왔던 나라들이 물가가 저렴했던 것을 비교해보면 체감하는 물가의 차이는 더욱 현격했다. 그런 상황에서 프라이빗 룸Private Room은 사치였다. 다소 먼 거리에 있는 호스텔을 예약한 것이 바로 그 때문이었다.

몇 달째 매일 새롭고 낯선 세계를 만나고 있지만 낯선 사람들과 함께 같은 공간을 공유하는 일은 좀처럼 적응이 되지 않았다. 여행 중 호스텔을 몇 번 이용했지만, 그때마다 마음에 들지 않는 룸메이트를 만난 것이 가장 큰 이유였다. 고된 여정을 마치고 우리는 좀 정돈된 분위기에서 휴식을 취하고자 하였으나 함께 방을 쓰는 사람들은 여행의 즐거움에 고취되어 늘 왁자하게 파티를 벌였다. 어느 날은 그러던 중 한 사람이 방에서 소변을 본 경우도 있었다. 그럴 때면 분란을 일으키기 싫어 짐짓 자는체 하면서도 신경이 예민해져서 잠을 설치기 일쑤였다. 그런 이유로 호스텔을 이용하는 것이 썩 내키지 않았으나 서유럽에 진입하면 그마저도 적응해야지 싶었다. 가난한 여행자에겐 선택지가 별로 없었다.

호스텔까지는 도심에서 1번 국도를 타고 서쪽으로 이동하는 경로였다. 그동안 줄곧 신림천이나 청계천 정도 규모의 샛강이 이어졌다. 그 샛강을 사이에 두고 도로가 양편에 나 있는 형태였다. 거점 도시를 잇는 주 도로였기 때문에 차량이 많았지만 자전거 도로가 잘 되어 있었기 때문에 큰 어려움은 없었다. 비엔나에서는 생활 속에서 자전거를 이용하는 사람들이 많았다. 공용 자전거들도 구간 구간에 비치되어 있었다. 비엔나의 지도를 보면 도심이 상당히 복잡한 형태를 띠고 있는데, 자전거 이용자들에 대한 배려가 잘 되어있어 머무는 동안 위태로운 상황은 벌어지지 않았다.

호스텔 직원은 우리를 4인실에 배정해주었다. 방에 들어가자 2층 침대 2개가 놓여있었는데, 1층 두 자리에는 모두 사람이 머문 흔적들이 있었다. 그래서 우리는 자연스럽게 2층 두 자리를 사용하게 되었다. 자리를 확인하고 짐을 푸는 사이 방문이 열렸다. 진한 스킨 냄새를 풍기며 등장한 이는 점잖아 보이는 중년 남성이었다. 이런저런 이야기를 하며 우리는 그가 자녀와 함께 여행 중이라는 사실을 알 수 있었다. 우리와 함께 방을 쓸 사람들이 누구일지 걱정을 많이 했었는데 다행히 점잖은 사람들과 같이 방을 쓰게 돼서 한시름 놓았다.

12월 4일, 변덕스러운 날씨는 이튿날에도 계속되었다. 아니, 비엔나에 머무는 동안 죽 그랬다. 구시가지가 목전에 들어올 무렵 찬비가 내리는가 싶더니 서서히 옷을 적시기 시작했다. 지도를 확인할 겸, 짧은 휴식도 할 겸 해서 어느 중식당 처마 밑으로 몸을 피했다. 달리던 때는 몰랐는데 그곳에 서서 보니 내리는 눈비의 양이 간과할 만한 수준이 아니었다. 월동 준비를 하지 않은 발이 벌써 시렸다. 호스텔에서 나온 지 불과 한 시간여 만에 나는 구경이고 나발이고 그저 따듯한 이불 속으로 다시 돌아가고 싶은 심정이 되었다.

눈비도 피할 겸, 어디서 몸 좀 녹였으면 싶어 아무 식당이나 들어갔다. 하필이면 태국 음식을 전문으로 하는 곳이었다. 메뉴를 보아도 뭐가 뭔지 알 수가 없어 그나마 익숙한 카레 밥을 주문했다. 가져다준 음식은 입맛에 맞았다. 그러나 빗줄기는 거세지면 거세졌지 수그러들 기미가 보이지 않았다.

열의보단 의무감으로, 꾸역꾸역 달려 벨베데레 궁전Schloss Belvedere 근처에 도착했다. 세부적인 루트를 확인하기 위해 장갑을 벗어 휴대폰을 손에 쥐었는데, 그러고 조금만 있자니 견딜 수 없이 손이 시렸다. 막막하게도 눈은 그칠 줄 모르고 계속 쏟아졌다. 기어이 나는 돌아가자는 의견을 입 밖으로 꺼냈다.

한참을 망설였다. 웬만하면 버텨보려고 했다. 한두 걸음도 아니고 12㎞였다. 이대로 돌아가면 24㎞를 허탕 치는 셈이었다. 그래서 몸은 얼른 따듯한 숙소로 돌아가자고 아우성을 치는데, 마음만은 어쩌지를 못해 우리는 그 자리에서 몇 번이고 결정을 번복 해야만 했다. 익숙한 서울이었다면, 은행이던 지하철 역사던 투어 중간에 거리낌 없이 몸을 녹일 수 있는 곳이 있지만, 이 땅에서는 머무는 숙소가 아닌 이상에야 추위를 피할 수 있는 공간이 단 한 뼘도 없다는 사실이 어깨를 더 움츠러들게 하였다. 결국은 마음을 굳히고 길을 되돌아오고야 말았다.

결국, 추위에 무릎 꿇고 만 것이다. 패잔병처럼 돌아오는 길은 그래서 마음이 아주 언짢았다. 브라티슬라바, 부쿠레슈티 등과 같이 이름도 생소하여 여행 준비단계에서 아예 생각지도 않았던 도시들과는 달리, 이곳 비엔나는 꼭 보고 싶은 곳 중 하나였는데, 취하려 하니 육신이 고통스럽고, 버리려 하면 그 이상으로 정신이 괴로웠다.

12월 5일, 전날보다는 다행히 날이 많이 푹 해졌음을 얄궂게도 아침부터 내리는 가랑비를 통해 느낄 수 있었다. 있는 옷가지들을 총 집합시켜 중무장했으나, 여전히 비가 부담스럽기는 마찬가지였다. 허나 더 지체할 여유가 없었다. 이미 4박을 예약해놓은 숙소를 여기서 더 연장하게 되면 다음 일정이 빡빡해질 터였다. 비만 제외하면 기온도 이만하면 괜찮고, 이 동네 날씨가 워낙 변덕이 심하니 일단 시내에 도착하면 좋은 조건을 기대할 수 있지 않을까 희망을 품었다.

주행 40여 분간 계속해서 내리던 비는 마치 우리가 벨베데레 궁전까지 도착하기만을 기다렸다는 듯이 입구에 다다르자 잠잠해졌다. 구름 뒤편으로 언뜻 해가 비치는 것 같기도 했다. 무엇보다 그 빗속을 달리고도 발이 시리지 않아 다행이었다. 자전거를 입구에 묶어두고. 잠시 걷기로 했다.

궁전은 각각 상궁과 하궁의 두 채로 이루어져 있는데, 그 둘 사이에 정원이 있었다. 연병장보다 커 보이는 면적의 정원 안에 짜여진 설계대로 고스란히 옮겨진 자연물들은 그 자체로 하나의 작품이었다. 꾸미지 않은 무위적인 자연관에 익숙해 있던 나는 사람의 손에 의해 재구성된 정원도 이렇게 예술적일 수 있구나 확인하니 새삼 놀라웠다. '정말 팔자 좋았겠구나.' 어느 공작의 소유였다는 궁전, 그의 권세가 보통이 아니었나 보다. 높은 곳에서 그 전경을 보고 있노라면 그 권세가 다 내게로 오는 것만 같았다. 당대 귀족들은 매일 같이 이 정원을 굽어보며 권세를 유지 하고자 각오를 다졌던 것은 아닐까.

다음으로 간 비엔나의 역사 지구는 강에 인접한 다각형의 순환도로 내에 자리하고 있었다. 지금은 자동차가 다니는 그 순환도로 자리가 저 옛날에는 성벽이 둘러쳐 있던 곳이라고 한다. 다음 장소들로 이동할 때 우리는 '링'이라 불리는 이 순환도로를 타고 이동했는데, 붐비는 시가지에는 자전거 이외에도 갖가지 수단들이 시민들을 실어 나르고 있었다. 사람들이 흔히 유럽이라는 단어에서 연상해 내는 이미지, 그 분위기를 만드는 요소 중에 하나가 바로 이 대중교통이 아닐까. 실제 유럽에는 택시나 지하철, 버스와 같은 보편화된 대중교통뿐만 아니라, 트렘 전차나 특장 버스, 지상 전철 등 우리나라에서는 생소한 다양한 운송 수단들이 운영되고 있었다. 그러한 다채로운 탈것들이 도시의 볼거리를 더 풍부하게 만들고 있는 것처럼 보였다.

다음 우리는 그 내부로 들어가 비엔나의 지리적인 중심이라는 스테판 성당을 찾아가 고딕양식의 정수를 확인했고, 역사지구를 두른 성벽 중앙의 대문 앞 광장에서 중심지 투어를 마무리했다. 역사지구 근방에서 필수요소로 밑줄 그어 두었던 지점들은 그럭저럭 다 돌아본 셈이었다. 어쩐

지 숙제를 하는 기분이었지만, 최소한 '그걸 봤어야 했는데!' 하면서 후회할 일은 없었다.

　시간 가는 줄 모르고 있다 보니 해 질 무렵이 다 되었다. 마지막 남은 쇤브룬 궁전Schönbrunn Palace까지 한달음에 달려도 해 지기 전에 도착하기를 장담하기 힘들었다. 바짝 고삐를 조여야 한다. 그런데 당장 눈앞에 시청사의 높은 첨탑이 보이는데 그걸 두고 그냥 가자니 속이 쓰리다. 겨우 뿌리친 후 단단히 결심하고 달리다 보면 옆에서 오페라 하우스가 보이고, 또 으리으리한 교회들이 발목을 잡았다. 다른 지역에 있었다면 하나같이 그 도시의 랜드 마크 역할을 하기에도 손색이 없는 건물들이었다. 그래서 못 이기는 척 몇 번 발목을 잡히고 나니 쇤브룬 궁전에 도착했을 때는 이미 노을이 지고 있었다. 하여 그
아름답다는 정원의 전경은 결국
놓쳐버리고 말았지만 어스름한
저녁 하늘 아래서 이제 막 조명을
밝힌 궁전의 전경을 보고 그런 아
쉬움을 잠시 잊었다.

　쇤브룬 궁전은 1년 내내 관광객이 끊이지 않는다는 비엔나에서도 최고
의 명소로 손꼽히는 곳이다. 이를 증명이라도 하듯 정면에서 바라보는 궁
전의 웅장한 자태, 조명을 받아 더 화려하게 빛나는 그 모습은 물론 이
도시의 어느 건물도 흉내 내지 못할 아우라를 지니고 있었다. 그래서 광
장을 가로질러 비로소 그 바로 앞까지 도달할 때까지 우리는 몇 번이고 멈
춰 서서 다시금 카메라 앵글을 다잡곤 했다. 그러나 그보다 더 좋았던 것
은 광장을 메운 인파가 내는 분위기였다. 중심에 우뚝 선 크리스마스트리
가 이미 3주를 앞당겨 그 날을 기리고 있었으며, 둘레로는 예의 그 소 상
점들이 진을 쳤다. 그곳에는 교황 복장을 한 광대를 따라 캐럴을 합창하
는 아이들이, 또 이를 보고 아이들보다 더 즐거워하는 어른들이 있었다.
　그렇게 반은 호기심으로, 반은 의무감으로 비엔나 이곳저곳을 돌아본
후 다시금 거세게 내리치는 빗발을 뚫고 우리는 숙소로 돌아왔다. 돌아와
서 보니 밝을 때 쇤브룬 궁전 가지 못했던 것에 못내 미련이 생기더란 말
이다. 그 와중에 아래층 침대에 누워있던 희동은 건축학도로서 반드시 보
고 와야 하는 작품이 생겼다고 내일 꼭 봐야 직성이 풀리겠단다. 이래저래

둘 다 아쉽기는 마찬가지였다. 어찌해야 할지 몰랐다. 날씨가 어떨지도 모르겠고, 한 번 더 갔다 온다고 해서 아쉬움이 줄어들지 확신할 수도 없고. 따뜻한 침대에 누워있으니 만사가 귀찮았다. 그래서 내심은 다음 날 아침 기온이 무섭게 떨어져 속 시원히 도시 나들이를 포기할 수 있기를 바랐다.

저녁을 먹고 2층 침대 위에서 이불을 두르고 앉아 넷북으로 이런저런 정보를 찾아보고 있을 때, 창밖으로 눈이 내리기 시작했다. 솜털 같은 눈송이들이 마치 비밀을 속삭이듯이 숨을 죽인 채 지상에 내려앉고 있었다. 겨울밤의 그 아름다운 풍경에 나는 마냥 기뻐하지도, 마냥 아쉬워하지도 못한 채 그저 멍하니 그 모습을 바라보고만 있었다.

이튿날 희동은 기어이 혼자 나가 보고 싶은 것들을 종일 보고 왔다. 나는 전날 가보지 못했던 쇤브룬 궁전의 정원에서 오전 나절을 보내고 일찍 숙소로 들어왔다. 지금 생각하면 참 바보 같은 짓이었다. 시간이 허락하는 한 부지런히 무언가를 하지 않은 그 사실 자체를 후회한다. 나는 더 적극적으로 추위를 물리칠 생각을 하고, 더 적극적으로 도시 속으로 파고들어야 했다. 그랬다면 지금과 같은 후회는 없었을 텐데…. 그때는 하루하루가 새로웠기에 새로움을 접하는 그 행위 자체가 무덤덤해져 있던 것이 아닐까 싶다. 지금 절실하게 느끼듯이, 살면서 다시 가기 힘든 곳임을 당시에도 인지했더라면 좋았을 텐데… 비엔나를 떠올리면 아쉬움부터 앞선다. 그 외에는 기억나는 것이 별로 없다.

겨울왕국의 이방인들, 체코 _브르노에서 프라하까지

비엔나를 나서 국경도시 이흘라바Jihlava를 경유 한 후 12월 8일 체코Czech 제2의 도시 브르노Brno에 안착했다. 비엔나를 나서자 거짓말처럼 날씨가 맑아졌다. 겨울의 햇살은 그 어느 때보다 반가워 이틀 동안은 기분 좋게 길을 달릴 수 있었다.

바람은 여전히 매서웠다. 인중 바로 아래까지 끌어 올린 버프가 입김에 젖어 하얗게 얼어붙고, 모자챙 아래로 파고드는 한기에 이마까지 시렸다. 동계근무 중에 차고 딱딱한 방탄모가 이마와 닿는 기분이랄까. 예보를 보니 그로부터 약 한 주 정도가 체코에서도 유난히 추운 기간에 속한다고 했다.

아니나 다를까 브르노에 도착한 바로 다음 날 밤부터 눈이 내리기 시작했다. 체코는 높은 산맥에 둘러싸인 국가이기 때문에 우리나라처럼 산

지가 많고 평균 고도가 높았다. 이곳에서의 추위에 비하면 비엔나는 오히려 애교였다. 바람, 추위, 이제는 눈과의 싸움이라니. 한 번 내리기 시작한 눈은 그칠 줄을 몰랐다. 2~30㎝는 예사였다. 괜히 동계스포츠 강국이 아니었다.

더 늦기 전에 새 신발을 구매했다. 중심지까지 나갈 각오로 자전거를 타고 가다가 노면이 미끄러워 도저히 안 되겠다 싶어 방향을 돌리려던 찰나, 운도 좋지. 스포츠용품점이 숙소 근처에 바로 있었다. 그래도 차도 변에서 인도를 지나 매장 안까지 들어가는 그 짧은 시간에 이미 양말이 다 젖었다. 멀리까지 가지 않아도 되어서 다행이었다. 기왕 사는 김에 오래 신을 요량으로 디자인도 봐가며 요모조모 훑어보다가 적당한 놈으로 하나 골랐다. 방한을 최우선으로 생각했기 때문에 결국 고른 것은 겨울 등산화였다. 조금 불편하더라도 시린 것보다는 나았다.

한편 발만큼이나 혹사당하던 부위가 바로 귀를 포함한 얼굴이었다. 매장 오기 전에는 군밤 모자를 사야 하나 아니면 털모자와 귀마개를 따로 사야 하나 고민하고 있었다. 그런데 매장 안에 우리 상황에 딱 맞는

아이템이 있었다. 모자와 버프가 일체형, 그러니까 얼굴을 다 뒤덮는 형국에 눈 부위만 가로로 홈이 나 있는 물건이었다. 신발하고 그 용품 두 개를 사니 대략 15만 원 정도. 출혈이 컸으나 마음만은 든든했다. 어디든 밟을 수 있는 몸이 됐다.

그러나 눈이 수북이 쌓인 길을 자전거로 달리는 것은 또 다른 문제였다. 자동차조차 고전하는 길 위에 서는 것은 '좋고, 싫고'의 문제가 아니라 '할 수 있고, 없고'의 문제였다. 비엔나를 나서던 날 제설 작업이 되지 않은 천변의 자전거 도로를 달리며 우리는 족히 대 여섯 번은 넘어진 경험이 있었다. 그때 눈의 두께가 채 5㎝가 되지 않았었다.

설상가상으로 희동은 그즈음 심한 몸살을 앓고 있었다. '프라하까지 가는 중간에 어차피 볼 것도 없을 텐데 대중교통 한 번 이용해?' 혼자서

고심하는데 대뜸 희동이 버스 얘기를 꺼낸다. 이럴 때 보면 죽이 참 잘 맞는다. 그래서 버스를 알아보러 시내로 나갔다. 그러나 예매에는 실패했다. 자전거 싣고 가려면 비행기를 탈 때처럼 포장할 박스가 필요하다는 이유에서였다. 그 밤 브르노 중앙 광장에서는 눈이 참으로 아름답게도 내렸다. 누가 말했듯이 마치 빛의 조각들처럼. 저마다 낭만에 들떠 광장을 가득 메운 인파 속에서 우리는 상대적으로 더 우울해져 갔다. 그리고 우리 둘이 만들어 낼 수 있는 동력이 이제 거의 바닥나고 있음을 느끼기도 했다. 자포자기한 심정으로 '무려' 3,500원짜리 저녁을 사 먹고 숙소로 돌아왔다. 내일 체크아웃 날인데 과연 나갈 수 있을까. 걱정이 꼬리에 꼬리를 물었다.

12월 11일, 마음이 조급하여 아침 일찍 눈이 떠졌다. 일출에 맞춰 숙소를 나섰다. 그제부터 꽤 많은 눈이 내린 상황치고는 아침 차량의 소통이 비교적 원활했다. 일찌감치 염화칼슘을 이용한 제설작업을 진행했는지 도로 위의 눈은 많이 녹아 있었다. 그러나 그 반고체 상태의, 이를테면 슬러시 형태의 눈이 산재해 있는 상황이 오히려 자전거 이용자에게는 더한 장애물이었다. 녹은 눈이 바퀴 표면에 붙어 돌면서 점차 흙받기와 바퀴 사이 틈을 메우기 시작했다. 그러고는 얼어붙고, 그 위로 또 다른 눈 뭉치가 쌓였다. 페달 질 한 번에 평소보다 서너 배로 힘이 들 만큼 정도가 아주 심각했다. 털어내고 털어내도 눈은 계속 엉겨 붙었다. 그러기를 몇 번, 두 시간여 만에 겨우겨우 브르노 경계를 벗어나 처음으로 제대로 된 휴식을 취했다. 그리고는 그때까지 달린 주행 거리를 확인했는데, 충격적이었다. 15㎞. 평속이 채 10㎞/h에도 못 미치고 있었다.

느닷없이 루돌프나 올라프가 튀어나와 말을 걸어도 이상하지 않은 새하얀 눈 속에서 우리는 기를 쓰고 페달을 밟았다. 거창한 다른 이유가 아니라, 단지 이 이외에는 가능한 다른 수단이 없기 때문이었다.

'이 꼴로 히치하이킹이 되겠느냐? 버스를 타겠느냐?'

그런데 그 즈음하여 기적처럼 노면 상황이 양호한 구간이 나타났다. '오늘 내에 도착할 수나 있을까?'에서 '그래도 가는 데까지는 가보자.'로, 얼마 후에는 '6시 전까지는 도착하겠는데.'가 되더니 급기야 '잘하면 다섯 시 이내로도 가능하겠다.'고 희망에 부풀어 있던 때였다. 그때가 3시 30분경, 희망을 품은 채 주요 국도를 벗어나 목적지까지 난 지방도로 진입했다. 그리고 지구는 멸망했다.

'차가 다니지 않아 제설작업을 하지 않은 것일까? 혹은 제설작업이 되지 않아 차가 없는 것일까?' 무엇이 순서인지는 모르겠으나 그 길엔 제설작업의 흔적도, 지나는 차량도 보이지 않았다. 승용차나 트랙터 따위가 기껏해야 두어 번 밟았으려나? 차라리 생눈이 낫지, 초입에는 그럭저럭 자전거를 탄 채 들어갔으나 결국 중간에 멈춰 서서 자전거를 끌고 갈 수밖에 없는 도로가 우리 앞에 끝도 없이 이어졌다.

도중에 궁둥짝을 한껏 치켜든 채 논두렁에 코를 처박고 있는 승용차를 보기도 했다. 누군가의 도움을 받았는지 그 차는 얼마 후 우리를 추월하여 저만치 앞서갔는데, 30여 분 정도를 더 가자 또 한 차량이 논두렁을 향해 돌진한 모습을 목격할 수 있었다. 그런데 엉덩이가 어쩐지 익숙했다. 자세히 보니 방금 우리를 지나간 그 차가 같은 실수를 반복한 것이었다. 눈이 많은 나라에서나 볼 수 있는 황당한 일이었다.

김광석의 '일어나' 라던가 강산에의 '거꾸로 강을 거슬러 오르는 저 힘찬 연어들처럼', 혹은 '전우' 등의 노래를, 고개를 처박은 채 끊임없이 머릿속으로 되뇌었다. 도저히 끝나지 않을 것 같은 밤에 그마저도 하지 않으면 저 앞의 암막처럼 정신이 나가 버릴 지경이었다. 지금에야 이리 장난스럽게 말할 수 있지만, 당시엔 정말이지 물러설 수도 멈출 수도 없는 처절한 상황이었다.

그렇게 타고 걷기를 장장 세 시간여 만에 우리는 목적했던 숙소에 도착했다. 저녁 7시였다. 여름이었으면 7시가 그리 늦은 시각은 아닐 테지만 그 날 밤 최악의 길에서 어둠이 주는 부담감은 상상 이상이었다.

정신이 반 공황 상태가 되니까 몸이 곱절로 피곤했다. 긴장에 짓눌려 있던 감각이 저마다 아우성쳤다. 딱딱한 새 신발 속에서 장시간 웅크리고 있었을 발이, 셀 수 없이 많은 고개를 넘으며 터질 것 같던 허벅지가, 어느 때보다 핸들을 꽉 움켜쥐느라 온종일 힘을 줘야 했던 어깨와 팔이, 그리고 브레이크를 끊어 잡기 위해 사력을 다하던 손과 손목 부위가… 결코, 끝나지 않을 것만 같던 절망의 시간도 과거가 되고 물리적인 고통만이 남아서 몇 시간 전의 일을 떠올리게 했다. 어지간히 피곤했는지 희동은 침대에 눕자마자 생전 안 하던 코골이를 시작했다. 그래도 그런 날은 주행을 마친 후 마음이 얼마나 뿌듯한지 모른다. 우리는 이후로도 항상 최악의 상황을 생각하며 주행에 임했지만, 그렇다고 전처럼 불가능을 생각하지는 않게 되었다.

12월 12일, 다음날이 되니 아스팔트 위의 눈은 다행히 다 녹아 있었다. 그러나 길을 제외한 지상의 모든 곳 들은 여전했다. 하늘은 전날과 같이 화창했고, 간간이 부는 바람만 높은 솔가지들을 흔들어 장난스럽게 눈가루를 흩뿌리고 있었다. 전날만 해도 그런 풍경들이 위압적으로 다가왔었는데, 하루 동안 눈과 씨름하는 동안 미운 정, 고운 정이 다 들었는지 설원의 모습이 그렇게 평화로워 보일 수가 없었다.

어릴 적 살던 시골 마을에는 비탈진 옥수수밭이 있었다. 여름내 무성하게 자라던 것들은 추수가 끝남과 동시에 뭉텅뭉텅 잘려나가고, 이후로는 삭막하게 밑 둥 밖에 남지 않았다. 그리고 아무도 찾지 않는 그 밭의 뒤편 언덕으로 매일매일 쓸쓸하게 겨울 해가 저물곤 했다.

그러나 겨울이 깊어가고 작은 마을 여기저기에 으깬 연탄재가 뿌려질

무렵 밭은 다시 활기를 찾았다. 눈. 꼭 지금 여기만큼 많은 눈이 내릴 때 어른들은 구루마를 끌며 눈을 치우고, 그 사이 아이들은 비료 포대에 넉넉히 볏단을 담아 밭으로 올라갔다. 겨우내 아이들은 그때만을 기다렸다. 논둑을 씩씩하게 걷는 작은 발자국들, 저마다 상기된 볼에 연지 곤지 찍고 훌쩍거리면서도 추운 줄도 몰랐다.

그렇게 아무도 밟지 않은 우리만의 겨울 낙원에 오르면 온몸을 내던지며 반질반질하게 썰매 길을 냈다. 그러고는 몸에 묻은 눈 뭉치는 털 생각도 않고 냅다 비료 포대를 깔고 앉는 것이다. 질리지도 않았는지 겨우내 꼬마들은 그곳을 찾았다. 그늘진 땅에 한번 내린 눈은 쉽게 녹지 않았으니 한번 자리가 만들어지면 그곳은 오랫동안 겨울 놀이터가 돼주었다. 그

때에야 서울 애들이 다 뭐냐. 뉴요커도 부럽지 않았다.

체코에는 큰 도시가 많지 않았지만 우리네 시골 마을처럼 정겨운 동네가 많았다. 전날 밤새 눈이라도 내리면 아침 일찍 일어났을 때 티 없이 맑은 눈이 온 마을을 덮고 있는 모습을 볼 수 있었다. 그 흔한 발자국 하나 없이 온전한 모습으로 숨죽이고 있는 눈밭 위로 태양이 떠오르면 눈송이들은 생명을 얻은 것처럼 반짝거렸다. 그것은 동화 같기보다는 차라리 신화적이었다.

12월 14일, 이흘라바, 쿠트나호라Kutna Hora 등의 도시를 경유한 끝에 프라하에 도착했다. 그 즉시 우리는 갖고 있던 짐들을 재정비하는 시간을 가졌다. 여행을 시작하던 여름날 그 계절을 나기 위해서 갖고 다니던 물건중에는 겨울에 어울리지 않은 것들이 많았다. 지금 당장 필요 없으면서도 '혹시 모르니까'라는 단서 뒤에 숨어 애물단지가 된 수많은 장비에 대해서 대대적인 정리해고에 들어갔다. 값어치 없는 것은 그 자리에서 폐기하고, 값어치 있는 것은 갈무리하여 본국으로 송환할 계획이었다.

자전거 앞뒤 양쪽에 총 4개, 핸들 바 백, 랙 팩 그리고 백 팩과 힙 색까지 당시 보유하고 있는 가방만 해도 총 8개에 이르렀다. 정리의 기본 틀은 침낭, 텐트, 매트리스 등 캠핑용품과 이것들을 감싸고 있던 세 개의 가방과 힙 색을 고국으로 먼저 보내는 것이었다. 백만 원에 육박하는 고가품들이었다. 아깝지 않았다. 진작 결단을 내렸어야 했는데 무게도 많이 나가는 놈들을 미련하게 짊어지고 다녔다.

여행을 시작한 지 네 달을 꽉 채우고도 하루가 더 지난 날이었다. 그

기간에 한 번도 일어나지 않은 '혹시 모를 일'들이 얼마 남지 않은 여행기간 동안 일어날 리도 만무하며, 만에 하나 경우가 생겨도 현지 조달이 가능한 것들 이외의 필요 없는 물품들은 싹 쓰레기통에 처박았다. 간만에 모든 가방이 수줍게 속살을 내보였다. 그러고 보니 도대체 왜 여태 갖고 다녔는지 의뭉스러운 물건들이 자취를 드러낸다.

비상사태를 대비해 똥물이라도 빨아 마실 각오로 가져온 정수 알약, 모래벌판에서 살라딘의 후예가 될 꿈에 부풀어 샀던 군용 망원경, 김병만의 오마주가 담긴 부싯돌, 여차하면 자전거 하나를 만들어 버릴 정도로 풍부하게 갖췄던 예비 부품 등등, 지난 8월 제 나름대로는 제법 비장한 각오로 여행을 준비했던 한 겁쟁이의 모습이 눈에 떠올랐다. 하나하나 정 떼 가며 차분히 이별을 준비했다.

그러다 보니 마지막엔 그때까지 처우가 정해지지 않은 물건들만이 남았다. 당장 필요는 없는데 배송비를 고려하면 보내기도 껄끄럽고, 그렇다고 버리기는 아까운 그런 것들. 예컨대 이제는 단종된 법정 스님의 잠언집이라던가 군 생활의 추억이 고스란히 담긴 3만 원짜리 단음 하모니카 등이었다. 고상 떨어보고자 가져왔다는 점에서 공통점이 있다. 고민 끝에 안고 가기로 했다.

이후 이들을 포함한 필수 품목들을 남은 두 개의 가방에 재배치하였다. 짐이 반 이상 줄어든 셈이었다. 물론 배송이 차질 없이 진행된다면 말이다. 그리만 된다면 앞으로 자전거를 싣고 다른 교통편을 이용하는 일도 한층 수월해질 것이며, 이로써 마음의 짐도 좀 덜 수 있겠거니 싶었다.

이튿날 일어나자마자 구글 지도를 통해 물색해 둔 우체국과 바이크숍을 사전답사했다. 우체국을 찾는 이유는 EMS를 이용하기 위해서였으며, 바이크숍에서는 자전거 포장용 덮개와 관련이 있었다. 앞으로 몇 번 대중교통을 이용할 계획이었는데 그때 혹여나 있을지 모를 운송사의 요구에 부응하기 위해서였다. 어떤 식으로든 자전거를 밀봉해야 하는데 몽골서 비행기 탈 때처럼 박스에 싸려면 분해 조립해야 하고, 또 그 포장한 박스를 낑낑대며 옮겨야 하니 여간 골치 아픈 게 아니었다. 반면 포장용 덮개만 구매하면 자전거를 통째로 실을 수 있기 때문에 그런 수고를 하지 않아도 됐다. 그러니 여유 있을 때 미리미리 구해 둘 생각이었다. 다행히 숙소와 아주 가까운 곳에 우체국과 바이크숍이 있었다. 나중에 보니 미리 찾지 않아도 될 만큼 지천에 널린 게 우체국이고 자전거포였다. 일요일이기 때문에 당일 거래를 할 수 있을 거라는 기대는 하지 않았고, 중심가에 나가기에 앞서 그렇게 미리 확인만 해두었다.

  다음으로 향한 곳은 프라하Praha역이다. 고심 끝에, 진부한 표현이지

만 정말이지 고민 많이 했다, 프라하를 끝으로 2012년의 주행은 마무리하기로 했다. 다음 거점인 프랑크푸르트Frankfurt까지 열차를 이용할 계획이었다. 볼거리, 시간 조절, 지형, 독일Germany에서의 숙식비용, 날씨 등 모든 것을 고려했을 때 자전거를 타는 것보다 그편이 합리적일 것이라는 판단에서였다.

프라하 중앙역은 외견상 그리 세련되어 보이지는 않았다. 실내에 들어섰을 때 보이는 웬 돔형의 둥근 천장은 이곳이 역이라기보다는 오히려 오래된 사원이 아닌가 싶을 정도의 느낌을 들게 했다. 티켓 발권을 담당하는 창구는 지하에 있다고 들었다. 그 추레한 건물에 조금은 엉뚱하다 싶은 현대식 에스컬레이터를 타고 우리는 지하로 내려갔다. 1층은 아무래도 가짜였나 보다. 지상보다 훨씬 넓은 면적의 지하층 모습은 여느 신식 역사의 풍경과 다르지 않았다. 하긴, 중앙역치고는 왠지 이상하더라니, 프라하시가 옛 역사를 그대로 유지하고 있는 이유는 우리나라가 옛 서울역사를 보존하고 이유와 비슷하지 않을까?

표지를 따라 어렵지 않게 창구에 도달했다. 그런데 은행이나 관공서처럼 창구마다 업무 분야가 세분되어 어느 줄에 서야 할지 처음엔 감이 오지 않았다. 별수 없이 안내데스크로 쫄래쫄래 걸어 국제선 열차표 발권 창구를 안내받았다. 국제선 열차 관련 업무는 대략 서너 명의 직원이 각 부스에서 담당하고 있었다. 대기열은 한 줄 서기. 다소곳이 줄에 서 있다가 차례가 되어 빈 부스 앞에 갔다.

"안녕하세요. 프랑크푸르트르 가고 싶어요. 그리고 우리에게는 자전거가 있습니다."

하도 머릿속으로 생각하고 있던 터라 다행히 말을 더듬지는 않았다. 이에 대한 직원의 응답으로는 프라하에서 프랑크푸르트로 가는 열차는 하루에 네 번 운행 되는데, 그중 한 번만 직행이고, 나머지는 열차를 몇 번 환승 해야 했다. 전날 인터넷으로 예습한 정보와 일치했다. 계획한 대로 27일 저녁 6시에 떠나는 야간 직행 열차를 선택했다. 두 당 대략 20만 원이 깨졌다. 홈페이지에 나온 가격보다 다소 비싸다 싶었는데 알고 보니 부가가치세가 무려 20%나 붙었다. 좌우지간 표를 사는 데는 성공했다. 이마저도 자전거 때문에 혹시 실패할까 걱정했는데 문제가 생기진 않아 다행이었다.

이튿날은 종일 비가 내렸다. 프라하에 온 후 계속해서 비가 그칠 생각을 하지 않았다. 내리는 비에 발이 묶여 있다가 잠시 잠잠해진 틈을 타 우체국으로 향했다. 그동안 지겹게 붙어 있던 덩어리들을 떼어 보낼 차례였다. 창구에 줄을 서서 기다렸다가 직원에게 EMS를 이용하려는 의중을 밝혔다. 그리고는 포장 박스도 필요하다고 말했다. 우체국에서 박스를 구할 수 있다는 정보를 입수한 터라 짐들은 아직 포장 전이었다. 이에 직원은 먼저 배송용 스티커를 건네주고는, 창구 사무실 안 선반에 크기별로 진열된 규격 상자 중 어느 것을 선택하겠느냐며 물었다. 그런데 보여준 상자들은 하나같이 다 조막만 했다. 그래서 직원에게 재차 "다른 크기의 상자는 없나요?" 물으니 마지못해 어디서 너절한 상자를 가져오는데 그마저도 우리 둘 중 한 사람분의 짐만 들어갈 크기이다. 이를 어쩐다. 우리가 나라 잃은 표정을 하고 있자 직원은 "굳이 박스가 없어도 밀봉이 되면 택배를 이용할 수 있어요."라며 명쾌한 해결책을 제시해 주었다. 그리하여 양이 좀 더 많은 내 짐을 박스에 담기로 하고, 희동의 짐은 갖고 있던 랙 팩에 밀봉하기로 했다.

배송 스티커에 주소 기재를 마친 후 짐들을 테이핑했다. 그 해 초 경비를 마련하기 위해 물류센터에 출근하며 박스와 테이프 다루는 데에는 이골이 난 상태였다. 현란한(?) 테이핑을 신기한 듯 쳐다보는 체코인들의 시선을 받으며 사정없이 짐들을 봉했다. 그리고는 넉넉히 돈을 뽑아왔고, 바야흐로 긴장되는 계체량만이 남아 있었다. 그런데 젠장, 체중계 액정에 표시된 수치가 예상치를 훨씬 웃도는 게 아닌가. 두 명의 짐을 합쳐봐야 15kg 안팎이겠거니 싶었는데 각각 10kg가량의 무게이다. 똥 밟았다. 무게를 확인한 직후 앞서 수집한 정보를 토대로 얼마의 배송비가 나올까, 머리를 열심히 굴렸다. 그런데 다행인 것은 kg 당 배송비가 예상보다 저렴하다는 점이었다. 그리하여 10kg당 3,000코루나, 즉 각각 15만 원을 조금 웃도는 가격에 배송을 완료할 수 있었다. 속이 다 후련했다. 고집부리지 말고 진작 보낼 걸 그랬나 보다.

택배 배송 후에도 아직 다음 일정에 대한 마지막 준비가 남아 있었다. 프랑크푸르트에서 현지인의 집을 섭외하는 일이었다. '웜 샤워'와 '코치 서핑'이라는 여행자 커뮤니티가 있었다. 우리말로 정의를 내리자면 '숙박 네트워크'쯤 될까, 여행자들 사이에서는 이미 유명한 온라인 공동체였다. 각각 '온수 샤워'와 '소파'를 의미하고 있는 커뮤니티 명칭에서 모임의 성격을 대강 드러난다. 요컨대 돈 없고 백 없는 배낭 여행자들이 서로 무상으로 거처를 제공하고 제공받는 중개소쯤 되겠다. 이를 통해 여행자는 값비싼 숙박업소를 전전하지 않아도 되고, 또 호스트는 주로 외국인일 여행자를 자신의 집에 들임으로써 보람과 함께 다양한 문화를 체험할 수 있으니 이러한 상호 간의 요구가 맞아 두 커뮤니티는 현재 범세계적인 규모로까지 성장했다.

이처럼 좋은 시스템이 있음에도 지금까지는 이용할 기회를 잡지 못하고 있었다. 하루도 확신할 수 없는 자전거 여행의 특성상 쉽사리 호스트들과 약속을 할 수가 없었기 때문이다. 더욱이 기껏 재워 주려고 했더니만 피곤한 모습으로 와서는 고작 하루 머물고 가 버리는 여행자를 어느 호스트가 반기겠는가 말이다. 그러나 사정이 달라졌다. 운송 수단을 이용하기로 하였기 때문에 목표 도시 도착 날짜에 대한 불확실성이 제거되었고, 앞으로 경유 할 곳 모두 며칠을 두고 머무를 거점 도시들이기 때문에 호스트들이 꺼릴 만한 요인 또한 없었기 때문이다.

그리하여 국제선 기차표를 예매하는 즉시 우리는 프랑크푸르트에 사는 첫 호스트 섭외를 추진했다. 메일에 쓰인 글귀만 봐도 정이 뚝뚝 묻어 나는 독일 할아버지였다. 변고가 없는 한 2012년의 마지막은 그 할아버지의 댁에서 보내게 되겠거니 생각했다. 속물스럽게도 우리는 그에게 대접받을 풍족한 먹거리를 내심 상상하고 있었다.

프라하에서의 일정은 여유가 있었다. 프랑크푸르트로 가는 기차가 27일이니 자그마치 2주의 시간이 우리에게 주어져 있었다. 그처럼 긴 시간을 이곳에 머무르는 사정은 이러했다.

우리가 한국에서 본격적으로 여행 계획을 수립할 무렵 우리의 도전을

누구보다 응원하고 또 선망하던 친구가 있었다. 비록 동행하지는 못했지만, 그는 가족을 제외하고 인천항까지 우리를 배웅 나와 준 유일한 사람이었다. 우리가 동유럽을 한창 달리고 있을 무렵, 그는 학기가 끝난 후 우리의 여정에 동참하고 싶다는 연락을 해왔다. 그 소식은 힘겹게 겨울을 나고 있던 우리에게 천군만마를 얻은 듯한 기분을 들게 했다. 지면에 담지는 않았지만, 여정이 점점 힘들어질수록 희동과 나는 갈등을 빚는 일이 많았다. 그가 온다면 쓰러지기 일보 직전인 솥단지를 다시 견고하게 받칠 수 있을 것만 같았다.

학기가 끝나고 바로 왔다면 우리가 프라하에서 그리 긴 시간을 머무르지 않아도 되었겠지만, 그는 기어코 크리스마스를 한국에서 보내고 오겠다고 했다. 모태 신앙만큼이나 견고한 모태 솔로였던 그에게 여자친구가생겼다는 것이었다. 그래서 첫 번째 크리스마스를 꼭 그녀와 보내야겠다

고… 사랑 때문에 늦어진다는 데 별수야 있겠는가… 그러라고, 크리스마스가 지나면 프랑크푸르트에서 만나자고 일정을 조율했다.

그래서 프라하에 도착하여 느긋하게 제반 정리를 끝내고 일주일이 지난 20일이 되어서야 우리는 본격적인 투어에 나섰다.

국립박물관을 시작으로 구시가지 골목골목을 헤집고 다녔다. 발길이 이끄는 대로, 어디로 가야 할지 망설임이 생기면 사람들이 많이 다니는 쪽으로 경로를 잡았다. 그러다 보니 어느 순간 중앙광장, 또 거기서 멀지 않은 곳에 카를교Charles Bridge가 있었다. 그리고 다리를 지나서부터는 프라하 성Prague Castle을 가리키는 이정표를 따라 무수한 계단을 오르고, 그 언덕 위에 둥지를 튼 도시의 또 다른 면면을 눈으로 확인했다.

특별히 계획을 세워놓은 것은 아니었지만, 힘들게 올라왔으니 이참에 프라하 성에 머물며 야경이나 보고 가자고 의견을 모았다. 사위가 적당히 어두워지고 가로등이며 조명들이 켜지려면 아직 한참 기다려야 했다. 남는 시간 동안 레스토랑에서 몸이나 좀 녹여보자는 심산으로 적당한 곳을 찾아다녔다. 그러나 프라하 성 아래에 즐비하게 늘어선 음식점들은 약속이라도 한 듯 가격을 통해 폭리를 취하고 있었다. 우리나라보다 국민소득이 높지 않은 것으로 아는데 도대체 어떻게 가게들이 유지되고 있는지 모르겠다. 그래서 음식은 좀 부담되니 맥주나 한잔 하자고 가닥을 잡았다.

체코는 영토의 평균 해발고도가 400m가 넘는다. 그래서 그만큼 기압이 낮다고 한다. 이 때문에 체코인들은 혈압을 일정하게 유지하기 위해 맥주를 즐겨 마신다고 했다. 여러 나라를 지나며 확인해보니 각 국가에서 국민들이 많이 소비하는 품목들은 대체로 가격이 저렴했다. 그곳 또한 예외는 아니었다. 도시 구석구석 어디에나 있을법한 작은 맥주 바에 들어가 확인한 결과 500㎖ 한 잔이 1,600~1,700코루나 정도였다. 두 잔을 시킴과 함께, 같은 가격인 군감자를 안주로 곁들였다. 얼마 만에 맛보는 술맛인지… 구름처럼 사근사근 앉아 있는 거품을 먼저 음미하였는데 그것참, 맥주 거품도 제 본연의 맛이 있는 줄 그때 처음 알았다. 이곳 어느 업소에서나 파는 그런 '저렴한' 맥주들이 한국에서 마셨던 다른 어떤 것들보다도 맛있었다. 이러니 외국인들 입에서 한국 맥주 맛없다고 하는 소리가 나오는가 보다.

가게를 나올 때쯤 마침 프라하의 황혼이 시작되고 있었다. 술을 입에 댄 지가 오래다 보니 몸이 민감하게 반응하는가, 찬 공기를 마주하면서도 어깻죽지 언저리부터 턱밑까지 열이 오르는 느낌이었다. 그렇게 다시 올라간 언덕, 외국 관광객들 틈 속에서 대뜸 어떤 남자가 관광객들을 향해 "자, 다 모이세요~." 한국어를 하는데, 그 모습이 괜히 재밌어, 사춘기 여학생처럼 한참을 웃었다. 맥주를 마시고 기분이 좀 좋아지기도 했었나 보다.

그 날씨에, 그 시간에 여전히 성 입구를 지키고 있는 근위병들에게 연민을 느끼며 성 안으로 들어갔다. 프라하의 대표적인 명물인 이 건물은 930년부터 1929년까지 천 년의 시간 동안 끊임없이 개축되어 지금의 모습에 이르렀다고 한다. 지금의 형태로 공사를 시작한 것은 1,300년대라고 하니 대략 600여 년 동안 시공이 진행되었다고 할 수 있다. 조선왕조가 명멸할 동안 지어진 셈이니 건물 하나에 뭐 그리 오랜 시간이 소요되는가 싶기도 하지만, 도저히 한 컷에 담을 수 없을 만큼 웅장한 크기의 외관 곳곳에 빼곡히 들어찬 정교한 조각들을 눈앞에서 보니 이해가 되기도 했다.

실컷 야경을 감상한 후 언덕을 내려와 카를 교를 걸었다. 현존하는 가장 아름다운 석교라는 카를 교도 카를 교 나름이지만 나는 그곳에 터를 잡고 있는 사람들에게 더 눈길이 갔다. 즉석연주를 하며 손수 제작한 음반을 판매하고 있는 중년 밴드, 특유의 짓궂은 표정을 지으며 관광객들의 캐리커처를 그려주던 거리의 화가들, 심지어 개를 끌고 와서 옆에 앉혀 놓고 구걸을 하는 부랑자들까지도 그곳에서는 이상하리만치 낭만적이었다. 그들이 쥐고 있는 붓과 악기야말로 카를 교에 낭만을 불어넣고 있는 것 같았다. 특히나 음악, 이 도시에 사람들로 붐비는 거의 모든 장소에는 이런 생 라이브 음악들이 흘러나오고 있었다.

굳이 큰 맘 먹고 행랑을 꾸리지 않아도 내키는 때라면 어디서든 언제라도 닿을 수 있는 거리에 시름을 잊게 하는 다양한 경관들이 자리하고 있는 프라하는 그런 도시였다. 부다페스트만큼 웅장하지도, 이스탄불처럼 화려하지도 않지만, 이곳이 세계인들에게 매혹적인 도시로 정평이 난 까닭이 다름 아닌 여기에 있지 않을까 싶었다.

성탄 이브엔 각자 가보고 싶은 곳을 자유롭게 돌아다녔다. 나는 아무런 계획 없이 나섰다가 강변으로 난 산책로를 확인한 후 도로 숙소로 들어가 자전거를 챙겨 나왔다. 내내 낮게 깔렸던 비둘기색 구름이 이날만은 진하지 않았다. 운이 좋은 어느 타이밍에는 높은 구름 밖으로 나온 말간 해를 볼 수도 있었다. 구시가지는 길을 외울 만큼 돌아다녔어도 그 주변 강변에 자전거 도로가 있었다는 사실은 처음 알았다. 다니는 이가 별로 없는 한적한 길, 오랜만에 바깥나들이라서 그런지 까닭 없이 기분이 좋았다.

지난주보다 기온은 이제 몸으로 느낄 수 있을 만큼 따듯해졌다. 핸들은 잡은 손은 장갑을 끼지 않은 채였고, 12월이라고는 상상도 할 수 없을 정도다. 놀랍게도 길가의 플라타너스 나무들은 그때까지도 커다란 갈색 잎사귀들을 지상으로 떨쳐 버리고 있었다.

강변에는 갈매기들이 많았다. 괭이 부리 갈매기라나? 부리가 괭이를 닮아 그리 부른다는 한국인 가이드의 설명을 들은 적이 있다. 그런데 갈매기가 원래 민물에서도 사는 생물인가?

산책을 위해 계획적으로 설계된 도로가 끝나고 나면 길은 이제 울퉁불퉁한 돌무지로 이루어진 부둣가로 이어지는데, 정박해 있는 관광용 요트들 사이로 새들이 무리 지어 있었다. 예의 그 갈매기들은 물론이요, 제법 우아한 모습의 백조들, 또 저쯤에는 물오리도 한 무리 보였다. 그리고 그것들 앞에는 또 그만큼의 구경꾼들이 모였다. 언제나 가장 앞에 나서는 이들은 밤톨만 한 꼬마들이었다. 아가들은 고사리 같은 손에 새우깡 비슷한 과자를 들고 조금은 두려움이 담긴 초롱초롱한 눈망울을 하고선 새들과 접촉을 시도하고 있었다.

울퉁불퉁한 돌길이지만 지면에 그려진 표식으로나마 근근이 이어지던 자전거 도로가 카를 교를 700여 m 앞둔 곳에 이르러서 차도와 합류했다. 마침 그쯤 해서 자전거 거치대가 마련되어 있기에 세워두고 걷기 시작했다. '카를 교까지만 가볼까?' 강에 인접한 보행로를 따라갔다. 그곳엔 적당히 칠이 벗겨진 가로등과 과하지 않을 만큼 먼지가 쌓인 벤치가 있었다. 빵모자를 쓴 마른 인상의 남자가 파이프를 입에 물고 연신 수첩에 무언가를 끄적이고 있는 모습이 그 풍경 위로 겹쳐졌다. 비록 그 자리에서 시인들을 찾기는 힘들었지만, 난간에 기대 우수에 젖은 눈빛으로 하염없이 강물을 바라보고만 있는 팜므파탈은 심심찮게 보였다. 대중들 속에서 홀로 배회하는 사람들이 그곳에는 유독 많았다.

카를 교에 다다른 시각은 짙푸른 강물 위로 노란 불빛이 하나둘씩 떠오를 즈음이었다. 축일에 걸맞은 표정을 하고 다리를 오가는 많은 사람들, 그들의 뒤 편 페트린 힐Petrin Hill 너머로 석양이 지고 있었다. 얼마나 보고 싶은 모습이었던가… 대기가 맑아 프라하는 전날보다 더 선명하게 보였다.

다리를 건너 곧장 올라가면 프라하 성 입구가 나온다. 그러나 거기까지는 너무 시간이 오래 걸릴 것 같았다. 그래서 도강하자마자 오른편의 샛길로 빠졌다. 말하자면 강을 기준으로 아까 걸어온 보행로 맞은편 길을 통해 자전거가 있는 쪽으로 거슬러 올라갈 요량이었다. 주로 구시가지와 카를 교, 프라하 성으로 이어지는 경로만을 다녔던 터라 그 길은 처음 가보는 것이었다. 대략적인 방향만 견지하고 갈림길이 나오면 강과 가까운 쪽을 선택했다. 그러자 얼마 지나지 않아 첨벙거리는 물소리가 들렸다. 무엇에 홀 린 것처럼 그리로 다가갔다. 더는 나아갈 길이 보이지 않는 곳이었다. 수면에 가장 가까이 있는 뭍, 축축한 바닥을 디디고 있는 발아래에서 검은 물이 넘실거리고 있었다.

프라하에서 가장 아름다운 야경을 볼 수 있는 곳이라면 많은 이들은 카를 교를 언급하곤 한다. 그러나 그때 우연히 이르렀던 그곳에서 더 아름다운 야경을 볼 수 있었다. 그 시각 도시의 모든 빛을 담아낸 블타바 강Vltava R.의 모습을 가장 가까이서 볼 수 있었다. 다리 위에서라면 미처 보지 못할 카를 교 아치의 모습까지도 함께 볼 수 있었다. 등잔 밑이 어둡다는 말처럼 그곳을 아는 사람은 몇 되지 않았다. 예닐곱이나 될까…, 나를 포함하여 당시에 그 자리에 있던 모든 이들은 각자 먼 데를 바라보며 하나같이 무슨 생각에 골똘히 잠겨 있었다. 커다란 오리떼가 뭔가를 잊었다는 듯이 갑자기 푸드덕거리며 큰 소리를 낼 때까지 동상이몽은 계속되었다.

숙소 앞까지 되돌아와 그대로 로비에 들어서지 않고 와이파이 신호를 잡아 희동에게 연락을 취했다. 온종일 고독을 씹어서 그런지 맥주가 당겼다. 별다른 이견 없이 맥주를 겸한 외식을 하기로 했다. 대목을 맞이하는 자세에서 우리나라와 이 나라 사람들의 결정적인 차이가 보였다. 우리나라라면 철을 맞아 술집이며 레스토랑들이 더 성업을 이루고 있을 법도 한데 여기서는 그 반대였다. 문을 연 가게를 찾기가 쉽지 않았다. 먹이를 찾아 어슬렁거리다 보니 시가지까지 발길이 닿았다.

낮에 홀로 자전거를 대 놨던 곳에 이번엔 두 대를 함께 매어 놓고, 그 옆에 난 대로를 따라 걷자 얼마 가지 않아 프라하 구시가 광장Prague Old Town Square에 도착했다. 매번 복작대던 크리스마스 마켓들이건만 아이러니하게도 정작 이브 날에는 문을 연 점포가 몇 안 되어 보였다. 그런 것과는 상관없이 밝은 달빛 아래서 광장은 화려함의 극치를 보여주고 있었다. 약속이라도 한 듯이 수많은 사람이 그곳에 모여 있었다. 구심점이 따로 없음에도 불구하고 삼삼오오 모여 그리 축제 분위기를 만들고 있다는 점이 놀라웠다. 반짝이는 불빛들 사이에서 우리도 절로 허파에 바람이 들었다.

적당한 업소가 보이지 않는다는 핑계로 우리는 광장을 빠져나와 내친 김에 프라하 성까지 올라 갔다 온 후에야 카를 교 인근의 작은 펍에 자리를 잡았다. 그리고는 메인 디시인 프라이드치킨을 주문하고, 찐 감자를 주요 안주 삼아 맥주를 1,000cc씩 마셨다. 조촐하나마 만족스러웠던 시간이 끝나고, 몽롱해진 우리는 아까 들렀던 조망 포인트를 다시 찾았다. 오래 있으면 외투 표면이 촉촉해질 정도로 강 위에 안개가 자욱했다. 그래도 술을 마시고 나서 쐬는 찬 바람은 참 좋았다. 그러한 기분을 만끽하기에는 이만한 장소가 또 없었다. 2012년의 크리스마스 역시 그전의 다른 날들처럼 조용히 지나가고 있었지만, 프라하였기 때문에 아무래도 좋았다.

PART 5

이상에서 일상으로

라인 강 위에 새겨진 영욕의 역사, 독일

_프랑크푸르트에서 하이델베르크까지

12월 27일, 프랑크푸르트로 향하는 기차를 타기 위해 프라하 역으로 나왔다. 조금 앞서 도착하여 편의점에서 샌드위치를 사다가 저녁거리를 대신하였다. 열차 출발 시각이 15분 앞으로 다가왔을 때쯤 자리를 털고 전광판에서 우리가 탈 열차의 플랫폼을 체크 했다. 맨 끝인 7번이었다. 슬슬 긴장되기 시작했다. 그때부터는 따로 예행연습을 할 수 없었던 영역이었다. 열차가 도착하여 제시간에 출발하기까지의 짧은 정차 시간 동안 우리는 자전거를 실어야 했고 타야 할 열차와 칸, 좌석을 찾아야 했다.

플랫폼 아래로 뻗은 지하로를 따라 맨 끝에 위치한 플랫폼을 향해 걸어갔다. 양편으로 1번 플랫폼으로 올라가는 계단이 나오고, 조금 더 가자 2번 플랫폼 방향으로 뻗은 계단이 나왔다. 그렇게 6번까지 지나고 다음에서야 마지막 7번 플랫폼으로 향하는 계단이 나타났다. 에스컬레이터에 자전거를 걸치고 올라가자 이미 기차는 플랫폼에 정차하고 있었다. 그 때쯤 열차가 플랫폼에 서 있는 것이 그다지 이상한 일은 아니었지만 이미 대기하고 있는 그 기차가 금방이라도 출발할 것만 같아 괜스레 마음이 불안했다.

길면 기차라더니, 정말이지 왜 그렇게 길어 보이던지, 늘어선 여러 개의 칸 중 우리는 자전거를 실어놓을 칸과 우리가 탑승할 칸 등 총 두 칸의 위치를 찾아야 했다. 엄밀히 말하면 차량 구성이 그렇게 되어 있다는 것 또한 나중에 안 사실이었다. 알고 있던 것은 다만 사람이 탈 좌석의 번호가 61, 62번이고 자전거에 배당된 번호가 15, 16번이라는 사실 뿐이었다.

마침 플랫폼으로 올라서자마자 눈앞에 열차 칸별 정보를 표시한 전광판이 보였다. '됐다, 이것만 보면 되겠거니' 생각하고 침착하게 살펴보았다. 칸은 대개 행선지별로 나누어져 있었다. 베를린Berlin, 드레스덴Dresden, 취리히Zurich 등의 도시 등의 도시 명 옆에 열차의 차량 칸의 숫자가 적혀 있었다. 그런데 아무리 찾아봐도 프랑크푸르트에 배정된 칸은 보이지 않았다. 티켓에 있는 좌석을 통해 유추해 본 열차 칸 숫자 옆에는 엉뚱하게도 행선지가 스위스 취리히로 표시되어 있지 않겠는가, 지하도를 통해 우르르 쏟아져 나온 사람들이 자신의 열차를 향해 바삐 움직이는 동안 우리는 순간 그 자리에 얼어붙어 어찌할 바를 모르고 있었다. 그 사이에 열차 출발 예정 시각이 벌써 5분 앞으로 다가와 있었다.

당장 자전거를 싣고 한달음에 좌석으로 달려도 간당간당할 시간이었다. 눈앞에서 20만 원이 공중분해 될 상상을 하니 이미 머릿속은 공황 상태였다. 희동이나 나나 낯가림이 심했지만, 그 순간에는 쪽팔림이고 뭐고 없었다. 치이는 사람들을 아무나 붙잡고 다급하게 열차 정보를 묻기 시작했다. 그 결과 다행히 우리가 앉을 곳이 어디쯤인지는 알아낼 수 있었다. 그런데 자전거 적재에 대해서는 아무도 모르는 눈치였다. 역무원들은 다들 어디를 갔는지, 제복 입은 이들은 눈을 씻고 찾아봐도 보이지 않았다. 자전거를 가져가긴 해야겠는데 위치는 모르겠고… 에라, 모르겠다. 좌석 칸 입구로 그냥 자전거를 쑤셔 박아버렸다. 어쨌거나 기차는 타고 봐야 할 것이 아닌가. '문제가 있으면 역무원들이 와서 가타부타 무슨 말이라도 해주지 않을까' 하는 생각이었다.

예상은 보기 좋게 들어맞았다. 우리가 꾸역꾸역 자전거를 열차 칸 위로 올리고 있을 때 어디선가 역무원들이 나타났다. 그때는 이미 출발시각인 18시 29분이 지난 시각이었다.

그러나 금방 문제가 해결되지는 않았다. 자전거를 싣는 일이 생소했던지 처음에 온 역무원은 티켓을 봐도 영 모르는 눈치였다. 기어이 차장까지 와 표를 확인하고 나서야 우리는 드디어 자전거를 실을 칸이 어디인지 알 수 있었다. 자전거를 다시 내리고 플랫폼을 통해 해당 칸으로 향하는 동안 혹여나 열차가 떠나기라도 할까 봐 온 힘을 다해 자전거 칸으로 향했다. 우리가 열차에 오름과 동시에 문은 닫혔고 열차가 어느새 움직이고 있었다. 우리가 타기만 기다리고 있던 눈치였다.

이후 배정된 좌석에 앉고도 혹여 다른 좌석에 앉은 것은 아닌지, 자전거는 저렇게 두면 되는 건지, 불안해하던 나는 역무원의 일제검표가 한 차례 진행되고 나서야 마음의 안정을 찾을 수 있었다. 운송수단을 이용

하는 일은 참, 매번 그렇게 마음을 졸이게 했다.

프랑크푸르트와의 첫 만남은 새파란 서늘함 속에서였다. 우리는 오전 4시경 프랑크푸르트 남부역에 도착했다. 프랑크푸르트가 위치한 서쪽은 보지도 않은 채 프라하부터 줄곧 북쪽 국경으로 전진하던 열차는 드레스덴을 지난 후 그다음 도시에서 서쪽으로 방향을 틀었다.

열차를 처음 탈 때의 긴장감이 오랫동안 계속된 탓에 잠을 설친 나는 휴대폰 GPS를 이용하여 현재 열차의 속도와 남은 거리를 헤아리며 시간을 보냈다. 그러다 도착시각이 30분 정도 남게 되었을 때 희동을 깨웠다. 열차 타기 전 챙겨왔던 주전부리들을 그 시간에 해치웠다. 거치대에서 자전거를 내리고 가방을 설치하자 곧이어 열차가 역에 정차했다. 응당 자동으로 객실 문이 열릴 것을 기대하고 있던 우리는 그러나 예상과 달리 정차 후에도 아무런 변화가 없기에 마지막까지도 가슴을 쓸어내려야 했다. 독일에서 상용되고 있는 많은 교통수단의 출입문 대개가 승·하차 시 승객의 조작 해야 한다는 것은 나중에야 안 사실이었다.

동트기 전의 고단한 적막감이 역을 감싸고 있었다. 잠을 설친 내게 새벽은 여전히 깊은 밤이었다. 아직도 먼 길을 앞둔 승객들은 정차 시간 동안 객실에서 나와 담배를 태우고 있었다. 피곤이 역력한 표정의 그들 사이를 우리 역시 비슷한 표정으로 지나왔다. 그리고 역에 도착하면 연락을 달라던 호스트의 말을 떠올리며 하차하자마자 공중전화를 찾는 일에 몰두했다.

그러나 역 주변에는 이렇다 할 연락시설이 갖춰져 있지 않았다. 달리는 도중 공중전화가 눈에 띄면 그곳에서 호스트에게 연락을 취하기로 하고, 일단은 페달을 밟기 시작했다. 길을 잃을지도 모르니 이른 새벽부터 운행되는 대중교통을 이용하여 자신의 집까지 오는 것이 좋겠다고 그가 말했으나 고작 5㎞ 남짓한 경로는 아무리 낯선 곳이라도 지도와 GPS가 있는 우리에게 그리 어려운 일은 아니었다.

그렇게 오랜만에 새벽 도로를 달렸다. 하루 중 기온이 가장 낮은 새벽이라지만 체코의 대낮과 비교하면 오히려 따뜻한 수준이었다. 여전히 길을 달리고 있다는 사실에는 변함이 없었지만, 몽골의 추위 속에서 좌절을 겪은 후 터키에서 지중해의 따뜻한 바람을 온몸으로 느낄 때처럼 괜스레 마음이 부풀어 올랐다.

역을 출발하고 얼마 못 가 다리 하나를 만났다. 그 다리의 이름은 모르지만 아래로 흐르던 물길이 마인 강Main R.이라는 것은 이제 안다. 그때 보았던 야경을 잊지 못한다. 경제 대국의 이미지가 만든 환영이었을까… 저 멀리까지 늘어선 고층빌딩들, 불규칙적으로 반짝거리고 있는 어느 첨탑 위 비행 유도등, 강을 따라난 산책로의 가로등까지, 스스로 빛을 내는 모든 존재가 유난히 검었던 그때의 마인 강 수면 위를 예리하게 조각하고 있었다. 그 불빛들이 다른 나라에서 보던 조명들보다 유독 도드라지고 선명하게 보였다. 기분 탓이려나… 실제로 더 좋은 성능의 전구를 쓰고 있었는지도 모르겠다. 동화 〈성냥팔이 소녀〉에서처럼, 잠이 덜 깨 몽롱한 와중에 그 불빛들이 꼭 우리를 따뜻한 세계로 데려다 줄 것만 같았다.

12월 28일, 프랑크푸르트 중앙역 부근에서 공중전화를 이용해 호스트와 통화해 성공했고, 마중 나와 있던 그를 그의 집 앞에서 만날 수 있었다. 그는 자신을 '볼프람'이라고 소개하며 연립주택 내에 위치한 자신의 집으로 우리를 안내했다. 그가 문을 열자마자 정체를 알 수 없는 낯선 향신료 냄새가 먼저 우리를 맞이했다. 방안에는 작업을 끝냈거나, 혹은 끝내기 위해 벌려 놓은 온갖 잡동사니들로 발 디딜 틈이 없었다. 그는 거실 겸 부엌으로 쓰이는 공간으로 가서 바닥에 있는 집기들을 치워 두 명이 누울만한 공간을 마련 후 손을 모아 귀에 붙이고는 잠을 자는 시늉을 했다. 그곳이 우리가 머물 곳이었다.

그는 독신의 중년 남성이었으며 엔지니어였다. 능력 있는 프리랜서 자전거 부품 제작자였던 그에게는 정해진 스케줄이 없었다. 대학 동아리방처럼 다소 너저분하며 홀아비 냄새 폴폴 나는 그의 생활모습은 그러한

그의 집단적 특성을 반영하고 있었다. 정리에 대한 강박감이 있는 내겐 적응해야 하는 것 중 하나였다. 화성인 바이러스에 제보하고 싶을 정도였으니까. 그러나 지내면서는 그 자유분방함이 오히려 우리 마음을 더 편하게 해주었다.

그는 또한 열린 사람이었다. 비단 낯선 이들을 집에 초대하는 것뿐만 아니라 세계의 다양한 음식문화에 대해서도, 음악에 대해서도, 사랑에서도 마찬가지였다(그에게 한국인 여성과의 이루어지지 못했던 사랑에 대하여 들은 적이 있다). 특히나 음식에 대한 그의 취향은 유별났다. 안타깝게도 그는 채식주의자였으며, 동시에 동양음식(그중에서도 특히 인도 등의 서남아시아 음식)을 사랑하는 사람이었다. 그는 종종 우리에게 정성껏 음식을 차려준 적이 있었다. 그러나 사실 너무나 죄송스런 말이지만 그가 해주는 음식들은 도무지 입맛에 맞지 않았다. 입안을 가득 메우는 그 억센 풀냄새는 당최 적응하기가 힘든 것이었다. 언젠가 우리가 막걸리를 가진 것을 알고 한국 음식을 해 주겠다고 해서 먹었던 물김치와 파전을 제외하면 그 외의 음식들, 이를테면 인도 음식에서 영감을 받고 직접 레시피를 개발했다던 다양한 음식들은 정말이지 너무 먹기가 힘들었다. 그가 '기대하시라'하는 자신만만한 표정으로 싱크대 앞에 설 때면 나는 사람 좋은 선배가 순수하게 선한 의도로 사발에 소주를 붓고 있는 모습을 보는 기분이 들었다.

아나나 다를까 그는 술도 참 좋아했다. 원태가 오기 하루 전인 28일 우리 셋은 맥주와 막걸리, 소주 등 갖은 술을 진창 먹고 자정쯤에야 잠이 들었다. 5시 10분경에 원태가 타고 있는 중국 동방항공 비행기가 공항에 도착할 예정이었다. 우리는 4시 30분쯤 트렘Tram을 타고 중앙역에서 지하철로 환승 하여 공항까지 가기로 했다.

4시간도 제대로 못 자 숙취가 심했다. 겨우 일어나 커피 한 잔을 마신 후 전처럼 새벽 거리로 나섰다. 가까운 트렘 정류장에 도착해서 표를 구매하려고 하는데 티켓 판매기에 넣을 동전이 부족했다. 지폐는 사용할 수 없었다. 볼프람은 우리에게 뭔가 긴 설명을 하더니, 곧 정류장으로 들어서던 트렘에 티켓 하나 없이 탑승했다. 한국과 달리 이곳 트렘이나 지하철에서는 탑승 시 표를 검수하는 절차가 따로 없었다. 다만 재수 없으면 종종 티켓에 대한 불시검문이 이뤄지기도 하는데, 볼프람은 그걸 설명한 것이었다. 지하철 풍경은 한국이나 독일이나 비슷했다. 역 안에도 비둘기가 날아다녔던 것 빼고는….

지하철이 자꾸 지연되는 바람에 예상보다 공항 도착 시간이 늦었다. '이 녀석 혹시 먼저 나와 울면서 기다리고 있는 건 아닐까?' 걱정돼 걸음이 빨라졌다.

대기석에 도착했을 때 전광판으로는 중국에서 온 비행기 승객들이 현재 짐을 찾고 있다는 알림이 뜨고 있었다. 게이트로 동양인들이 한두 명씩 빠져나오고 있었다. 개구리를 닮은 개성 있는 얼굴이 아직 보이지 않는 걸로 봐선 녀석은 컨베이어 벨트 앞에서 짐을 기다리고 있는 것 같았다.

그때부터 하염없는 기다림이 계속됐다. 그러나 승무원들까지 다 빠져나간 후에도 녀석의 모습은 보이지 않았다. 화물로서의 자전거가 갖는 특성상 다소 짐 배분이 늦을 수도 있다는 사실은 알고 있었지만 내심 불안했다. '혹시 경유 공항에서 고립되었나?' 최악의 경우는 그곳에서 몇 시간을 기다렸다가 허탕을 치고 돌아와 녀석에게 카카오톡으로 비행에 실패했다는 메시지를 받는 것이었다.

그러나 다행히 그런 일은 일어나지 않았다. 15분 정도 기다렸을까, 똥줄이 타다 못해 실제로 똥이 마려워지려고까지 하던 무렵, 마침내 익숙한 얼굴이 카트를 밀고 출구로 빠져나왔다. 아마 그가 먼저 손을 흔들지 않았다면 나는 바로 지척에 오기 전까지 그를 못 알아봤을 것이다.

자전거 여행을 하러 온 것이 아니라 황제관광을 하러 온 것처럼 멋을 많이 부리고 온 게 아닌가? 아무튼, 다소 비현실적이었다. 희동이 아닌 다른 익숙한 얼굴을 보는 일이 너무 오랜만이라 그런지 실감이 나지 않았다. 다만 그런 헛소리는 찰나였고, 곧이어 안도와 반가움이 길게 이어졌다.

터키였을 것이다. 학기가 끝나면 유럽에서 우리와 합류하겠다는 원태의 말에 '지킬 수 있는 약속만 해라!'라며 나와 희동은 둘 다 코웃음을 쳤다. 그런데 그것이 현실이 된 순간이었다. 녀석에게 진심이 담긴 굳은 의지가 보이던 순간부터 어제 새벽까지, 합류의 가능성이 점점 커지는 것을 지켜보는 일은 매너리즘에 빠지거나 여행이 답보 상태에 빠졌을 때 우리를 위로하는 유일한 희망이었다.

실제로 분위기가 금세 달라졌다. 우선 도전으로서의 치열함만이 팽팽하던 분위기가 유하게 변했다. 또 한 방향만 흐르던 대화가 세 방향에서 이루어지니 갑자기 사람이 많이 늘어난 것 같은 복작거림이 생기기도 했다. 9시까지 눈밭을 헤매던 체코의 어느 날, 희동과 내가 정말 그때 생각했던 포기를 실행에 옮겼다면 꿈도 못 꿨을 일이었다. 정말이지 그 시간은 동이 튼 이후를 기약하기 어려울 정도로 혹독했던 새벽과 같았는데, 앞으로는 좀 더 즐겁게 여행을 할 수 있을 것 같았다.

12월 31일, 해가 바뀌는 날 밤이면 TV 앞에 앉아 방송 3사에서 하는 무슨 시상식들을 보는 일이 연례행사였다. 그때에는 나랑은 별 관련도 없는 그런 시상식이 무슨 중요한 일이라도 되는 양 그러고 있었다. 중요한 시상이 진행되는 채널로 갈아타기 위해 리모컨을 시종 가까운 데에 확보해 놓고 말이다. 그러다 자정이 가까워지자 어느 채널이나 상관없이

모든 방송사는 보신각 중계차로 화면을 옮겼다. 브라운관에는 그곳에 모인 수많은 인파가 보이고, 이들은 다시 중앙의 한 지점으로 시선을 모으고 있었다. 종각이었다. 자정에 맞춰 타종을 진행하기 위해 거기에 스님을 포함한 몇 사람들이 약속된 시간이 도래하길 기다리고 있었다. 이때 전각 아래에 있는 사람은 보통 서너 명쯤 되었는데, 그들은 자신들에게 시선을 모으고 있는 사람들뿐 아니라 전국의 누구라도 이름 한 번 정도는 들어봤을 법한 저명한 인사들이었다. 그 해에 가장 두각을 드러낸 젊은 체육인이라던가, 어느 선거의 당선인, 혹은 많은 사람에게 희망이 되고 있거나 하는 이들 말이다.

한 번쯤 있어 보고 싶은 자리였다. 내가 그런 자리에 서게 되는 날이 올까? 3월의 대학로를 점거한 과장된 유쾌함만큼 호들갑스러운 리포터의 외침과 함께 마침내 한국에서 제야의 종이 울리기 시작했을 무렵, 나는 프랑크푸르트 마인 강변 벤치에 앉아 저무는 해를 바라보며 그런 생각들을 하고 있었다.

사람들은 해가 바뀌는 이벤트를 중요한 기로로 생각하고 큰 의미를 부여하곤 한다. 시작과 끝이 갖는 특수성에서 비롯되었으리라. 어쨌든 매일 그랬던 것처럼 그날도 일기를 쓰기 전에 날짜를 적었다. 12월 31일, 그러나 그 꽉 찬 숫자를 보고도 나는 작년이나 재작년 이맘때쯤 느꼈을 법한 어떠한 감회도 느끼지 못했다. 여정이 끝나지 않는 한 우리의 2012년도 끝나지 않을 테니… 그러니 진정한 의미에서 나의 2013년은 대서양이 바라보이는 곳에서 시작될 터였다. 그 시간에도 계속되고 있던, 생애 어느 해보다도 길었던 한 해 동안 그 치열한 전투 속에서 내가 쓰러지지 않을 수 있었던 데에는 많은 이들의 양보와 배려, 도움이 있었다. 그러나 이들에 대한 감사의 인사는 두고두고 아껴두었다가 그때에 가서 하고 싶었다.

SNS를 통해 새해를 맞이하는 이들의 벅찬 감회가 전해졌다. 개중에는 지난 한해 자신이 이루었던 성과들을 당당하게 밝히며 그러한 순항이 앞으로도 이어지길 바라는 이들이 있는가 하면 반대로 이루고자 하는 성대한 목표를 세우고서 이를 공표하며 만인 앞에 포부를 드러내는 이들도 있었다. 그리고 12월의 마지막 태양이 저문 시각에 불규칙한 폭죽 소리를 들으며 삼양라면을 입에 담은 채 이런 것들을 보고 있는 나도 있었다. 스스로 봐도 사실 상황이 참 변변치 않았다. 그러나 앞서 가는 사람의 뒷모습만 쫓던 대학 시절과 같은 질투가 난다거나 하지는 않았다.

어쨌든 2013년이 되며 내가 느꼈던 새로움은 바뀌는 숫자에서 비롯된 것이 아니라 새로운 동료와 함께하게 될 여행에서부터 비롯된 것이었다. 다음날 우리는 90㎞ 남짓 되는 거리를 달릴 예정이었다. 나와 희동도 오랜만에 하는 주행이지만 그보다도 원태 녀석이 잘 달려야 할 텐데. "여자 친구한테 정신 팔려가지고 한국에서 트레이닝이나 제대로 했으려나?" 그런 생각을 하는 사이 2012년이 지나갔다.

그리고 2013년 아침이 밝았다. 볼프람은 이별을 준비하며 우리에게 줄 것이 있으니 잠시 기다리라며 부엌으로 갔다. 분주히 무언가를 조리하고 있는 그, 아무래도 저 음식들을 싸서 보내려고 하실 모양인데, 냄새를 봐서는 역시나 만만치 않은 것들이었다. 파코라Pacora, 인도식 야채튀김라는 음식이었다. 그가 냄비째 들어갔던 파코라 덩어리들을 키친타월 위로 건져 올리고 있는 사이에 시곗바늘은 12시를 지나가고 있었다. 비가 예보된 날이었다. 아직 원태의 주행 능력도 검증하지 못한 터라 마음이 조급했다.

1시쯤 주행을 시작했다. 그런데 우려했던 사태가 벌어졌다. 도저히 주행할 수 없을 만큼의 비가 쏟아지고 있었다. 차마 그 빗속으로 바로 들어가지는 못하고 아저씨가 사는 빌라단지를 나와 어느 상가의 처마 밑으로 몸을 옮겼다. '이 빗속을 달렸다가는 금방 옷이 젖어버려 감기에 걸리기에 십상이다.' 그렇다고 우의를 입고 달리자니 거추장스러웠다. 진한 작별인사를 해놓고 볼프람에게 하루를 더 신세 지기도 민망했다. 그래서 별수 없이 달렸다. 당황한 마음을 숨기고 정초부터 억수같이 쏟아지는 비를 온몸으로 받으며 달렸다. 외투를 뚫은 빗물이 금세 피부에까지 닿았는지 이내 위쪽 팔에서 물기가 느껴졌다. 비는 그칠 줄을 몰랐다. 이보다 더 상황이 나빠질 수 있을까 싶었다. 그러나 얼마 안 가, 마인 강변 자전거 도로에 세 번째 장애물이 기다리고 있었다.

며칠 전부터 프랑크푸르트 곳곳에서 산발적으로 들리던 폭음이 31일에는 절정에 달했다. 그 날 빌라 뒷동부터 저  먼 시내에서까지 요란한 폭음이 끊이지 않고 들렸다. 그게 화근이었다. 이튿날 보니 도시 전체가 아수라장이었다. 장  소를 불문하고 여기저기 지저분하게 폭죽 잔해들이 널려 있었다. 그뿐이면 모르겠는데 도대체 얼마나 화려하게 즐겼는지 주변에 깨진 유리병 조각들이 그  못지않게 많아 보였다. 이것이 정녕 일류 국가의 모습인가, 통탄하면서 조심조심 길을 가는데, '피슉―' 함께 가던 세 대의 자전거 중 하나가 갑자기 허망한 단말마를 내뱉었다.

제발 꿈이기를 바랐다. 대적하기 힘든 고난에 직면했을 때 사람은 오히려 차분해지기도 하나보다. 그전까지만 해도 악에 받친 페달 질을 하고 있었는데 고작 10여 분을 달리고 주저앉아버린 원태의 뒷바퀴를 앞에 두고는 대뜸 실없는 웃음이 흘러나왔다. '정초부터 이게 무슨 날벼락이람, 액땜 한 번 제대로 하는구나.' 그렇게라도 생각하지 않으면 도저히 상황을 제정신으로 받아들일 수 없었다.

시간을 최대한 아끼고자 땜질을 하는 대신 아예 튜브를 갈아 끼웠는데도 다시 출발하려고 보니 이미 1시 30분이었다. 지체됐지만, 이렇게 먼저 맞은 대신 이제 더 맞을 매는 없으니, 좋은 길을 만나 잘만 달리면 6시 이전에 도착할 수도 있지 않을까…, 그리 희망을 품고 주행을 재개했다.

그러나 적은 내부에 있었다. 불안한 예감은 어찌 그리 귀신같이 들어맞는지, 하이델베르크Heidelberg까지는 잘만 달리면 금방이라도 갈 수 있는 만만한 구간이었다. 그런데 자전거 여행을 처음 시작하는 원태에게는 그 '잘' 달리는 일이 가장 어려운 일이라는 것을 간과하고 있었다. 주행 내내 겨우 평속 10㎞를 근근이 유지하며 애를 태우던 그는 막바지에는 결국 길바닥에 드러누워 버리며 탈진하는 상태까지 이르렀다. 반대로 쓰러진 전우의 군장을 모두 떠 앉아야 했음에도 불구하고 나와 희동은 90㎞를 달리는 내내 시종일관 '룰루랄라'였다. 그 구간처럼 경사 없이 평평했던 길은 그때껏 본 적이 없었다. 그러니 조급해하지 말라고 내내 원태를 북돋으면서도 질주본능을 억눌러야 했기에 시종 답답한 마음으로 주행에 임해야 했다. 그러다 야간행군 도중 지쳐 쓰러져버린 이등병처럼 기어이 가방을 멘 채 길바닥에 퍼져버릴 때는 '이놈이 정말 준비를 하나도 안 했구나, 우리한테는 매번 생존이 걸린 싸움이었는데…' 좀 서운한 마음이 들기도 했다.

도시에 다 와서는 10분에 한 번꼴로 퍼지는 원태를 거의 끌고 오다시피 했다. 그러다 보니 4시간이면 주파할 거리를 9시간 만에 완주할 수 있었다. 죽을 둥 살 둥 눈밭을 헤매던 때도 숙소 도착 시각이 8시를 넘지 않았는데, 이날은 10시께나 돼서야 목표했던 하이델베르크에 도착했다. 정초부터 제대로 액땜했다. 한 번 발생하면 주행 전반에 걸쳐 악영향을 미치기 때문에 반드시 피하고 싶었던 일들이 무슨 조화인지 그 날은 한꺼번에 일어났다. 이미 10시 가까운 시각이었으니 피곤하기보다는 졸음이 밀려왔다. 드르렁거리며 콧구멍을 통해 거센 시위를 하는 원태를 다음 날 당장 자전거에 앉히기는 뭐해 결국 우리는 그곳에서 하루를 더 머무르게 되었다.

그 덕에 하이델베르크를 그냥 지나쳐가지 않은 것은 불행 중 다행이었다. 그때까지만 해도 이름이 있는 도시인 줄 몰랐는데, 다음 날 알아보니 하이델베르크는 독일에서 가장 오래된 대학을 품고 있고, 수많은 철학자를 배출한 유럽 내에서도 손꼽히는 학문의 도시였다. 도시 주민 중 4분의 1 정도가 하이델베르크 대학에 다니는 학생들이라고 한다. 거리에는 젊은이들이 뿜어내는 에너지로 활기가 넘쳤다.

하이델베르크는 인구 14만 명 정도의 작은 도시였으나 역사가 오래된 만큼 이름난 명소들이 많았다. 특히나 '철학자의 길'에서 바라보는 이 도시의 전망은 그중에서도 압권이었다. 헤겔과 하이데거 등 당대를 대표하는 유명한 철학자들이 영감을 얻었다는 '철학자의 길'은 올드 타운을 마주 보고 제법 높은 능선에 자리하고 있었다. 숙소에서 나와 네카어 강 Neckar R.의 양편을 잇는 다리를 건너자 그곳으로 향하는 골목을 발견할 수 있었다. 사람 두 명이 나란히 서면 더는 틈이 없을 정도로 폭이 좁은 오솔길이었다. 키보다 웃자란 높은 돌담에는 길을 지났던 수많은 이들의 생각을 먹고 자란 이끼가 푸르스름하게 뒤덮여 있었고 그 위를 담쟁이넝쿨이 두르고 있었다. 돌계단을 오르며 투닥거리는 발걸음 소리가 벽에 부딪혀 되돌아와서는 귓바퀴에서 잠시 맴돌다가 저만치 다음 계단으로 먼저 올라갔다. 우리가 걸음을 계속할 때마다 그 투박한 소리가 생각을 방해하지 않는 선에서 끊임없이 이어졌고, 그 소리를 타고 이런저런 생각들이 꼬리를 물었다.

긴 오르막이었다. 마지막 계단에 올라서자 정돈된 산책로가 나타났다. 옛사람들은 그곳을 '철학자의 뜰'이라고 불렀다고 한다. 잠시 벤치에 앉아서 숨을 골랐다. 전망이 탁 트인 자리였다. 들썩이는 어깨에서부터 나오는 하얀 입김을 뚫고 하이델베르크 성Das Heidelberger Schloss과 네카어 강, 구시가지의 모습이 한눈에 들어왔다. 도화지 위에 엎질러진 물감처럼 노을이 점점 더 넓은 하늘을 물들여가고 있었다. 고요히 황혼을 맞이하는 도시의 모습을 보며 어째서 그곳을 '철학자의 길'이라고 이름 붙였는지 어렴풋이 알 수 있었다.

어둠이 내리고, 네카어 강변을 비추는 가로 등불이 짙어질 때쯤에는 하이델베르크 성으로 갔다. 성은 해발 100m 정도의 낮은 언덕 위, 중심 거리에서는 약 15분 정도 거리에 있었다. 학문의 도시라는 애칭에 어울리게 하이델베르크 도시 전체에서 어쩐지 고전적이면서도 정제된 분위기가 느껴지곤 했는데 하이델베르크 성은 도시의 그런 분위기를 극대화 시키는 곳이었다. 멀게는 30년 전쟁에서부터 가깝게는 제2차 세계대전까지 하이델베르크 성은 숱한 전란을 겪으며 상처 입어야 했다. 성 곳곳에는 군데군데 포탄을 맞아 무너져 내린 흔적이 아직도 그때의 모습 그대로 남아 있었다. 빅토르 위고는 하이델베르크 성을 두고 "이 성은 유럽을 뒤흔든 모든 사건의 피해자가 되어 왔으며, 지금은 그 무게로 무너져 내렸다."고 말했다고 전해진다. 폐허는 하이델베르크가 짊어져야 했던 역사적 숙명을 기억하고 있었다. 그 흔적을 모두 지우고 새로 복원했다면 하이델베르크

성은 아마 지금보다 훨씬 세련된 모습을 하고 있었을 것이다. 그러나 독일인들은 복원과 유지의 중요한 기로에서 유지를 선택했다고 한다. 지나간 시간을 끊임없이 상기하려 애쓰는 그들의 고집이 엿보이는 부분이다.

첫날 좀 고생을 해야 했지만, 알자스Alsace 지방을 직접 자전거로 주행하길 잘했다는 생각이 들었다. 서유럽 일정을 논의하면서 프랑크푸르트에서 바로 파리로 향할까도 생각했었다. 그러나 그랬다면 하이델베르크, 스트라스부르Strasbourg 등의 이름난 도시들은 물론이고 그 사이를 잇는 개성 있는 마을들을 영영 모르고 살았을 것이다. 유로벨로에서는 이 구간을 '메모리얼 루트Memorial Route'라는 특별한 이름으로 지칭하고 있었다.

프랑크푸르트부터 시작해서 하이델베르크, 카를스루에Karlsruhe를 지나는 동안 줄곧 36번 도로를 이용했다. 하늘에는 며칠 동안 먹구름이

가득했고 평평한 곡창지대를 두르고 담벼락처럼 이어지는 동쪽 능선에는
하얀 운무가 더 오르지 못하고 주저앉았다. 그러나 먹먹한 날씨도 아기자
기하고 동화 같은 마을의 정경을 바래게 하지는 못했다.

도로에서 멀지 않은 오른쪽으로는 라인 강Rhein R이 흐르고 있었다.
그 강이 땅을 기름지게 했다. 기후가 온화하면서도 자원이 풍부해 쓰임
새가 많던 이곳 알자스 지방은 그런 이유에서 역사적으로 몇 번이고
주인이 바뀌었다고 한다. 1월 4일 프랑스 알자스 주의 주도인 스트라스부
르에 도착했다. 독일의 국경도시 칼Kahl에서 다리 하나를 건너 만났다.
이렇게 쉽게 넘나들 수 있는 국경이라니, 그 옛날, 이 지역을 두고 치열한
쟁탈전을 벌이며 산화해갔을 일선의 병사들은 지금의 이런 평화를 보고
분개 하고 있을까 혹은 흐뭇해 하고 있을까.

먹빛의 메트로폴리스, 프랑스 _프랑스 스트라스부르에서 파리까지

　　　　　프랑스에 진입하고 난 후엔 바게트를 주식으로 먹었다. 달리 어떻게 먹어야 잘 먹는 것인지를 몰라서 마가린이나 발라먹었다. 그 커다란 빵을 사서 잭나이프로 위아래로 길게 홈을 냈고 그 가운데 횡단면에 마가린을 발랐다. 어딜 봐도 외국인인 세 사람이 꼭 자기네 나라인 것처럼 따분한 표정을 한 채 족히 50㎝ 나 되는 기다란 빵을 나란히 들고 우적우적 씹어 먹고 있는 모습을 사람들은 재미있다는 듯이 쳐다봤다. 바게트는 우리나라에서 먹어본 보다 조금 부드러웠으며, 손맛이 깃든 정도의 염분이 더해져서 그런대로 먹을 만했다. 1월 6일, 파리Paris행 기차를 타는 날이었다. 체크아웃 시간을 꽉 채우고 숙소를 나섰음에도 기차가 출발할 때까지는 한참을 기다려야 했다. 이미 가볼 만한 곳은 다 둘러본 상태여서 애매한 시간에 갈 어디를 가기도 마땅치 않

앉다. 그래서 스트라스부르 역에서 그저 사람 구경이나 하며 시간을 보냈다. 역 근처에는 사람도 많고 비둘기도 많다. 바스락거리며 떨어지는 딱딱한 빵 껍질들은 비둘기의 몫이었다. 대도시 내에 비둘기들이 급격하게 증가한 현상이 80년대 후반부터 전 세계에서 공통으로 목격되었다고 한다. 정말이지 비둘기들은 어딜 가도 있었다. 그곳에 있던 부랑자들도 마찬가지였다. 갈 곳을 잃어 역을 중심으로 공존하고 있다는 면에서 둘의 처지가 비슷했다.

프랑스의 거리는 양면적이었다. 유럽의 다른 어느 나라보다도 다양한 인종들이 그곳에 있었다. 특히나 스트라스부르는 도시 내에 있는 대학생 중 20%가량이 외국인 학생일 정도로 개방적인 도시였다. 그들은 대체로 개성 있어 보였으며 압제를 체험해 보지 않은 사람들 특유의 자유분방함을 드러냈다. 사람들은 분명한 목적지가 있는 듯이 걸어가다가도 관심을 가질 만한 일이 생기면 본래의 계획에 개의치 않고 순간에 몰입했다. 잘은 모르겠지만 그런 일련의 모습과 삶에 대한 태도가 '관용'의 나라라는 프랑스의 모습의 단면이 아닐까 싶었다. 그러나 그러다가도 또 다른 곳을 보면 생각이 바뀌었다.

역 안에서는 이따금 중무장한 군인들이 주위를 살피며 오가는 모습이 보였다. 경찰이 아니라 군인이었다. 이곳 스트라스부르에서도, 파리에서도 거리에서 군복은 흔히 볼 수 있는 의복 중 하나였다. 그들의 눈빛에서 경계의 의도를 파악하는 것은 어려운 일이 아니었다. 여행 직전에 프랑스의 실패한 이민 정책을 비판하는 기사를 본 적이 있었다. 그 때문인지 자유스러우면서도 억압적인 그 이중적인 분위기가 마치 살얼음판 위를 방긋거리며 뛰어다니는 아이의 모습을 보는 것만 같아 위태롭게 느껴졌다.

7시쯤 기차에 올랐다. 체코에서의 식은땀 나는 경험을 통해 기차 탑승 요령을 몸소 익혔던 우리는 스트라스부르 역에서는 보다 여유 있게 기차에 탑승할 수 있었다. 기차 안에는 별도로 자전거에 배정된 칸이 없었다. 대신 좌석 몇 개를 접어서 만든 공간에 자전거를 둘 수 있었다. 우리는 자전거가 눈에 보이는 근처의 좌석에 앉았다. 객실 사이에 큰 짐을 둘 수 있는 공간이 있어 객실 안쪽은 넓고 여유로웠다. 마주 보고 있는 좌석 중앙에는 넓은 테이블이 설치되어 음식을 먹거나 사무를 보기가 수월했다. 객실 유리문에 부착된 로고를 보면 무선 인터넷 사용도 가능하다는데 무슨 이유에선지 그것만은 작동하지 않았다. 아무래도 로밍을 하지 않은 탓인지도 모르겠다. '한국에서도 타 본 적이 없는 고속열차를 프랑스에서 타고 있다니.' 그것도 고속 열차의 상징이라는 '떼제베TGV'였다. 촌놈처럼 모든  것이 신기했다. 녀석은 우리와 우리의 자전거, 그리고 꿈과 희망(?)을 싣고 시속 250㎞의 속력으로 파리로 향하고 있었다. 열차는 스트라스부르역 플랫폼을 박차고 달린 지 두 시간여 만에 파리 동 역에 도착했다.

밤 9쯤이었다. 파리에 섭외해 놓은 호스트에게는 우리가 늦게 도착한다는 점에 대해서 미리 양해를 구해 놓은 상태였다. 그는 '새벽이라도 상관없으니 아무 때나 오세요.'라며 개의치 않아 했으나 신세를 지는 입장에서는 마음이 편치 않았다. 우리는 서둘러 페달을 밟았다.

호스트가 사는 곳은 파리 중심부에서는 다소 거리가 있는 지역이었다. 프랑크푸르트에서와 마찬가지로 우리는 주소 하나에만 의지한 채 야간 주행을 감행해야 했다. 파리의 도로는 자전거 여행자에게 친절하지 않았다. 세계적인 대도시답게 좁은 지역에 수많은 건물이 밀집해 있었으며, 오래전에 만들어진 거리는 서울 여느 골목들처럼 좁고 꼬불꼬불했다. 그래서 목적지로 가는 정확한 주소가 있었음에도 거기까지 도달하기 위해 골머리깨나 써야 했다. 거리는 복잡한 구조로 짜여 있었고, 주소 체계는 생소했으며, 한 번도 써 본 적이 없는 불어로 누군가에게 도움을 구하기도 어려웠다.

이런저런 잔꾀를 부려가며 호스트의 집이 있다는 주택가에 도착했을 때 시각은 10시에 가까워져 있었다. 그런데 다 와 놓고서는 그의 집이 어디인지를 헤매고 있었다. 밤이 깊은 시각 주택가에는 인적이 드물었다. 어찌 됐건 다 오긴 왔으니 '담배나 한 대 피우면서 생각하자.'고 셋 중에 누가 말해서 불을 붙이려는 찰나에 누가 말을 걸었다.

"한국 사람이에요?"

인근에 사는 동포 아주머니였다. 밤 10시에 파리 외곽의 가로등 하나 없는 한적한 골목에서 한국인 아주머니를 만날 확률이 얼마나 될까? 우리는 그분이 빌려 주신 휴대폰으로 호스트와의 통화에 성공하여 곧장 집으로 찾아갈 수 있었다. 이런 식의 기연은 마주할 때마다 새롭다.

꼬시 가 27번지였다. 심호흡하며 낡은 나무문에 달린 벨을 눌렀다. 파리에 사는 호스트의 이름은 '미르미란'. 그 이름에서 느껴지는 미묘한 여성적 뉘앙스와 더불어 웹 샤워 소개말의 문체로 미루어 짐작하여 우리는 짐짓 인심 좋은 아주머니의 이미지를 머릿속에 그리고 있었다. 첫 번째 벨에 아무런 반응이 없어 다시 벨을 누르자 위층 어디쯤에서 문이 여닫히고 이내 나무계단 삐걱거리는 소리가 나더니 점차 가까워졌다. 그리고 마침내 우리가 서 있는 문을 사이에 두고 반대편에 사람의 실루엣이 보였다. 문이 열리자, 이럴 수가! 웬 아리따운 젊은 여성이 우리를 맞이하는 게 아닌가, 그러나 순간 승천한 광대뼈를 우리는 금세 바로 잡아야 했다. 그녀의 뒤를 따라 내려온 젊은 남자, 우리를 맞이한 그녀의 연인이자 우리를 초대해 준, 그가 미르미란씨였다.

우리는 우선 선뜻 그들의 공간 한 편을 내준 것에 대한 감사를 표했다. 그러자 그는 오히려 '한국인을 만나는 경험을 할 수 있게 해준 여러분들에게 오히려 고맙네요.'라며 독려하며 우리를 안으로 이끌었다. 집은 한국에서 흔히 볼 수 있을 정도의 투룸이었다. 그는 그중 한 방을 우리에게 양보해 주었다. 세 명이 자기에 넓지도 좁지도 않은 아늑한 방이었다. 늦은 시각이었기 때문에 긴 이야기는 나누지는 못했지만 짧은 시간 동안 미르미란씨는 우리에게 대중교통과 관광 명소에 대한 중요한 정보들을 간추려 일러주었다. 다만 한 가지, '자라 보고 놀란 가슴 솥뚜껑 보고 놀란다'는 말마따나 그의 아리따운 연인이 채식주의자라는 말에 볼프람 할아버지의 정체 모를 음식을 먹던 일이 생각나 순간 소름이 돋기도 했지만, 그들과 함께 지내면서 다행히도 먹을 것으로 불편을 겪은 일은 없었다.

1월 7일, 자리를 털고 일어나서 인사하려고 보니 이미 미르미란씨는 직장에 출근하고 없었다. 그의 연인, 아니 프랑스에는 혼인 신고를 하지 않고도 결혼 생활을 하는 이들이 많다고 하니 그들이 사는 모습을 보면 아내라고 하는 편이 정확하겠다. 어쨌든 그녀가 대신 우리의 아침 인사를 받아주었다.

"Good Morning!"

그녀는 캐나다에서 나고 자라 불어에도 영어에도 능했다.

"네, 좋은 아침이네요. 오늘은 어디를 가 보실 생각인가요?"

"글쎄요, 우선 가장 보고 싶었던 베르사유 궁전에 가 보려고요."

"베르사유 궁전은 여기서 꽤 멀리 있으니 서둘러야 할 거예요. 참, 미르미란이 이걸 가져가라고 했어요. 즐거운 시간 되시길!"

그녀는 그러면서 집 열쇠를 우리에게 주었다. 저녁 늦게 올 테니 먼저

집에 오면 편히 쉬고 있으라는 말과 함께였다. 나라면 처음 본 사람들에게 집 열쇠를 맡길 수 있었을까. 호스트도 호스트 나름인지, 파리에서 만난 이들은 참 쿨 했다. 배가 고파서 일단 근처 구멍가게에서 바게트 세 개를 샀다. 그것들을 각자 하나씩 들고 우적우적 씹으며 가장 가까이 있는 역인 라플레이스Laplace 역으로 갔다. 파리의 지하철 노선도는 처음 보았을 때 상당히 복잡해 보였다. 일단 역이 많았고, 그것들은 또한 도심으로부터의 거리에 따라 등급이 나누어져 있었다. 서울의 지하철이 1호선부터 9호선까지 일관되게 이름이 정해진 것과 달리 파리의 전철은 이름도 다양해 보였다. 그러나 그 역시 일정한 규칙에 의해서 정해진 것이었기 때문에 서울에서 지하철깨나 타본 경험이 있는 사람이라면 몇 번

보다 보면 금세 적응 할 만한 난이도였다.

베르사유에 가기 위해서는 라플레이스 역에서 B노선 열차를 타고 20여 분을 달려야 했다. 그리고 노트르담Notre-Dame 역에서 C노선으로 환승 한 후 다시 40여분을 더 갔다. 열차는 센 강Seine R.을 따라 점차 서쪽으로 향해갔다. 열차 요금은 편도 1인당 7,000원 정도, 비싼 요금에 비례하는 쾌적함은 느끼지 못했지만, 교외로 가는 편이라서 그런지 승객이 얼마 되지 않아 편하게 갈 수 있었다.

베르사유 궁전Chateau de Versailles은 루이 13세가 짓고 루이 14세에 이르러 증축된, 17세기 프랑스의 화려한 귀족문화를 대표하는 대궁전이다. 프랑스 대혁명을 거치며 비록 내부의 장식품들이 많이 도난되었으나, 이후 미국독립혁명, 독일제국건국, 제1차 세계 대전평화조약 체결의 순간 등을 함께하며 명실상부한 프랑스 최고의 문화유산으로 자리매김했다. 그러나 그런 역사적 사실을 차치하더라도 베르사유는 1990년대 우리나라에서 선풍적인 인기를 끈 일본 애니메이션 〈베르사유의 장미〉의 배경이 된 곳으로 한국인들에게 익숙한 곳이기도 하다.

하지만 때가 좋지 않았다. 먹구름이 태양을 집어삼킨 먹먹한 하늘 아래서 금으로 장식된 화려한 건물들은 빛을 잃고 있었다. 우리를 제외하고 그 당시 그곳을 찾은 관광객들은 손에 꼽을 정도였다. 물론 그것은 베르사유 궁전을 관람하기에 겨울이 어울리지 않은 계절인 이유 때문이었겠지만, 어찌 됐건 '아무리 화려한 유산이라도 사람들의 관심을 받지 못하면 이토록 초라해 보일 수도 있구나.'라는 생각이 들었다. 그때의 궁전은 화려하기보다는 오히려 지독하게 쓸쓸하게 느껴졌다. 그 모습이 마치 태양왕의 시대가 끝나고 그의 일가들이 몰락하면서 궁전이 겪은 처우를 은유적으로 보여주고 있는 것 같았다.

우리는 궁전을 뒤로하고 그 앞에 광활하게 펼쳐진 정원으로 내려가 호수 둘레를 거닐었다. 겨울을 맞이하여, 봄을 준비하기 위해 정원은 단장이 한창이었다. 거대한 회전 톱을 장착한 굴착기 한 대가 나무들 사이를 바쁘게 움직이고 있었다. 굴착기가 작업을 마칠 때마다 나뭇가지들은 공정을 마친 라면 면발처럼 일률적이고 각진 형태로 탈바꿈했다. 그것은 조경이라기보다는 오히려 생산에 가까운 작업이었다. 이파리가 하나도 남지 않은 나목들이 길을 사이에 두고 양편에 줄지어 서 있는 모습만큼 허망한 감정을 불러일으키는 것이 또 있을까. 앙상한 나뭇가지에는 바람만 잠시 머물다 갈 뿐이었다.

우리가 여름에 왔다면 어땠을까. 드넓은 잔디마다 머금고 있던 이슬방울 방울이 얼마나 찬란하게 반짝였을지. 깔끔하게 정돈된 관목들 사이로 넘실댈 푸르름은 또, 지금은 의뭉스러울 정도로 검은 호수도 여름이었다면 투명하게 드러나지 않았을까. 가만히 서 있기만 해도 자연의 생명력을 담뿍 받아갈 수 있는 그런 풍성함은 없었지만 그래도 겨울 정원의 적적함이 오히려 걷고, 생각하기에는 어울리는 듯이 보였다. 그래선지 정원에는 산책하러 나온 사람들이 더러 있었다. 그 사람들처럼 우리도 걷는 도중 어느 순간부터 풍경을 잊게 되었다. 우리는 한국에서 자주 가졌던 술자리에서처럼, 시시껄렁한 이야기들을 새롭다는 듯이 이야기하며 때론 작게, 때론 크게 웃었다. 여행을 시작하고 몇 개월 동안 늘 시간에 쫓기며 '어디를 갈지', '어떤 음식을 먹을지', '무엇을 해야 할지' 등 실용적인 대화 일색이었는데, 그런 소소한 이야기를 시간에 구애받지 않고 나눈 것도 꽤 오랜만이었다. '힐링'이라면 그런 게 '힐링'이 아닐는지. 겨울의 베르사유가 남겨놓은 사무치게 쓸쓸한 여백을 그렇게 채우고 있었다.

1월 10일, 떠날 시간이 얼마 남지 않았던 이 날도 부지런히 파리의 이곳저곳을 돌아다니기 위해 지하철에 올랐다. 그런데 지하철을 한참 동안 타고 가던 중 희동이 대뜸 현관문을 잠그고 나왔는지 확신이 서지 않는다고 했다.

'그럼 아예 돌아가서 확인하고 오는 게 어때?'

그러자 원태가 '아냐, 그냥 내가 들어갈게, 오늘은 좀 쉬고 싶네. 들어갔다가 저녁에 다시 나올게.' 파리에 도착한 후 한 번도 마른하늘을 보지 못하다 보니 시나브로 너나 할 것 없이 센티 해져 가고 있었다. 오랫동안 내린 이슬비에 서서히 가라앉은 머리카락처럼 그때에는 어딘지 모르게 세 명 모두 의욕이 없어 보였다. 무슨 일이 있느냐고, 내키지 않느냐고, 그래도 같이 돌아다니는 게 어떻겠냐고 한 번은 붙잡았지만 두 번 말할 기운은 내게도 없었다. '그래 그럼 그렇게 해', 함께 내렸다가 원태가 돌아간 지하철 플랫폼에서 나와 희동만 남아 다음 열차를 기다렸다. 습한 날이 계속되고 있어서 그런지 그날따라 역사 안에는 지린내가 유독 심했다. 노숙자들이 고정적으로 은둔하고 있는 곳에서는 덜 마른 인분이 노골적인 냄새를 풍기고 있었다.

낮 동안 각자 가고 싶은 곳을 돌아본 우리는 오후가 되어 다시 만났다. 2호선 앙베르Anvers역에서 하차해서 몽마르트 언덕La Butte Montmartre으로 갔다. '여기가 파리에서 가장 높은 곳이래.' 희동이 말했다. 유명한 영화의 한 장면에 소개된 곳이라고도 했다. 그런 단편적인 조각들이 붙어가 만들어내는 왠지 모를 낭만적인 뉘앙스와 어울려 '몽마르트'라는 단어에서 특유의 '몽'환적인 분위기가 느껴지는 것 같았다.

지하철역에서 나와 갈색 이정표가 가리키는 방향을 따라가면 기념품 상가가 온종일 노란 조명을 밝히고 있는 짧은 골목이 나오고, 그 골목에 들어서서 걷다 보면 높은 언덕과 그 표면을 대칭형의 마름모꼴로 덮은 푸릇한 잔디 그리고 정상에 커다란 사원이 눈에 들어온다. 사크레 쾨르 성당Sacred Heart Cathedral이었다. 비잔틴 양식의 이 성당, 1910년에 지어졌다고 하니 그리 오래된 건물은 아닌데, 주변의 지형과 너무나 잘 어울려 마치 오래전부터 그곳에 있었을 것만 같은 느낌이 들었다.

서울에서나 파리에서나, 지하철이 사람을 다운시키는 알지 못하는 힘을 갖고 있었던 건지, 밖으로 나오니 그래도 좀 트이는 기분이었다. 언덕 가장 아래에 있던 회전목마를 지나, 잔디 바깥으로 설치된 계단을 오르려고 하는데 반갑지 않은 사람들이 길을 막았다. 어딘지 불량스러운 분위기가 풍기는 흑인들이었다. 그들은 엉성한 발음으로 '니 하오', '곤니찌와'를 반복하며 손에 들고 있는, 역시나 엉성한 팔찌를 우리에게 내밀었다. 나중에 보니 유명한 관광지마다 이런 유형의 인간들은 빠짐없이 진을 치고 있었다. 그때마다 하고많은 사람 중에 어째서 우리에게만 접근했는지는 의문이다. 우리가 그렇게 호구같이 보였나?

그들을 뿌리치며 정상에 올랐다. 전망이 좋은 지점이었다. 에펠탑이나

개선문 등 이름 있는 건물들은 방향 상 보기가 힘들었으나 이외 파리 시내가 한눈에 들어왔다. 날씨가 좋지 않은 그 와중에도 아주 선명하게 보였다. 수많은 연인이 거기에 있었다. 전망과 어울리는 그림이었다. 멀리 있는 낮은 구름에서는 옅었지만, 언뜻 붉은 기운이 비치기도 했으며, 조금씩 켜지는 시가지의 조명들이 모래밭에 숨은 바늘처럼 빛났다.

우리는 건물 뒤편에 조성된 예술의 거리로 좀 더 들어갔다. 레스토랑, 기념품을 파는 가게 등 상점들은 많았으나 손님은 그리 많지 않았다. 드문드문 그래도 사람이 왕래하는 곳에서는 우스꽝스러운 분장을 한 광대 하나가 마임을 하고 있었고, 그 뒤편 광장에는 어딘지 세상에서 가장 무료한 표정을 한 대여섯 명의 화공이 가상의 모델을 상정한 채 그래도 쉬지 않고 붓을 놀리고 있었다. 어디서 나타났는지 한 한국인 화가는 우리에게 넉살 좋게 '안녕하세요~. 그림 하나 그리시죠?'라며 다가오기도 했는데 '목구멍이 포도청이라서요. 죄송합니다.'라며 거절했다.

언덕을 내려오는 길에는 케이블카를 이용했다. 지하철 티켓만으로 몽마르트 언덕의 짧은 케이블카를 이용할 수 있었다. 그리고 내려와서 지도를 펴고, 몽마르트에서 멀지 않은 곳에 물랭루즈가 있음을 확인했다. 그곳까지 조금 걸었다. 피갈레 역부터 물랭루주Moulin Rouge까지 이어지는 대로변에는 성인용품점이나 스트립 바들이 즐비하게 늘어서 있었다. 물랭루주 중앙홀로 들어서는 복도 벽에 그려진 아찔한 의상의 무희들이 과거 이곳이 어떤 장소였는지를 짐작하게 했다. 물랭루주에서 더 걸어 오페라 건물까지 다다른 후 거기서 지하철역을 타고 환승역인 레스 할레스Les Halles역에서 내렸다. 그리고 퐁피두 센터Centre Pompidou 근처에 있는 셀프 레스토랑 플런치Flunch 앞에서 원태를 만났다.

그때까지 여행하면서 가장 끔찍했던 일이 바로 그곳에서 일어났다. 그날은 내가 태어난 날이었다. 없는 살림에 모처럼 외식을 나온 이유가 바로 그 때문이었다. 그래 봤자 볼품없는 저가 푸드코트에 불과했지만, 눅눅하고 찰기 없을지언정 그곳에서는 무한 리필로 제공되는 쌀밥을 양껏 먹을 수 있었다. 파리에 있는 동안 내내 꿀꿀 했던 날씨 탓에 시무룩했던 기분을 좀 풀어보자고 생각하며 식당 안으로 들어갔다.

우선 각자 하나씩 스테이크를 주문했다. 그리고 뷔페처럼 마련되어 있는 바에 가서 마카로니와 쌀밥을 넉넉히 담았다. 비록 싸구려 음식들만의 잔치였으나 남부러울 것 없는 조합이었다.

"케이크 안 사줬다고 삐친 거 아니지?

"케이크 같은 소리 하네, 우리 사정에 무슨 케이크냐. 이만하면 진수성찬이지."

"하긴 그렇지. 부모님께는 연락드렸고?"

"이따 돌아가면 보이스톡 하려고."

"그래. 암튼 생일 축하한다. 올해는 이렇지만, 내년에는 제대로 칼질 한 번 하자."

조촐한 한 상을 앞에 차려놓고 친구들의 축하를 받으며 시간을 보내자 마음이 넉넉해졌다. 그리고 식사를 마친 원태와 내가 자리를 정돈하고 일어서려는데 희동의 표정이 갑자기 어두워졌다.

"왜 그래?"

대꾸도 없이 급히 외투 주머니 이곳저곳을 뒤져 보던 희동은 그 모습을 긴장되게 지켜보고 있던 우리에게, 아뿔싸,

"아, XX, 지갑이 없어."

"뭐!?"

기껏 기분 좋게 밥 먹고 이게 무슨 날벼락 같은 일이람. 그 소리를 듣고 반사적으로 튀어 올랐다. 식당 안에서 다녔던 동선을 샅샅이 뒤져 봤으나 어느 곳에도 지갑은 없었다. 사라지기 전까지 지갑은 희동의 외투에 있었다. 식사를 편하게 하려고 희동은 외투를 의자에 걸어놓고 있었는데 아무래도 우리가 음식을 가지러 간 사이 누군가가 지갑을 훔쳐 간 모양

이었다.

　우리는 그날 공금 명목으로 각자 일정 금액의 현금을 인출 한 바 있었고, 그 돈은 고스란히 희동의 지갑 안에 들어 있었다. 다행히 식당은 선지급제였기 때문에 비용은 미리 지급한 상태였다. 일단 식당에서 나왔다. 희동은 당황한 기색이 역력했다. 그러면서도 치밀어 오르는 분노에 몸을 떨고 있었다. 사람이 극도로 혼란스러운 상황에 직면하면 실제로 손발이 부들부들 떨린다는 사실을 나는 그때 처음 알았다.

　실은 원태와 나 역시 적잖이 당황했다. 그러나 티를 낼 수는 없었다. 정작 피가 거꾸로 솟고 있을 사람은 따로 있었으니까. '이미 엎질러진 물을 주워담을 수야 있겠는가.' 그러나 금전적인 손해야 그런 식으로 얼버무리면 되었지만, 오히려 속을 뒤집어 놓는 것은 '막을 수도 있었는데…' 하는 안타까움이었다. 옆 테이블 앉아 있던 사람들이 음식을 다 먹기도 전에 자리에서 일어났던 일, 세 명 중에 하필 공금이 채워진 지갑을 소지하고 있던 희동이만 점퍼를 벗어놓고 식사를 했던 일 등은 꼭 일이 벌어지고 난 후에야 큰 의미로 다가왔다. 그런가 하면 그날따라 붐볐던 지하철에서 희동에게 주머니를 조심하라고 당부하던 말과 아까 공금으로 사용할 돈을 인출할 때 괜스레 '달걀은 나눠서 담아야 한다.'는 격언이 머리에 스치던 상황이 떠올라 혹여 그러한 것들이 어떤 암시가 아니었나 싶어 죄책감이 들기도 하였다. 그러나 알았다, 막을 수 없는 상황이었다는 것을. 한 번 쓰기도 겁났던 국제전화를 몇 통이나 해 가면서 떨리는 목소리로 상담 직원에게 카드를 막아 달라 요청하는 희동을 보면서 더 대범해져야 했다. 다행스럽게도 그날 저녁 날씨는 비 온 뒤의 시간답지 않게 아주 따

듯했고, 운신의 폭을 좁혀버리는 사건이 있었음에도 불구하고 그래서 오히려 더 의지가 샘솟았다.

사람이 미어터지는 에스컬레이터를 내려와 레 할레스 역사 안에 들어올 때까지만 해도 평정을 찾지 못하던 희동이 완전히 제 컨디션을 찾은 때는 아마 루브르 박물관을 보고 센 강을 걷고 있을 즈음이었지 싶다. 루브르 역에서 내려 막연하게 상상하던 그 유리로 된 피라미드를 찾아 발걸음을 옮기다가 거의 다 가서 머리를 풀어헤친 거리의 첼리스트로부터 상처를 위로받고 마침내 영상이나 지면을 통해서만 봐오던 장소가 눈앞에 등장했을 때 비로소 불편한 기억을 떨쳐 낼 수 있었다. 이 도시는 짐작건대 세계에서 가장 빛을 잘 다루는 사람들이 사는 곳이 아닐지. 그밤, 중앙에 신비롭게 서 있는 거대한 피라미드와 이를 위시한 보다 작은 조형물들, 그리고 아래로부터 조명을 받아 화려하게 빛나는 주변의 건물들과 여백처럼 그 사이를 매운 잔잔한 물결들은 에펠탑의 야경과 비결될 만한 것이었다. 그 거대한 랜드 마크가 혼자서 빛나며 심지어는 이질적이기까지 한 환상을 자아냈던 것에 반해 루브르 앞마당의 전경은 비교적 조용했고, 자잘한 것들이 모여 완성된 무언가를 만들어 내고 있었다.

그리고 센 강 변을 따라 걷고, 샹젤리제 거리를 지나 전날 잠깐 들렀던 개선문에 다시 가서 우스꽝스러운 사진을 찍으며 오래 머무는 사이 시간은 벌써 열 시가 지나 있었다. 시간 가는 줄을 몰랐다. 아이러니하게도 그날 밤은 파리에 있는 동안 우리가 가장 신이 나 있었던 시간이었다. 세차게 비가 내린 뒤에 가장 맑은 하늘을 볼 수 있듯이. 지하철이 끊기는 시각이 가까워질 때까지 우리는 시내에 머물렀다. 그리고 몽마르트 언덕에서 야경을 보는 것을 마지막으로 파리에서의 일정을 마쳤다. 미르미란씨 집에 돌아온 건 자정 무렵이었다. 또래의 젊은이들이 그렇게 선망하는 파리의 매력이 무엇인지 이제야 조금 알 것 같은데, 더 이상의 시간은 남아 있지 않았다.

1월 11일, 저녁 7시쯤 역으로 나갈 채비를 했다. 방임이라는 큰 배려를 해준 미르미란씨에게 감사하다는 말을 꼭 하고 싶었는데, 마지막까지 프리 했던 그가 친구와의 약속으로 집을 비우는 바람에 그의 여자친구에게 갑절의 인사를 할 수밖에 없었다. 선물이라도 하나 하고 올 걸, 미안한 마음이 들기도 했다. 조곤조곤, 차분한 모습이 어울리던 그 두 사람이 부디 앞으로도 행복하기를 바랐다.

떠나는 날이 돼서야 서서히 걷히고 있는 구름을 야속해 하던 것도 잠시, 그런 마음을 읽었는지 역을 향해 페달을 밟은 채 몇 분이 되지 않아

멀쩡하던 하늘에 굳은비가 쏟아지기 시작했다. 가는 발걸음 가볍게 하는 비에 고마움이라도 느껴야 하나, 8시경 오스트리츠Austritz역까지 6㎞ 남짓한 거리를 달리는 동안 외투가 금세 축축해졌다. 그리고 옷을 어떻게 해 볼 새도 없이, 우리는 플랫폼과 가장 가까운 곳에 적당한 자리를 마련하고 자전거 해체 작업에 돌입해야 했다. 10시 16분에 떠나는 파리발 바르셀로나행 열차는 스페인 소속으로, 자전거 적재를 위한 별도의 칸이 마련되어 있지 않아 포장된 짐의 형태로 자전거를 갖고 가야 했다. 원태에게 부탁해서 한국에서 공수해 온 자전거 가방을 요긴하게 썼다. 그리고 이내 열차에 탑승하여 잠을 청한 우리는 약 10시간이 지난 후 바르셀로나 역에 도착했다.

천국에도 그림자는 진다, 스페인 _바르셀로나에서 바다호스까지

　　1월 12일, 또 열차 안에서 깊은 잠에 빠져들기가 힘들었다. 이대로 두 눈 멀쩡하게 뜬 채 새벽을 마주하게 되면 어쩌나. 걱정이 이만저만이 아니었으나 눈을 감기 전 마지막으로 본 남부 프랑스 평원의 칠흑 같은 어둠과 다시 설핏 눈이 뜨였을 때 보이던 여명 간에 단절이 있음을 보건대 다행히 어설프게나마 잠이 들긴 했었나 보다. 8시가 조금 넘은 시각이었다. 두세 시간이나 제대로 잤는지 모르겠다. 그래도 그것도 잠이라고 기지개를 켜자 의식이 또렷해지고 몸에서도 기력이 동했다. 마침 아침이 시작되는 시간이었다. 요근래 좀처럼 보기 힘들었던 열린 하늘에서 둥근 불덩이가 붉으락푸르락하며 점점 고도를 높이고 있었다. 차창 밖으로 스치듯 지나가는 쉰 나뭇가지들 사이에서 그 모습이 더 또렷하게 보였는데, 그것이 마치 어떤 의지 같기도 하였다. 이런 아침을 얼마나 고대했던지, 지난 몇 주간 계속됐던 서유럽의 우중충했던 나날들이 주마등처럼 스쳐 가며 벅찬 감동이 끌어 올랐다.

10시가 가까워질 무렵 열차는 마침내 바르셀로나 역에 도착했다. 모래를 닮은 상아 색깔의 건물들, 때아닌 야자수와 한결 가벼워진 옷차림, 들뜬 바람막이가 훈풍에 펄럭이고, 쪽빛 하늘에는 비행운 한 줄만 길게 드리워 있었다. 전령인 양 그 주위를 휘휘 배회하고 있는 갈매기가 먼바다로부터 봄기운을 물어다 지상에 흩뿌리고 있었던지, 출근 시간이 지난 아침 대로변에는 벌써 권태가 흘렀다. 사시사철 온난한 기후를 바랄 수 있다는 도시답게 바르셀로나는 겨울마저도 훈훈했다. 그 어떤 음습함도 용납하지 않겠다는 듯 광장에는 따스한 햇볕이 한가득 들어차 있었는데, 오전 한때 그곳을 거닐던 사람들에게서는 하늘의 은총을 아낌없이 받고 자란 이들 특유의 여유로움이 묻어났다. 한 장의 사진에 고스란히 담아 사정을 모르는 이에게 보여 준다면 봄이 다 뭐람, 여름이라고 해도 이상하지 않을 정도의 분위기였다. 바르셀로나가 내게 남긴 첫인상이었다.

모처럼 계속되는 화창한 날씨를 기꺼워하며 우리는 이틀 동안 몬주익 언덕, 사그라다 파밀리아, 구엘공원Park Guell, 캄푸 누Camp Nou 등 바르셀로나의 관광 명소들을 두루 돌아다녔다.

바둑판처럼 지면에 반듯하게 그려진 도로망을 보면 이 도시가 철저한 계획을 갖고 설계되었음을 알 수 있었다. 그래서 작은 지도만 갖고도 쉽게 목적지에 도달할 수 있다. 길들은 대개가 아주 넉넉한 공간을 두고 시공되었으며, 도로변에도 보행자와 자전거 간의 혼잡이 생기지 않을 만큼의 여유가 있어 자전거로 다니기엔 더할 나위 없었다.

1월 14일, 바르셀로나 셋째 날도 마찬가지였다. 창가마다 하나씩 놓인 화분 위에 혹여 벌이 윙윙거린다 해도 이상하지 않을 법한 날씨가 이어졌다. 이 겨울 야자수가 심어진 대로변의 자전거 도로를 달릴 수 있음에 기뻐하며 셋은 먼저 처음에 왔던 기차역으로 향했고, 17일에 떠나는 마드리드Madrid행 티켓을 미리 구매했다. 그리고는 홀가분한 마음으로 고딕 지구 탐방을 시작했다. 기차역을 나와 횡단보도를 건너 맞은편으로 향한 후 조금 더 가자 세인트 마리나 성당의 위치를 알리는 표지판이 나왔다. 그 근처에 자전거를 세웠다. 미사가 한창이던 성당을 지나 카탈루냐 음악당Catalan Music을 위시하고 둘러쳐진 성벽을 따라 걸었다.

사람마다 가지고 있는 낙원의 모습이 조금씩은 다를지 몰라도 그것이 봄, 여름, 겨울, 가을 중 여름을 가장 많이 닮아있음은 대개 비슷하다. 그렇다면 지금껏 다녀본 도시 중 여기 바르셀로나야말로 가장 낙원에 가까운 곳이라고, 그때까지도 나는 믿어 의심치 않았다. 한때 이슬람 문화권의 침략을 받은 적이 있는 스페인이었다. 그래선지 어딘지 모르게 사막의 뜨거운 태양을 연상시키게 하는 건물들은 페레네Pirineos 산맥 북쪽의 나라들과는 확연한 차이가 있었다. 거리마다 가득한 녹색 식물들을 보고 있으면 '오아시스' 혹은 '파라다이스'와 같은 단어들이 떠올랐다.

서로 멀리 떨어지는 일만을 경계하며 셋은 저마다 시선이 끌리는 곳에 주의를 기울이고 있었다. 그렇게 걷기 시작한 지 20분이나 되었을까? 내 뒤에서 걷고 있는 희동이 부리나케 앞서 있던 원태의 곁으로 달려갔다. '또 무슨 일이야!?' 덜컥 겁부터 났다. 사진을 찍으려다 말고 그 곁으로 갔다. 무언가를 찾는 듯이 주머니며 가방을 뒤적이고 있는 원태, 한 손에 어디서 났는지 모를 전단지를 들고 넋이 나간 표정을 한 그에게서 들리던 첫 마디는 '휴대폰'이라는 단어였다. 그러나 아무리 제 몸을 찾아본다고 해도 나올 리가 없었다. 그의 휴대폰은, 아니 휴대폰을 가져간 남자는 이미 쫓을 새도 없이 자취를 감춘 뒤였다.

전말은 이러했다. 방금까지 원태는 내게서 불과 10여 m 떨어진 곳에서 앞서 걷고 있었다. 그런데 나와 희동, 그 누구도 눈치채지 못하는 사이 낯선 남자가 원태에게 접근했고, 클럽 홍보 전단지를 손에 쥐여 줬다고 한다. 그리고는 다짜고짜 다리를 걸고 춤을 추듯이 몸을 밀착시키더니 정신이 없어 밀어낼 생각도 못 하는 사이 이내 스스로 떨어져서는 유유히 그 자리를 떠나갔다고 한다. 휴대폰은 아마 둘의 몸이 가까이 있던 사이에 이편에서 저편으로 옮겨 갔을 것이다. 심보가 못나서 그런 건지, 막상 그 자리에서 내 속에서 처음 일어났던 감정은 안타까움이나 속상함 같은 것이 아니라 가시 돋친 짜증이었다. 희동이 파리에서 지갑을 도난당한 지 얼마나 됐다고 이리 경계를 풀고 다녔는지, 일이 생기기 단 오 분 전에도 거리의 삐끼들이 내미는 전단지를 덥석덥석 받기에 핀잔을 주었건만 허투루 듣다가 기어이 일을 당하고야 마느냐고, 내색은 하지 않았지만 그런 마음이었다.

이미 그 자리에서 도둑놈을 색출하기엔 애당초 글러 먹었고, 당장 할 수 있는 일이 뭔가를 찾아보기 위해 우리는 와이파이 신호가 잡히는 근처의 패스트 푸드점으로 들어갔다. 가장 먼저 가족에게 알리고, 만에 하나 그자가 국제 전화를 사용할 것에 대비하여 휴대폰 서비스를 정지시켰다. 그리고 '위치추적' 등 실낱같은 희망을 찾으려고 애써 보았다. 그러나 이미 되돌리기엔 먼일이었다. 가장 현실적인 방법은 주변 경찰서에 가서 도난 사실을 알리고 이에 근거한 폴리스 리포트를 발부받아 한국에서 보상을 받는 일이었다. 요즘 휴대폰 제 돈 주고 사는 사람 없다고, 돌아가면 큰돈 들이지 않고 다시 새 휴대폰을 장만할 수 있으니 그런 것이야 크게 상심할 일은 아니다. 오히려 당장 원태에게 큰 충격이 되었던 것은 따로 있었는데, 바로 한창 불붙는 연애 초기에 여자친구와 더는 제 휴대폰으로 연락을 취하지 못한다는 사실이었다. 에라, 이것아.

결국, 한국에서도 가 볼 일이 없던 경찰서를 방문하게 됐다. 경찰서는 카탈루냐 스퀘어 지하에 있었는데 잘 보이지 않아 가는 데에도 애를 먹었다. 들어간 내부는 흡사 조그만 휴대폰 대리점과 비슷한 풍경이었다. 사건을 1차적으로 접수하는 데스크가 있고, 그 옆에 조금 더 세부적인 내용을 문답하는 무슨 '반장'쯤 돼 보이는 예리한 인상의 사복 경찰이 오래된 사무실에서나 있을 법한 철제 테이블에서 다초점 안경을 살짝 든 채 손에 든 서류를 유심히 쳐다보고 있었다. 그리고 서의 중앙에 대기할 수 있는 의자가 4열로 설치되어 있었다. 앉은 사람이 더러 있었는데 용의자로 온 사람들 같지는 않았다. 몇 명은 전공 책자를 펴놓고 공부를 하고 있기도 했다.

접수를 담당하는 이에게 간단히 도난 사실을 알리고 사건 접수에 필요한 서류 양식 한 장을 건네받았다. 또한, 분실 기기의 일련번호가 있어야 한다는 말도 전해 들었다. 그래서 우리는 양식을 작성하기에 앞서 마침 경찰서 맞은편에 있던 애플 스토어에 들러 전시되어 있던 이 회사의 각종 제품을 사용하여 인터넷에서 원태 휴대폰의 일련번호 찾기에 몰두했다. 여간 어려운 일이 아녔다. 어느 블로그에 적힌 대로 휴대폰 배터리를 분리하여 거기서 일련번호를 찾는 방법이야 말할 필요도 없고, 포장 케이스에서 확인하는 방법도 중고로 구매했기에 불가능, 하기야 당시에는 인터넷이 됐으니 휴대폰과 연동되는 애플사의 프로그램들을 통해 알아보면 되는데 원태가 애당초 동기화를 시켜놓지 않아 그마저도 못하는 처지였다. 우여곡절 끝에 통신사 홈페이지에서 개통 이력을 통해 원하는 바를 얻을 수 있었지만, 그 방법까지 알아내는 데에 1시간이나 소요됐다.

거기서 끝이 아니었다. 마침내 일련번호를 알아내고 사건 내용을 양식에 적어 제출하고 나서도 오랫동안 경찰서 안에 앉아 있어야 했다. 생전 와본적이 없으니 경찰서 업무 시스템을 알 리가 없었다. 우리가 할 수 있는 일은 그저 '원따이'하고 부를 때마다 예의 그 사복 경찰 앞으로 가서 짧은 문답을 주고받는 것뿐이었다. 하긴, 자세한 내용은 양식에 다 적혀 있었다. 한편 그렇게 시간이 지나는 사이 우리는 경찰들에게 중요한 정보 한 가지를 들을 수 있었다. 원태의 휴대폰을 가져간 그 용의자에게 당한 사람이 지금껏 한둘이 아니라는 것이었다. 사건의 피해자인 원태와 얼마 전 비슷한 일을 겪어 누구보다 원태의 마음을 잘 알고 있을 희동은 그 말을 듣고는 '어쩌면 잡을 수 있지 않을까' 하는 희망에 사로잡혔지만 내 생각은 달랐다. 익숙한 놈이기에 검거가 수월할 수도 있겠지만, 반대로 그렇게 활동하고도 지금껏 잡히지 않았다는 말이니까.

시간이 갈수록 늘어나던 대기자들 틈바구니에서 빠져나와 마침내 폴리스 리포트를 발부받고 지상의 광장으로 나왔을 때 이미 해는 다 저물어 있었다. 경찰서에서 나와서 우리가 가장 처음으로 한 일은 묶어둔 자전거가 안전하게 있는지 확인하는 일이었다. 해가 떨어진 지가 벌써 한참이었다. 마음이 급해서 걸음이 빨라졌다. 순진한 얼굴 뒤에 감춰진 추악한 도시의 내면을 경험한 이후 그때부터는 어느 것 하나도 안심이 되지 않았다. 그 시간 사람들로 붐비던 구시가지 내를 거의 뛰다시피 지났다. 그리고 마침내 도착했을 때, 다행히 자전거는 거기 그대로 있었다. 우리는 안심했다, 아니 방심이라고 하는 편이 정확하겠다. 거치대에 있는 다른 자전거들에 남겨진 부분 도난의 흔적, 그리고 오토바이에나 쓰일 법한 큼지막한 자물쇠들을 보고도 크게 경각심을 갖지 않았으니 말이다.

아무튼, 이제부터라도 좀 돌아다녀 보자고 혹여 속으로 울부짖었을지도 모를 자전거를 뒤로 한 채 돌아서서 다시 구시가지로 향했다. 한 시간가량 고딕지구를 돌아다녔지 싶다. 그래 고작 한 시간이었다. '금방 다녀올 건데 그동안 무슨 일이나 나겠어?'하는, 그때는 그런 의심의 문구 자체가 없었다. 그 시간 우리가 무엇을 했는지는 잘 기억이 나지 않는다. 다만 자전거가 있는 곳으로 다시 돌아왔을 때, 이대로 돌아가기에는 아쉬우니까 오징어가 없으면 바게트라도 챙겨다 해변서 맥주랑 같이 먹자고 근처 가게에 들렀었다. 그러나 그날 해변에 우리의 발자국이 찍히는 일은 없었다. 원태의 자전거가 묶여 있던 거치대, 그 곳에 자전거는 어디 가고 끊어진 쇠사슬만이 덩그러니 놓여 있었다. 한동안 아무도 말이 없었다. 그냥 숙소로 돌아갔어야 했을까, 때때로 고난은 적응할 새도 없이 연달아 터지기도 하는데, 이럴 경우 당하는 입장에서 할 수 있는 일이란 결국 그런

황망한 생각들뿐이다. 천국에도 그림자는 진다고, 참 잔인한 1월이었다.

원태를 먼저 지하철에 태워 보내고 희동과 둘이서 숙소로 돌아가는 길에 우리가 가장 우려했던 것은 혹시나 오늘 일을 통해 원태가 동력을 아예 상실해 버리는 것이었다. 그럴 만도 하지. 하루에 두 번의 도난을 경험했다. 자전거 여행을 와서 자전거를 잃어버리는 초유의 사태 앞에서 여행의 향배는 안개에 휩싸여 있었다. 그러나 다행스럽게도 숙소에서 다시 만난 녀석은 의지를 굽히지 않았다. 원태는 현지에서 자전거를 사겠다는 의지를 내비쳤다. '그래, 잘 생각했다.'고 말하는데 속이 되게 상했다. 내가 이 마당인데 이 녀석 속은 어떨까. 이날 나는 어머니께 전화를 걸어 생전 하지 않던 속풀이를 다 했다. 이제 다 왔는데, 겨우 몇 주 남았을 뿐인데 너무 힘이 든다고. '그래도 가야겠지.' 통화를 마치고 해변에서 먹으려고 샀던 바게트를 객실에서 철근같이 씹어 먹었다. 그러고는 무슨 조화인지 샤워를 하러 들어간 욕실에서 호스가 연결된 은색의 수도 밸브를 무심결에 보았는데, 그 위에는 의미심장하게도 'ROKA'라는 영문 브랜드 명이 또렷하게 새겨져 있었다.

1월 15일, 그즈음 희동은 하루를 마치고 침대에 누우면 바로 잠들지 않고 꼭 영화나 예능프로 등의 영상을 시청하곤 했다. 나중에 그 이유를 물으니, 시도 때도 없이 찾아오는 도난 당시의 기억이 쉽게 잠을 방해하기 때문이라고 했다. 원태도 다르지 않았을 것이다. 둘은 어쩌면 아주 오랫동안 트라우마에 사로잡힐 수도 있는 상황이었다. 잠이 든 시간에야 편했겠지만, 아침에 일어나 원태는 당장 다시 그전 날의 악몽을 떠올려야 했을 것이다. 그러나 고맙게도 그는 힘든 내색 하나 없이 아침을 마주했다.

숙소에 들어온 지 4일째였지만 그때까지 보이지 않던 탁구대 하나가 눈에 띄었다. 우리는 누가 먼저랄 것도 없이 그 앞에 서서 라켓을 하나씩 잡고 공을 주고받았다. 경쾌한 소리를 내며 튀어 오르는 탁구공에 온 신경을 집중하며 우리는 지난밤 미처 수습하지 못했던 감정의 여운이 마저 잦아들기를 바랐다. 자전거를 도난당한 다음 날인 1월 15일이었다.

대견할 정도로 평범한 아침을 시작한 후, 숙소를 나온 우리는 각자 미션을 수행하고자 흩어졌다. 희동과 원태는 새 자전거를 구매하기 위해 역 쪽으로 향했고, 나는 당장 머무르면서 먹을 식량을 구하기 위해 한인 마트 쪽으로 갈라졌다.

입구의 벨을 누르자 주인아주머니가 잠겨있던 문을 열어 주었다. '안녕하세요.' 먼저 인사를 하는데 오랜만이라 그런지 말하는 내가 다 기분이 어색했다. 계산대 아래에 있던 바구니를 손에 들고 라면 판매대로 가서 신라면, 짜파게티, 너구리, 삼양라면, 간짬뽕을 각 세 봉씩 담았다. 그리고는 더 필요한 것이 혹시 있을까 해서 여기저기 둘러보다가 고추장이 있음을 확인하고 여러 용기 중에 가장 작은놈으로 집어 들었다. 고른 물건

들을 계산대에 내려놓고 아주머니가 바코드를 찍기를 기다리며 섰는데 옆으로 소주 진열장이 보였다. '안 좋은 일도 있었고 하니 내친김에 소주나 한잔 하자고 해야겠다.' 생각하며 처음처럼 두 병을 집어 들고 함께 계산대 위에 올렸다.

단지 가게에 갔다 오기 위해 나선 길이었음에도 불구하고 바르셀로나에서는 그 여정이 꼭 소풍처럼 느껴졌다. 녹지 조성이 잘 되어 볕이 좋은 날이라면 어디를 찍어도 그림이었다. 그리 멀리 가지 않아도 우리나라의 아파트 CF에나 나올 법한 공원들을 심심찮게 찾아볼 수 있었다. 일종의 도피처랄까, 지금 같이 도시가 딱딱한 시대에 엎어지면 코 닿을 거리에 그런 장소가 있다는 것은 그 존재만으로도 위안이 될 수 있지 않을는

지. 구멍가게처럼 아무 때나 찾을 수 있는 그런 공간들이 많은 점이 부러웠다. 객실 열쇠를 내가 가진 것도 잊은 채 이따금 따뜻하게 데워진 벤치에 몸을 기대며 여유를 부려 보기도 하였다.

숙소에 들어가자 얼마 지나지 않아 희동이 돌아온 기척을 했다. "자전거 샀으니까 나가서 봐봐. 전에 것보다 훨씬 좋아!" 나가서 보자 원태는 기쁨에 상기된 얼굴을 하고 있었다. 그럴 만도 했다. 재주도 좋지. 둘은 10만 원 초반의 예상보다 훨씬 저렴한 가격에 원래 갖고 있던 것보다도 성능이 뛰어나 보이는 쓸만한 자전거를 용케도 구해왔다. 목돈 나갈 각오 하고 있었는데, 죽으라는 법은 없나 보다.

16일에는 마침내 리스본에서 출발하는 비행기 티켓을 예매했다. 그전까지 우리는 항공권 가격비교 애플리케이션인 '스카이 스캐너'를 위젯 형태로 휴대폰 화면에 놓고 수시로 최저 항공권을 확인하고 있었다. 그리고 다른 날보다 월등하게 가격이 저렴한 항공권이 있는 날짜인 1월 31일과 2월 7일 중 설 차례를 지낼 여건이 되는 2월 1일 항공권을 염두에 두고 있었다. 그리고 남은 일정을 재가며 반드시 날짜에 맞춰 공항에 도달할 수 있다는 확신이 섰을 때 표를 예매하고자 기다리고 있었는데 이제 그때가 온 것이었다. 항공권을 구매하기 위해 우리 각자가 부담해야 할 비용은 76만 선이었다. 3명분 티켓을 선택하고, 내 계좌로 돈을 모아 체크카드를 이용해 예매를 시도했다. 그런데 약관을 자세히 보니 체크카드는 결제에 사용할 수 없으며, 반드시 신용카드를 이용해야 예매를 할 수 있다고 했다. 그때까지 따로 신용카드가 없었던 우리는 결국 각자 부모님께 신용카드 번호 등을 인계받은 후 따로따로 티켓을 예매할 수밖에 없었다. 손이 여러 번 가는 작업 이후 마침내 세 명 모두 성공하고, 이메일을 통해 확인서를 받았다. 이변이 없는 한 우리는 포르투갈 현지 시각으로 1월 31일 오후 한 시에 리스본에서 출발하여 더블린 공항과 아부다비 공항을 경유한 후 인천에 도착할 예정이었다. 합쳐서 3번의 비행은 모두 아랍에미리트 항공사인 에티하드 항공이 담당하며, 그리하여 마침내 인천 국제공항에 도착하는 예상 시각은 한국 시각으로 오전 11시경이었다. 여행의 진행과 관련되는 '업무'는 그것으로 모두 완료했다.

1월 17일, 모든 업무를 마치고 난 후에야 우리는 비로소 홀가분한 마음으로 이 아름다운 도시를 산책할 수 있었다. 바르셀로나의 온화한 기후와 이국적인 도시 경관들은 늘 나를 설레게 했다. 한번 밖에 나가면 숙소에 다시 들어오기가 싫을 정도였다. 사고를 겪었음에도 불구하고 금세 잊을 수 있었던 이유가 그 때문이었다. 우리는 부지런히 바르셀로나의 명소들을 두루 섭렵하고 다녔다. 바르셀로나의 중심인 고딕 지구를 비롯하여 바르셀로나의 상징인 사그라다 파밀리아 성당, 천재 건축가 가우디의 이상향이 표현된 구엘 공원, 바르셀로나의 과거와 현재의 영광이 공존하는 상업항구 포트벨, 도심 속의 휴식 공간 시우타데야 등 그중에서도 몬주익 언덕은 바르셀로나에 있는 동안 내가 가장 사랑한 공간이었다. 다른 곳에 있다가도 늦은 오후가 되면 나는 무언가에 홀린 듯이 언덕으로 향하는 오르막길 위에 있었다.

몬주익 언덕은 지중해에 인접해 있는 고도 213m의 작은 언덕이다. 사그라다 파밀리아 성당이나 구엘 공원 등이 세계적인 명소로 주목을 받는 데에 비하면 몬주익 일대는 그다지 잘 알려진 곳이 아니다. 그러나 그럼에도 불구하고 우리나라 사람들은 이 먼 나라의 지명이 그다지 낯설지 않게 느껴질 것이다. 그곳은 손기정 선수 이후 마라톤 종목에서 우리나라 선수가 처음으로 올림픽 금메달을 목에 건 곳이기 때문이다. 당시 메달을 딴 황영조 선수를 언론에서는 '몬주익의 영웅'이라며 칭송했고, 그 수식어 때문에 스페인이나 바르셀로나 등의 지명은 몰라도 '몬주익'만은 어린 시절부터 익숙했다.

몬주익으로 가는 방법은 두 가지였다. 하나는 해변으로부터 들어가는

경로를 타는 것이고 다른 하나는 내륙으로부터 진입하는 방법이었다. 지중해를 등지고 언덕에 오르기 위해서는 우선 해변으로 가야 했다. 여정은 람블라스 거리에서 시작됐다. 아기자기한 상점들이 가득하고 높게 뻗은 가로수가 상쾌함을 주는 그 거리를 지나면 탁 트인 포트 벨 항구 산책로가 나타났다. 그곳은 전설적인 모험가 콜럼버스가 아메리카를 발견하고 돌아와 처음으로 배를 댄 곳이었다. 그 의미를 기려 항구에는 60m에 이르는 콜럼버스 탑이 있었다. 항구는 깍쟁이처럼 깔끔하게 정돈되어 있으면서도 낭만과 여유를 함께 느낄 수 있는 곳이었다. 요일을 막론하고 그곳은 언제나 수많은 연인이 찾는 장소였으며, 그들만큼이나 가족 단위 나들이객들도 많았다. 일렁이는 파도 모양으로 생긴 나무 갑판 '람블라

데 마르'에서 거리의 악사가 만들어내는 음악 소리를 들으면서, 빼곡하게 정박해 있는 요트의 돛들 사이로 설핏설핏 스며드는 햇살을 바라보고 있으면 관광지라는 기분이 들었다.

내륙으로 향하는 길은 에스파냐 광장에서부터 시작됐다. 여섯 개의 대로가 만나는 곳이었다. 바르셀로나를 찾는 많은 이들이 그곳을 관광의 기점으로 삼는다는 얘기를 들은 적이 있었다. 그곳에 서서 몬주익 언덕 쪽을 바라보면 우선 장막처럼 드리워진 네 개의 거대한 열주가 보이고, 그 뒤로 카탈루냐 국립 미술관의 웅장한 모습이 신기루처럼 보였다. 위대한 왕이 살고 있는 궁전처럼 언덕 위에 고고히 서 있는 미술관의 모습에 압도되다 보면 내가 서 있는 에스파냐 광장이 꼭 세상의 중심인 것처럼 느껴졌다.

에스파냐 광장에서 바라본 카탈루냐 국립 미술관의 전경만큼이나 반대로 카탈루냐 국립 미술관에 올라서서 바라본 에스파냐 광장의 모습도 인상적이었다. 에스파냐 광장에 서 있을 때 마치 신들의 세계에 홀로 들어와 있는 듯한 기분을 느꼈다면, 일단 무수한 계단을 올라 미술관의 정문 앞에서 광장 쪽을 바라보면 이번에는 세상이 모두 내 품 안에 들어온 듯한 묘한 기분을 느낄 수 있었다. 미술관 앞 계단에는 많은 사람이 한낮의 여유를 즐기고 있었다. 그곳에도 역시 음악은 빠지지 않았다. 람블라 데 마르가 엇박자가 살짝살짝 들어간 타악기 소리가 어울리는 곳이었다면 그곳에서는 한가로운 클래식이나 재즈풍의 음악이 어울렸다. 중년 신사의 매끄러운 목소리는 나태와 여유의 선을 넘나들며 그곳에 있는 사람들의 귀를 즐겁게 해주고 있었다.

그러나 일단 몬주익 언덕 정상 부근에 오르면 사위는 조용해졌다. 다

른 곳을 돌아다니면서도 은연중에 늘 같은 그 시간의 몬주익 언덕에서 느낄 수 있는 평화로움을 나는 기다리고 있었는지도 모른다. 낮은 언덕에 불과했지만, 그곳은 모든 곳이 평평한 바르셀로나에서 유일하게 오뚝하게 도드라진 곳이었다. 그래서 몬주익 정상의 잘 닦인 반석 위에 있으면 보이는 것은 하늘밖에 없었다. 그만큼 하늘이 잘 보였다.

　늘 조급하게 산 이유 때문인지 몰라도 한국에 있을 때는 하늘을 본 경험이 없었다. 그러나 여행을 하면서 하늘을 보는 일은 취미 이자 종교 비슷한 활동이 되었다. 바르셀로나 역에 내리자마자 우리 세 명이 날아갈 듯이 기뻐한 이유도 그 때문이었다. 먹먹한 겨울의 터널을 오랫동안 지나 온 뒤라 그런지 몰라도 바르셀로나의 하늘은 유독 가볍고, 또 높아 보였다. 하늘이 순수하다는 표현이 어떨지 모르겠지만, 정말이지 순수한 하늘이었다. 그런 맑은 하늘에 석양이 지기 시작하면 쪽빛 하늘 아래서부터 타고 오르는 주홍빛의 약동, 그 과정이 살아있는 생명체의 움직임처럼 선명하게 보였다.

　　몬주익 언덕에 있던 단순한 형태의 조형물들은 그런 여백 가득한 풍경에 자연스럽게 녹아들었다. 그중에서도 몬주익 통신 타워는 자칫 무료할 수 있는 그림에 방점을 찍는 것이었다. 하늘을 향해 높이 솟은 거대한 철근 콘크리트 덩어리가 만약 도심에 있었다면 아무런 감흥도 주지 못했겠지만, 그곳에서만큼은 마치 하늘을 향해 손을 뻗고 있는 듯한 타워의 모습이 꽉 찬 풍경을 만들어 주었다.

　　해가 완전히 지고 어둠이 내리면 몬주익 성으로 가서 하루를 마무리했다. 낮에는 붐비던 성 내에도 그 시각이 되면 사람이 뜸했다. 그즈음 성의 해안 쪽 성곽에서 보면 바르셀로나 항구의 모습이 보였다. 바르셀로나 항은 카탈루냐 지방에서 가장 큰 항구다. 그 시간 항구의 산업 시설들은 저마다 환하게 불을 밝히고 있었다. 보석 진열장처럼 반짝거리고 있는 넓은 공장지대의 모습은 어둠에 잠긴 지중해와 대비를 이루어 더욱 화려해 보였다.

바다가 보이는 난간에 누워 이런저런 생각에 잠겨 있다가 배가 고파지면 내려왔다. 몬주익 언덕 위에서 아래까지는 완만한 내리막이 연속적으로 이어졌다. 자전거를 타기에 가장 좋은 길이었다. 언덕에서 내려와 대로를 달리면 금세 숙소가 나왔다. 그곳에 저녁이 있었고 친구들이 있었다. 바르셀로나는 시간만 허락한다면 한 달이고 두 달이고 더 머물고 싶은 곳이었다. 그러나 우리를 기다릴 다음 도시가 여전히 많이 남아 있었기 때문에 더는 지체할 수 없었다.

마지막 날 밤 우리는 언젠가 사 놓았던 소주를 꺼내 오랜만에 술잔을 부딪쳤다. 안주는 아끼고 아껴 두었던 간짬뽕 세 봉지였다. '지나간 안 좋은 기억은 술 한 잔에 털고 유종의 미를 거두자.'는 말 대신 우리는 그저 각자가 바르셀로나에서 보냈던 가장 좋았던 기억을 공유하며 도시를 떠날 준비를 했다. 물론 나는 몬주익을 찬양하기에 바빴다. 여행에서 돌아온 뒤 1년여간 나는 신림동 원룸촌을 전전해야 했다. 빛 한 줌 얻기도 힘든 빼곡한 골목길을 걸으며 나는 이따금 몬주익의 오후를 떠올렸고, 그 속에서 서울살이에 대한 위안을 얻었다.

1월 19일, 바르셀로나를 떠나 마드리드로 향했다. 마드리드행 열차의 출발시각은 오전 8시 40분이었다. 7시쯤 숙소를 나섰지 싶다. 도시가 이제 막 기지개를 켜는 시간이었다. 창밖에 보이던 동트기 전의 시린 어둠과는 어울리지 않게 아침 공기에는 날카로움이 서려 있지 않았다. 거리는 오가는 사람 찾기가 힘들 정도로 한산했다. 서울에 살며 비슷한 시간이면 늘 느껴지던 피곤한 활기도 여기에는 없었다. 느긋하다, 느긋하다, 듣기만 했지 정말로 여유로운 사람들이었다. 매번 우리가 이용하던 널찍한 인도에는 청소차 한 대만 느릿느릿 움직이며 형광색 옷을 입은 미화원의 뒤꽁무니를 졸졸 따라다니고 있었다.

바르셀로나에서 마드리드까지 가는 열차 편은 두 가지 종류가 있었다. 직행과 완행쯤 될까. 그중 우리가 타고 갈 편은 완행이었다. 직행 편의 가격이 10만 원을 훌쩍 넘는 데 반해 완행열차의 티켓은 그 반 정도 수준이었다. 또한 완행열차에서는 자전거를 해체, 포장하지 않고 그대로 실을 수 있었다. 유모차, 휠체어, 자전거를 동반한 승객들을 위한 별도의 칸이 열차의 양 끝에 마련되어 있었다. 이 열차를 우리가 타고 있어야 하는 시간은 자그마치 아홉 시간이었다. 수도권에서 타는 전철과 같이 열차는 그 시간 동안 바르셀로나와 마드리드 사이의 어지간한 역은 다 챙기면서 다녔다. 수많은 승객이 오르고 내리고를 반복했다. 그렇다고 정작 우리처럼 종점에서 종점까지 가는 이들은 많지 않았다. 그도 그럴 것이, 화장실도 못 가고 장시간 딱딱한 의자에 앉아 있는 일은 여간한 고역이 아니었기 때문이다. 배가 고파 아침에 먹다 남은 딱딱한 바게트 빵을 먹으면서도 우리는 도착할 때까지 물 한 방울 마시지 않았다.

열차는 처음 몇십 분간 역이란 역에는 다 멈춰 서며 바다를 따라 달리다가 이내 내륙으로 들어서고부터는 속도를 높였다. 붉은 토양의 언덕 위에 듬성듬성 낮은 풀들이 자라고 있는 비슷한 풍경이 줄곧 이어졌다. 이따금 아름드리나무 하나로 남은 숲의 흔적들이 나타나면 그렇게 황량해 보일 수가 없었다. 바르셀로나와 그곳이 정말 같은 나라인지 의심이 들 정도였다.

해가 저물 때쯤 하여 우리는 마드리드 샤마틴 역에 도착했다. 역에 도착하자마자 우리가 가장 먼저 했던 일이 곧장 리스본행 티켓을 구매하는 것이었다. 23일 야간열차를 그 자리에서 바로 질러버렸다. 숙소에 체크인하고 나서는 내친김에 리스본에서 묵을 숙소, 그리고 인천에 있는 게스트하우스까지 미리 잡아버렸다. 이제 진행을 위해 공식적으로 해야 할 일이라고는 로카 곶 주변에서 묵을 하루 숙소를 구하는 것뿐이다. 더는 불확실성 때문에 맘 졸이거나 할 필요가 없다는 사실에 위안을 받았다. 그러나 잠시였다. 속 시원하게 여행을 즐길 수 있으리라 생각했는데, 어쩐지 갑자기 맥이 탁 풀린 기분이 들었다. 예고 없이 병장 계급장을 단 느낌이었다. 허용하는 최고의 레벨에 도달했음은 물론이요, 캐릭터에게 주어진 모든 임무를 완수하고 마침내 마지막 '왕'까지 물리쳤는데 게임이 끝나지 않는 상황. 어느 만화가는 제대 말년을 이렇게 비유했다. 성취감을 느낄 수 있는 일이 더는 남아있지 않았는데 무엇 하나 제대로 목표하고 실행하지 못할 애매한 시간만이 유한하게 주어져 있다는 특성에서 비롯된 말이다. 극도의 무료함과 전역 후에 대한 고민, 일정량의 우울과 기대가 공존하는.

마드리드가 현재와 비슷한 모습을 갖추기 시작한 것은 17~18세기 무렵이라고 한다. 이 시기에 집권했던 왕에 의해 도시에는 궁전을 비롯하여 중요한 건물들이 대거 지어졌고 도로망 또한 재정비되었다. 그러한 흔적들은 대개 원형 그대로 오늘날까지 보존되고 있는데, 덕분에 도시 중심에는 으리으리한 근대 건축물들이 많다. 이곳에 도착하고 이튿날 나는 중심 지구를 두르고 있는 링 모양의 도로를 따라 도시를 탐방했다. 숙소가 있는 곳은 그 도로망을 원형 시계로 보자면 12시 방향쯤이었는데, 먼저 궁전이 자리한 9시 쪽을 향해 시계 반대 방향으로 발걸음을 옮겼다.

강남대로만큼이나 사람이 많던 Gran via가街를 타고 함께 걷던 셋은 이내 각자 목적한 곳을 향해 흩어지고 이후 나는 종일 혼자 다녔다. 그때까지도 이유를 알 수 없었던 무기력함의 정체를 애써 부정하며 오랜만에 이어폰을 귀에 꽂았다. 레드 제플린의 stairway to heaven이 흘러나왔다. 구름이 드문드문 낮게 깔렸지만 대체로 맑았다. 궁전에 도착하기 전 마천루에 둘러싸인 아담한 공원과 조각상 하나를 만나 그곳에 잠시 머무르며 몇 곡을 더 들었다. 그러다 단체 관광을 나온 한국인 관광객들이 기마 조각상 위에 멋대로 올라가다가 순찰을 나온 경찰들과 승강이를 벌이는 소리를 듣고 눈살을 찌푸리며 다른 장소로 발을 옮겼다. 마드리드 왕궁을 만나고, 링을 조금 벗어나서 강변 공원을 거닐다가, 소피아, 프라도 등의 박물관과 중앙역 등을 차례로 보고 숙소로 돌아왔다.

침대에 걸터앉아 오래 걸어 파리해진 발을 신발 안에서 꺼내고 얼마 있지 않아 희동이 나와 비슷한 표정을 하고 들어와 침대 위에 털썩 걸터

앉았다. '이 도시는 우리와 별로 맞지 않는 것 같다.' 고 나와 그는 그 날의 무기력함의 근원을 대뜸 그런 식으로 얼버무려 버렸다. 밤새 소음이 끊이질 않는 좁아터진 도심의 호스텔, 라면을 끓여 먹지 못해 내내 계속되던 어중간한 허기 또한 거기에 일조하고 있는 듯이 보였다.

그렇게 하루가 지나고 다음 날을 맞이했지만 역시나 상황은 달라지지 않았다. 우리 셋은 낮 동안 마드리드 사람들이 가장 사랑하는 공원 레티오Retiro에 있었다. 넓은 공원 안을 한참 동안 걷다가 원태는 대뜸 여자 친구와 연락을 취해야 한다며 먼저 숙소로 돌아갔다. 없는 의욕마저 다 사라져 버리려고 하는 남은 두 명은, 아마도 의무감 때문에, 그러고도 1시간가량 공원의 다른 부분을 마저 다 돌아보고 왔던 길을 되돌아왔다.

예술의 문외한인 내게 박물관만 즐비하던 마드리드는 그다지 매력적인 도시가 아니었다. 많은 관광객이 마드리드를 볼거리 없는 도시라고 했다. 그런 말들을 이미 접해서 알고 있었음에도 불구하고 바르셀로나 다음에 도착한 곳이었기 때문인지 실망이 더 컸다. 나와 희동은 숙소로 돌아가는 동안 모처럼 둘만의 시간을 가졌다. 우리는, 자신과는 달리 혹여나 마드리드를 잘 관광하고 있을 지도 모를 서로에게 방해될까 봐 꺼내지 않았던, 속마음을 조심스럽게 내비쳤다. '고작 관광이나 하려고 그 고생을 하며 여기까지 왔나.', '우리가 자전거 여행자인지 기차 여행객인지…', 그리고 '프라하에서 기차를 타기로 했던 결정이 부족한 시간과 여비 때문에 한 불가피한 선택이 아니라 편하고 싶었던 바람에서 비롯된 건 아닐지.' 등 무기력과 답답함을 숨기지 않았다. 중언부언 말해도 결국 가장 내뱉고 싶었던 말은 '달리고 싶다.'는 한마디였다.

　그러나 우리에겐 남은 시간이 별로 없었다. 기차를 취소하고 일정을 틀기 위해서 빠른 결단이 필요했다. 만약 달린다면 어디서부터가 좋을까? 마음 같아서는 이곳 마드리드에서 당장에라도 대서양을 향해 자전거를 타고 싶은 마음이 굴뚝같았다. 그러나 그렇게 하면 출국 일정을 맞추기가 어려웠다. 그래서 선택한 곳이 국경도시 바다호스였다. 5박을 예정했던 이 도시에서의 이탈을 며칠 앞당겨 바다호스로 기차를 타고 간 후 그만큼의 시간, 그러니까 이틀 동안을 달려 리스본에 당도하기로 결정을 내렸다. 고작 이틀뿐이지만 그 정도라면 아쉬움을 조금이나마 달랠 수 있으리라 생각했다. 그러나 그동안 달려야 할 250㎞도 만만한 거리는 아니었다. 더군다나 그즈음 날씨도 우리에게 썩 협조적이지 않다. 우리뿐이라면 어떻게든 갈 수야 있겠지만, 문제는 원태였다. '문제'라는 단어를 붙이는 일에 조금 죄책감이 들기도 하지만 냉정하게 봤을 때 원태와 함께라면 그 성공을 보장할 수 없었다. 원태는 우리와 같은 시간을 겪지 않았다. 단지 현재에 함께 있다는 이유만으로 편하게 갈 수 있는 것을 포기하고 구태여 고생을 사서 하게 만들고 싶지 않았다. 조금 더 솔직히 말하자면, 그가 희동과 나 둘에게 짐이 되지 않으리라는 확신도 서지 않았다.

　숙소에 들어온 나와 희동은 이 계획을 원태에게 언제 어떻게 말할지 타이밍을 재며 각자 바다호스행 열차 티켓 정보를 알아보는 데에 몰두하고 있었다. 그런데 금세 이상한 낌새를 눈치챈 원태가 우리를 향해 넌지시 물었다. "뭘 찾고 있는 거야?". 심장이 덜컥 내려앉았다. 정말이지 최악의 모양새였다. 그에게 상처를 주고 싶지 않았지만 결국 서운한 마음을 가질 수밖에 없는 상황이 만들어진 것이다. 하지만 미안한 마음이야 그렇다 치고 한번 결정한 계획을 바꿀 생각이 내게는 없었다. 원태에게 자초지종을 설명하면서 나는 '굳이 같이 가지 않아도 된다. 여기서 이틀 더 묵고 지금 가진 티켓대로 리스본으로 바로 와서 우리와 만나면 된다.'고 말했고, '냉정하게 얘기해서 셋이 함께 갔을 때 성공을 보장하지 못한다.'고 포기를 권유하는 은근한 속내를 내비쳤다. 서운해할 것을 알면서도 '저번 며칠처럼 징징대지 않고 갈 자신 있으면 따라 나서라.' 라고 못을 박은 말에는 괜히 서로 힘들게 하지 말자는 마음이 담겨 있었다.

애기는 길어졌다. 그리고 대화가 끝내고 우리는 곧 근처 기차역으로 티켓을 교환하러 갔다. 그리하여 교환한 티켓은 결국 세 장이었다. 가시 같은 말들에도 불구하고 함께 하고자 하는 원태의 의지는 또렷했다. 그러나 리스본으로 향하는 티켓을 바다호스로 가는 티켓으로 바꾸는 그 순간까지도 믿음이 가지 않았다. 친구에게가 아니라 친구의 체력에. 그러니 기왕 이렇게 된 바라면, 그리 생각했던 내가 미안한 마음이 들도록 부디 보란 듯이 달려주기를 바랐다.

Évora, Portugal → Lisboa, Portugal

세상의 끝에서, 포르투갈 _에보라에서 리스본까지

바다호스에서 5㎞ 정도를 달리자 국경을 알리는 표지가 나타났다. 1월 23일 마침내 마지막 국가인 포르투갈에 진입했다. 우리는 그곳에서 리스본 근방까지 N4 도로를 이용할 계획이었다.

지리적으로 인접해 있음에도 불구하고 스페인과 포르투갈, 이베리아 반도를 양분하고 있는 이 두 국가는 사뭇 다른 인상을 하고 있었다. 스페인에 있는 동안 우리가 머물렀던 도시는 바르셀로나와 마드리드, 그리고 하루를 지낸 바다호스 정도였다. 지역과 문화가 다른 만큼 이들 도시 간에는 많은 차이가 있었지만 대체로 과거보다는 현재와 미래에 더 중점을 두는 듯한 인상을 주고 있다는 점에서는 유사했다. 그러나 포르투갈은 달랐다. 도시와 시골을 막론하고 그곳에서는 어디를 가건 과거의 향기가 현대를 압도했다. 포르투갈에 있는 동안 우리는 매시간 오래된 과거와 만나고 있는 듯한 기분을 느꼈다. 유럽의 다른 도시들에 올드 타운과 뉴 타운이 따로 성립되어 공존하고 있다면, 리스본이나 에보라, 엘바스 등 포르투갈의 도시들에서는 도시 전체가 대항해 시대의 어느 시점에 멈춰 있는 듯한 모습을 하고 있었다.

기후는 봄처럼 따뜻했다. 하늘은 갓난아기의 내복 바지처럼 부드러웠고, 구름은 뜨거운 물에 풀린 달걀흰자처럼 한없이 가벼웠다. 내몽골과 비견할만한 초원 위에서 마소며 양들은 한가로이 풀을 뜯고 있었고, 그 움직임에 따라 목 언저리에 달린 작은 종이 조곤조곤 울렸다. 녀석들은 세상모르고 그렇게 있다가도 길 가까이에 둘러쳐진 울타리 옆으로 자전거가 보이면 혼비백산하여 저만치 달아나곤 했다. 양치는 개들은 그럴 때마다 사납게 짖어댔다. 길목에는 과실이 무성했다. 집집마다 오렌지 나무 하나쯤은 키우고 있었다. 오톨도톨한 돌기마다 윤기가 나는 오렌지 열매들이 무성한 진녹색 잎사귀 속에서 도드라졌다. 돌담 위로 빼꼼히 고개를 내밀어 시골 길을 바라보고 있는 오렌지 나무의 모습이 꼭 볕 좋은 날보았던 제주의 어느 시골 마을의 전경과 비슷해서 묘한 기시감을 느꼈다.

원태는 다행스럽게도 느리지만, 꾸준히 내 뒤를 잘 따라오고 있었다. 새 자전거를 타고 근사한 길을 달리느라 이미 전 자전거에 대한 기억은 까맣게 잊어버린 눈치였다.

우리는 달리면서 포르투갈 영광의 시절을 기억하는 과거의 유산을 심심치 않게 볼 수 있었다. 그중에서도 엘바스Elvas 초입에 있던 아모레이라 수도교Aqueduto da Amoreira가 특히 기억에 남는다. 엘바스는 국경을 넘어 우리가 처음으로 만난 포르투갈 도시였다. 과거 무어인들이 살던 곳

으로, 당시 도시 전체가 요새 기능을 하던 성채 도시로 그 역사적 가치를 인정받아 유네스코 세계 문화유산으로 등재된 바 있다. 아모레이라 수도교는 당시 무어인들의 기술로 1622년 완공된 도수 시설이다. 도시 외곽에서 성곽 내로 연결된 이 시설의 길이는 대략 9㎞로 포르투갈 최대의 도수 시설로 알려졌다.

우리가 따라가고 있는 도로는 그중 일부를 관통했는데 국경을 통과한지 얼마 되지 않아 그 구간이 나타났다. 경치를 구경하며 아무 생각 없이 페달을 밟고 있는데 높이가 족히 20여m쯤 돼 보이는 유적 하나가 우리 앞에 놓여 있었다. 상당히 오래전에 세워진 듯했지만 견고하고 빈틈없는 모습이었다. 그 모습이 꼭 관문과 같았다. 그 아래를 지나자 어쩐지 포르투갈로 입장하는 정식 절차를 마친 듯한 기분이 들었다. 나중에 알아보니 그 시설이 바로 아모레이라 수도교였다.

정오 무렵부터는 이정표를 흔들 만큼 세찬 서풍이 휘몰아치더니 검은 구름이 많아졌다. 볕이 들지 않는 땅에서 공기는 조금씩 차가워졌다. 나는 다시 긴 바지를 챙기고, 바람막이를 벗어 점퍼로 갈아입었다. 이따금 가랑비가 내리기도 했지만, 그런대로 괜찮았다. 비를 타고 온 소똥 냄새가 한동안 인중에 고여 있고, 드넓은 초원 한복판에 무리무리 자라나 바람에 사붓사붓 흔들리고 있는 노랗고 흰 들꽃들을 보면 그곳이 타국이라는 것도 잊었다. 날씨가 흐려도 포르투갈의 시골 길은 여전히 목가적이었다.

바다호스부터 106㎞를 달려 포르투갈의 두 번째 도시 에보라에 도착했다. 에보라는 박물관 도시라고도 불리는 역사적인 도시였다. 로마시대 때부터 사람이 살기 시작했으며, 포르투갈 왕들이 거주했던 15세기에 황금기를 맞았다고 한다. 이곳의 역사지구 역시 유네스코 세계유산으로 등재되어 보존되고 있었다. 현재는 3만여 명의 인구가 살고 있는 작은 도시 에보라, 우리는 도시의 중심인 지랄두 광장Praca do Giraldo 근처에 숙소를 잡았다.

숙소를 잡고 나오자 비가 추적추적 내리기 시작했다. 에보라의 건물 중에는 16세기에서 18세기 사이에 지어진 것들이 많다고 한다. 그리고 그 대부분은 흰색 칠을 하고 있었다. 손때 묻고 낡은 건물들로 둘러싸인 광장 전체가 비를 뒤집어쓰자 몽환적인 분위기를 불러일으켰다. 아무도 찾지 않는 노천카페 의자 밑으로 물방울이 뚝뚝 떨어졌다. 사람들은 마른 빵이 든 종이봉투를 품 안에 갈무리하고 처마 밑으로 몸을 피했다. 군밤을 파는 어느 노인의 손수레에서는 하얀 김이 모락모락 피어오르고 있었다.

골목골목마다 사람 사는 냄새가 물씬 풍겼다. 알 만한 사람들은 아는 유명한 관광 도시임에도 불구하고 꾸며진 것은 아무것도 없어 보였다. 확실히 스페인의 세련됨과는 많이 달랐다. 둘의 차이를 만드는 여러 가지 요인 중 하나는 '아줄레주'였다. 아줄레주는 포르투갈에서만 볼 수 있는 장식 타일이다. 아줄레주는 '작고 아름다운 돌' 이라는 아랍어에서 유래했다고 한다. 이름에서 볼 수 있듯이 이슬람 문화에서 전파된 양식이었다. 처음 도입되던 시기에는 왕궁에서만 사용되었는데 점차 포르투갈 전역에 퍼지기 시작하여 현재는 가정집을 비롯한 일반 건물에서도 아줄레주로 장식된 건물들을 쉽게 볼 수 있다. 에보라의 골목을 산책하는 동안 나는 금세 포르투갈의 매력에 매료되었다. 포르투갈의 정서는 어쩐지 나와 상통하는 데가 있었다. 중심에 서지 못하고 주변부에 머물며 한때의 영광을 기억하는 듯한 모습도 그러하거니와, 우울하게 침잠해있는 듯하지만 그러면서도 삶의 치열함과 악다구니가 느껴지는. 그런 모습은 에보라를 떠나 몬티조, 리스본, 카스카이스, 신트라 등의 도시를 지나면서도 공통적으로 확인할 수 있었다. 우리는 그날 에보라에서 하루를 묵었다.

1월 24일, 아침부터 이슬비가 내렸다. 빗줄기는 가늘었지만 쉬지 않고 내렸다. 갓길에는 부러진 나뭇가지들이 듬성듬성 떨어져 있었고, 억센 야자수 잎사귀들이 비바람에 흔들리고 있었다. 오랜만에 장거리를 뛴 여파가 근육 곳곳에 아직 남아 있었다. 원태는 아마 더 힘들었을 것이다. 아니나 다를까 원태는 주행을 시작한 지 얼마 되지 않아 속도를 따라오지 못하고 처지기 시작했다. 희동은 그런 원태의 뒤를 따르며 처지지 않게 노력했다. 나는 척후병처럼 이들과 떨어져 앞서 달리며 위험 요소나 휴식 장소를 미리 확인했다. 그러면서도 두 사람과 너무 떨어지지 않을 만큼의 일정한 간격은 유지하고 있었다. 이를테면 거리가 지나치게 멀어졌다 생각될 때 잠시 멈춰 서서 신발 끈을 조이거나 소변을 보는 등.

오전 10시쯤 됐을까. 너무 빨리 왔지 싶어 일행을 기다리며 사진이라도 찍을 겸 길옆 초지에서 풀을 뜯고 있는 양 떼 옆에 자전거를 댔다. 양을 치는 노인에게 가볍게 인사를 했다. 포르투갈 사람들은 터키인들만큼 친절했지만, 그들만큼 호들갑스럽지는 않아서 좋았다. 카메라를 들고 양 떼 곁으로 다가갔다. 살금살금 다가가니 피하지도 않는다. 복슬복슬, 때가 낀 까만 털이 풍성한 어미 양들의 뒤를 아직 청결한 털을 지닌 새끼 양들이 따르고 있었다. 그 모습을 흐뭇하고 보며 카메라를 대고 셔터를 누르고 있었다. 그런데 그렇게 얼마간 머무르고 있어도 다른 두 명의 모습이 좀처럼 보이지 않았다. 화물차들만 거친 소리를 내며 왕왕 지나다닐 뿐이었다. 걱정되는 마음에 왔던 길을 되돌아가 보았다. 얼마 가지 않아 기차가 다니는 굴다리 위에서 원태를 만날 수 있었다. 그러나 혼자였고, 자전거는 희동의 것이었다.

사정인즉슨 원태의 자전거가 펑크 나서 희동이 대신 이를 고치고 있으며, 자신은 희동의 자전거를 타고 먼저 왔다는 것이었다. 나는 일단 원태에게 가던 길을 곧장 가라고 말했다. 원태의 주행 속도가 상대적으로 느린 것을 생각할 때, 늦지 않게 리스본에 도착하기 위해서는 우리가 멈춰

있는 동안에도 원태는 달려야 했
다. 원태를 보내고 나는 희동이
있는 곳으로 페달을 힘차게 밟았
다. 고개를 하나 더 넘자 희동이
보였다. 고민할 새도 없이 우리는

자전거를 뒤엎고 바퀴 해체 작업에 돌입했다. 이내 속살을 드러낸 튜브에
서 어렵지 않게 펑크 부위를 발견할 수 있었다. 그런데 도대체 뭘 밟았기
에 이렇게 돼 있는지, 어째서 원태가 타기만 하면 이런 무지막지한 펑크가
나는지 거기에는 연필 하나가 고스란히 들어갈 만한 커다란 구멍이 나 있
었다.

숙련된 솜씨로 희동과 나는 금세 바퀴를 때웠다. 바퀴를 다시 장착한
후 원태 자전거에 있던 짐을 내 자전거에 옮겨 달고, 희동에게는 가벼워
진 자전거로 부지런히 달려 원태를 만나 조금이라도 더 멀리 가 있으라 말
하고 먼저 보냈다. 그런데 얼마 지나지 않아 앞서 갔던 희동이 다시 자전
거를 엎어 놓고선 골머리를 앓고 있는 보게 되었다. 두 번째 펑크였다. 펑
크 한 번이야 일상적인 일이지만 두 번째가 되자 마음이 조급해졌다. 당장
속전속결로 펑크를 때우고 난 후 이제 원태를 따라잡기 위한 우리만의 본
격 레이스에 돌입했다. 그런데 아이러니하게도 그때야 나와 희동은 원 없
이 실력 발휘하며 시원한 주행을 할 수 있었다. 셋이 함께할 때는 원태의
속도를 맞출 수밖에 없었기 때문이다. 페달 횟수보다는 힘에 무게를 두는
헤비 라이더였던 나는 짐이 두 배는 불었음에도 불구하고 시속 30㎞를 유
지했다. 주행 스타일은 반대였지만 증가한 속도는 희동도 다르지 않았다.

우리는 셋이 갔다면 한 시간 남짓 걸렸을 거리를 단 30분 안에 주파한 후, 갈림길에서 멈춰서 있던 원태와 곧 합류할 수 있었다. 다행히 그 덕에 목적지까지는 많이 가까워져 있었다. 그때부터 도착할 때까지 원태는 짐을 모두 뗀 희동의 자전거에, 희동은 기동력이 좀 떨어지는 원태의 자전거에 가방 두 개를 싣고, 나는 본래 내 자전거에 가방 네 개를 실은 채였다.

리스본의 시가지는 타쿠스 강 하구의 만을 하나 끼고 그 북쪽에 있었다. 그러나 해상에 설치된 도로는 오직 자동차만 허락되어 있기에 이를 피해 육로로 돌아가려 하면 40km를 더 타야 했다. 그 대신 우리는 만의 남쪽 몬티조Montijo에서 배를 타고 시가지로 진입할 계획이었다. 구글 지도에 표시된 페리 선착장으로 갔다. 몬티조는 작은 어촌이었다. 여유가 넘쳤던 바르셀로나와는 달리 항구답게 어딘지 모를 울적함이 느껴졌다. 그곳에는 날개가 긴 갈매기들, 녹조며 따개비가 달라붙은 방파제, 그물을 정리하는 어부들과 밀려오는 바다 냄새도 있었다. 그러나 있어야 할 것은 없었다. 우리를 저 바다 건너편으로 실어줄 페리는 정작 그 어디에서도 보이지 않았다. 맥이 탁 풀렸다. 꽁꽁 묶어 두었던 허기도 같이 풀려 버렸다. 우리는 우선 선착장 근처 벤치에 앉아 빵으로 허기를 달랬다. 지나는 사람들에게 페리에 관해 물었으나 다들 모르는 눈치였다. 이미 110km를 주행하고 긴장을 놓은 상태에서 40km를 더 달릴 생각을 하니 엄두가 나지 않았다. 밑져야 본전, 자동차 전용 도로인 '바스코 다 가마 다리'로 가 보기로 했다. 지도에는 자동차 전용 도로로 표시되어 있으나 자전거가 허용되던 다리들을 우리는 몇 번 달린 경험이 있다. 그러나 이번만큼은 행운의 여신이 우리 곁에 없었다. 이미 어둠이 깔린 도로 위를 열심히 달려 다리 입구에 도착했으나 그곳에는 톨게이트가 떡하니 버티고 서서 지나가는 차량을 일일이 확인하고 있었다. 암담했다. 그래도 일단 부딪혀볼 심산으로 톨게이트 바로 앞까지 내달렸다. 고속도로 관리소에서 크로캅을 닮은 단단한 인상의 제복 경찰 한 명이 걸어 나오고 있었다.

저 다부진 입매에서 당최 무슨 말이 튀어나올지 몰라 잔뜩 긴장해 있는 내게로 그가 다가왔다. "여기서 돌아가면 끝장이다. 제발 돌아가라고만 하지마." 소리 없는 아우성을 들었는지 그는 어느새 딱한 처지에 놓인 여행자들을 보며 옅은 미소를 띠고 있었다. "이곳은 자동차만 진입할 수 있으니 관리소 뒤편의 길로 나가셔야겠습니다." 여기까지 들었을 때는 절망적이었다. 그러나 이내 "페리 선착장이 있는 곳을 알려 드릴 테니 지도를 잠시 보여주시겠어요?"라고 하기에 휴대폰 화면에 지도를 띄워 주니 해안가 한 지점을 기리키며 "이곳으로 가면 배를 타실 수 있을 겁니다."하며 대안을 제시해 주었다. 배를 타고 가는 일을 진즉부터 포기하고 있었던 우리는 그 말에 어안이 벙벙했다. 나중에 알고 보니 휴대폰에 탑재된 지도가 잘못된 정보를 싣고 있던 것이었다. 구글을 맹신한 탓이었다. 나중에 그가 알려준 장소에 가보니 정말로 그럴듯한 다른 선착장이 운영되고 있었다. "*오브리가도Obrigado!"

수면이 보이는 창가에 일 열로 앉은 우리 셋은 의자 등받이에 노곤한 몸을 기댔다. 쾌속정은 30분 후 우리를 리스본 선착장에 안전하게 데려

---

* '감사합니다.' - 감사의 뜻을 표하는 말

다 주었다. 이후 3㎞를 더 달려 숙소에 도착했다. 총 주행 거리가 140㎞에 육박했다. 지난 여섯 달 중 세웠던 기록이 이날 하루 만에 깨져버렸다. 원태는 원태대로, 그것으로 한달 여 간 육해공의 운송 수단을 모두 섭렵하게 된 셈이다. 마지막 장거리 주행이었다. 쉽게 끝낼 수 있을 거라곤 생각하지 않았지만, 이 정도일 줄이야. 그리움의 끝이자 아쉬움의 시작이 될 그 로카Roca까지는 겨우 하루 거리만을 남겨 두고 있었다.

　로카 곶은 시가지로부터 대략 40㎞ 거리에 있었다. 출발 후 한동안은 남부 해안을 따라 평평한 길이 이어지지만 신트라_카스카이스Sintra-Cascais 국립공원의 경계를 지난 이후부터는 도착 전까지 고갯길을 지나야 했다. 출발 전날 주행 일정을 점검하며 가장 눈여겨본 부분이 난이도를 짐작할 수 없는 그 고갯길이었다. 이를 염두에 두어 전날 원태에게 '오늘은 제발 푹 좀 자자'고 조심스럽게 당부했다. 그가 새벽마다 한국에 있는 여자 친구와 연락을 하는 통에 희동과 내가 새벽잠을 설쳐야 하는 때가 종종 있었기 때문이었다. 그때야 당장 급한 일정이 없었기 때문에 별 말을 하지 않았지만, 분명히 뒤처져 달리게 될 것을 알면서도 체력을 비축할 생각이라곤 전혀 없이, 늘 하던 대로 그 날 또한 그가 새벽같이 전화기를 붙잡고 있다면 나는 그를 똑바로 바라볼 자신이 없었다. 왜 이렇게 깐깐하게 구는지 이해를 할 수 없었던지, 거듭된 당부에도 아무 대답이 없던 그는 기어이 출발 당일에도 해 뜨기 몇 시간 전에 일어나 여자 친구와 연락을 주고받았다. 그리고 예외 없이 뒤처졌다.
　마음은 썩 좋지 않았지만, 마지막에 와서 괜한 분란을 만들고 싶지는 않았다. 그렇다고 곧이곧대로 원태의 속도를 맞춰가고 싶지도 않았다. '원태가 우리를 배려하지 않는다면 나 또한 그 녀석을 언제까지고 이해해줄 수만은 없다.'고 희동에게 말했다. 그날 끝까지 원태와 함께 다닌 희동에게는 미안하지만 나는 그 말대로 혼자 앞질러 나가 일행과 멀어졌다. 꼭 중요한 무언가를 두고 온 사람처럼 조금 불안하기도 했지만. 그보다는 홀가분한 기분이 더 컸다. 그리고 어차피 '지나는 길에 볼 것 다 보면서 설렁설렁 가자'고 말을 해놨으니 어딘가에서 한 번은 만나지 않을까 생각했다. 남부 해안에는 리스본 여객항에서부터 자전거 도로가 설치되어 있었으나 조깅을 하는 사람이 많아 대신 속도를 내기 위해 차도로 곧장 내달았다. 그리고 얼마 지나지 않아 벨렘Belem 역사 지구와 만났다.

세계 문화유산으로 지정된 제로니무스 수도원의 정원, 또 강과 바다가 만나는 곳에 세워진 리스본의 상징 벨렘탑, 그리고 항해자들을 기리는 리스본 발견비 등을 순서대로 들렀다. 이런 유적지들은 물론 인상적이었지만 이후에 내가 달렸던 해안의 풍경만큼은 아니었다. 리스본에서부터 카스카이스까지는 6번 해안도로를, 카스카이스부터 신트라 국립공원 깊숙한 곳까지는 247번 국도를 이용했다. 그동안 나를 둘러싼 풍경은 비슷하면서도 어느 것 하나 같은 그림이 없었다. 가다, 서기를 반복하며 나는 머물고 싶은 곳에 머물고 싶은 만큼 머물렀다.

해안선과 나란히 달리던 길의 정면에 깎아지는 듯한 절벽들이 나타나기 시작하면 그때부터 길은 산으로 향했다. 그리고 끝을 알 수 없는 오르막의 중간에 로카 곶으로 향하는 지방도를 볼 수 있었다. 로카 곶까지는 이제 그 도로를 따라 내리막길을 쭉 따  라가기만 하면 됐다. 작은 마을 하나를 가로지르는 그 길을 막 내려가기 시작한 때에 나는 마침내 일행과 재회할 수 있 었다. 둘은 반대편에서 힘겹게 오르막을 올라오고 있었다. 내가 하도 오지 않기 에 혹시 도중에 자신들을 기다리고 있 는 것이 아닌가 싶어 되돌아가고 있는

길이라고 했다. 나는 나대로 '볼 거 많았는데 왜 이렇게 빨리 왔어!' 라며 멋쩍게 타박을 했지만 '너 따라가려다가 이렇게 됐지. 온 지 두 시간이나 됐다!' 며 허탈하게 숨을 고르고 있는 원태와 희동의 얼굴을 보자 아침에 괜스레 심술을 부린 것 같아 미안해졌다. '참 손발 안 맞는다. 마지막까지 엉망진창이라니.' 희동의 그 말을 듣고 웃음만 나왔다. 그렇게 설렘과 허 무가 점철되어 어물쩍거리며 나는 대륙의 서쪽 끝에 다다랐다. 흥분을 주 체하지 못하는 이 몸에 비해 다른 둘은 이미 질리도록 이곳에 있었던지 나더러 '얼른 구경하고 단체 사진이나 찍자'며 핀잔을 주었다. 알겠다며, 나는 울타리가 이어진 절벽 더 깊숙한 곳으로 발걸음을 옮겼다.

구경을 마치고 기념비로 돌아온 나는 희동과 원태에게 '대서양 저편으 로 황혼이 질 때까지 이곳에 머물겠다.'고 말했다. 희동은 함께 그러겠다 고 했고, 원태는 그 와중에 카메라 배터리를 챙기지 않았다는 이유로 다 시 리스본으로 갔다가, 저녁쯤 카스카이스에 잡아놓은 호텔에서 합류하

겠다고 했다. 뜬금없는 의견에 나와 희동은 반류했으나 그는 완고했다. 손에 익은 카메라로 순간순간을 기록하고 싶었으리라. 이내 둘은 그의 뜻을 존중하고 보내주기로 했다. 쉽게 길을 찾기 위해 희동은 원태에게 자신의 휴대폰을 건네주었고, 나는 호텔의 위치를 자세하게 설명했다. 그렇게 원태는 떠났다. 그때가 오후 세시 경이었다. 해가 지려면 아직 세 시간여의 시간이 남았다.

점심을 먹지 않은 배에서 허기가 동했다. 명소라면 응당 상가가 있겠거니 생각하고 먹을 것을 따로 갖추지 않았건만 로카에는 고급 레스토랑 하나와 기념품점이 전부였다. 주변 마을에도 구멍가게 하나가 없었고 그렇다고 대형 마트가 있는 시가지까지 가기에는 어려운 시각이었다. 오렌

지를 까먹고 노랗게 변한 손끝으로 가방 안을 더듬거렸지만, 라면이 전부
였다. 그마저도 저녁 만찬을 위해 아껴둬야 했다. 그냥 굶어야 하나. 얼굴
까지 노랗게 떠버리려고 할 때 희동이 '아, 맞다 나 스팸 있는데, 이거라
도 까먹을까?' 라며 가방을 뒤지더니 정말로 통조림 하나를 꺼냈다. 먼젓
번에 프라하 한인 마트에서 덤으로 얻었던 스팸이었다. 기회가 되면 노릇
노릇하게 구워 따끈한 쌀밥에 얹어 먹고자 내내 벼르고 있던 터였는데,
어쩌다 보니 비상식량으로 쓰이게 되었다.

그런데 주행의 끝에서 먹는 스팸이라니, 참으로 드라마틱한 결말이 아
닌가. 이 여행의 처음과 끝을 관통하는 상징은 사실 기르다가 포기한 머
리와 수염 따위의 부수적인 것들이 아니라 위기의 상황에서 메마른 위장

벽에 기름을 발라준 이 스팸이렷다. 달리 거창하게 말할 만한 초심이야 있겠느냐마는, 다만 우리는 그 자리에서 예전처럼 수저 하나로 번갈아 생 스팸을 퍼먹으면서 중국에서의 어설펐던 시작에 관해서 이야기했다. 누가 꺼냈는지는 모르겠지만 '감회가 새롭다'는 말을 우리는 그제야 써보았다. 그렇게 두런두런 달려온 길들을 되짚어 보는 사이 로카에서의 마지막 시간이 흘러가고 있었다.

그러나 결국 우리에게 이글거리는 태양의 활강을 지켜볼 기회는 오지 않았다. 네 시가 넘어서부터 한 점 한 점 생겨나던 구름이 그때쯤에는 이미 하늘을 꽤 점거하고 있었다. 먼바다로 켜켜이 쌓인 구름에 가려 태양은 그 윤곽만이 희미했다. 아쉬움이 없었다면야 거짓말이지만 저 수평선으로부터 여기 발아래 해안까지 찰랑거리는 물결 위로 길게 드리워 일렁이던 빛무리가 대신 말해 주고 있었다, 우리의 2012년이 마침내 끝나가고 있다고.

저문 하늘이 분홍빛으로 물들어 갈 때쯤 우리는 돌아섰다. 푸른 들판 사이로 난 좁다란 시멘트길, 그 뒤편 언덕으로 새하얀 등대가 섰고, 노을이 지는 하늘과 바다, 그리고 그것들을 등지고 달리는 두 대의 자전거가 거기에 있었다. 낙원이 있다면 이와 비슷한 모습이 아닐까. 이런저런 생각들에 잠겨 있는 사이 어느새 곁으로 오토바이 한 대가 다가왔다. 뒷바퀴 양편에 철제 가방이 달고 있는 그도 우리처럼 여행을 다니고 있다고 말했다. 일본에서 왔다는 그는 우리가 달리는 사진을 찍어도 되겠느냐며 물었다. 좋다고 대답하자 그는 저만치 앞서가서 대포만 한 카메라를 우리 쪽으로 조준했고, 이내 다가오라는 신호를 보냈다. 우리는 천천히 앞으로 나아갔다. 자연스럽게 페달을 밟으며 그가 셔터를 몇 번 누르는 모습을 본다. 오토바이가 있는 곳에서 다시 함께 멈춰선 셋은 서로에게 고맙다는 인사를 전했다. 우리가 미처 남기지 못했던 순간들은 그렇게 그의 필름 속에 새겨졌다.

1월 30일, 출국까지는 이틀의 시간이 남아있었다. 그중 하루를 할애하여 나는 혼자 신트라 국립공원을 찾았고, 이튿날, 그러니까 마지막 날에는 일행과 함께 저 유명하다는 28번 트램을 타고 리스본 시내를 유랑했다. 그리고 얄궂게도, 돌아가는 일을 제외하면 주어진 어떤 과제도 없는 그때가 돼서야 온전히 당시의 시간을 만끽할 수 있었고, 또 그 소중함도 알게 되었다. 정말이지 돌아가고 싶지 않을 정도로 기쁨을 느끼고 마음이 돌아섰을 때쯤 우리는 비행기에 싣기 위한 마지막 짐을 추스르고 있었다.

꼭 무슨 야전 병원처럼 휑하고 밤이면 이불을 아무리 덮어도 추웠던 곳, 떠날 때가 되니 불편했던 그 마지막 숙소마저도 아쉬운 얼굴을 하고 있는 것 같았다. 포르텔라 공항은 자전거를 타고 가도 시간이 많이 소요되지 않을 만큼 우리가 상주하던 리스본 구시가지에서 그리 멀지 않은 곳에 있었지만, 자전거가 이동 수단이 아니라 짐이 되었을 때는 언제나 궁한 상황들이 연출되었기에 아침 일찍부터 길을 나섰다. 한국의 흔한 겨울 모습처럼 그때도 안개가 자욱했다. 물기가 촉촉한 아스팔트 위에 오렌지 같은 것들이 이따금 떨어져 있었다. 돌이켜보면 그게 외국에서의 마지막 주행이었다. 떠나는 걸 아는지 모르는지, 한산한 도로에서 택시기사 서너 명이 격려하며 엄지를 치켜세웠다.

공항은 아주 아담한 규모였다. 우리는 실내로 들어가기에 앞서 사람들 발걸음이 뜸한 장소를 찾아 자리를 잡고 자전거 분해 작업에 착수했다. 대충 한 시간가량 소요됐지 싶다. 분해를 마치고 자전거 가방을 실은 수레 하나씩을 끌고 내부로 들어가서 체크인을 기다렸다. 이내 주시하고 있던 부스에 해당 항공사의 로고가 켜지고, 탑승객들 틈에 줄을 서서 초조하게 순서를 기다렸다. 마침내 수하물 인계까지 아무 탈 없이 마친 후에야 비로소 나는 그때까지 남아 있던 일말의 걱정에서까지 해방되었다.

지정된 활주로를 찾아 영내를 배회하던 여객기가 제 자리를 찾고 잠시 멈춰 섰다가는 이내 요란한 소리를 내며 이륙을 시작했다. 곧게 뻗은 아스팔트 위에 시선을 두며 나는 거기에 남겨진 숱한 비행의 흔적들처럼 이 여행도 언젠가는 단지 내 짧은 삶의 여러 순간 중에 하나로 남게 되리란 것을 알았다. 아니 어쩌면 현실과 너무나 동떨어져 있던 꿈인 듯, '깨고 나면 다시 떠올리기조차 힘들게 희미해져 버리지는 않을까?' 하는 그런 생각들을 했던 것 같다.

이 여행의 목적이자 목표는 로카 곶이었다. 되돌아올 때의 감정이란 까다로운 숙제를 마치고 났을 때와 비슷했다. 실제로 그간 고난과 역경, 불안과 극도의 허기짐을 참고 달리며 우리는 하루빨리 여행을 마치고 고국으로 돌아가고자 하는 마음으로 가득했다. 거기까지만 가면 이제 한국으로 되돌아갈 수 있으니까, 장소가 가지는 어떤 상징적인 의미를 쫓기보다는 종국에는 오히려 그런 마음이 컸다. 그 생각이 과연 끝까지 이어졌어도 지금 이렇게 애달아 하고 있었을까?

포르투갈 리스본에서 아일랜드 더블린으로, 다시 그곳에서 아랍에미

리트의 아부다비로, 몇 번 여객기를 갈아타야 했다. 이렇게 흔하게 비행기를 탈 수 있는 기회가 또 언제 있을까. 어찌 됐건 이제 한 번만 더 타면 됐다. 마지막 비행이 앞선 두 번의 비행과 다른 점이 있다면 우리와 닮은 사람들이 함께한다는 것이었다. 인천행 비행기를 타기 위해 게이트 앞에 줄을 선 이들은 대부분이 한국인들이었다. 당연한 그 사실이 당시에는 어찌나 신기하던지. 좀처럼 어떤 말도 쉽게 입 밖을 통과하지 못했다. 놀라워서라기보다는, 외국인들이 우리말을 알아듣지 못한다는 사실에 참작하여 그동안 우리끼리 너무 서슴없이(?) 말을 해 왔기 때문이었다.

요행이 있었던지 갖고 있었던 티켓이 이코노미 클래스였음에도 불구하고 우리는 운 좋게도 비즈니스 클래스 좌석을 배정받았다. 기내식이 호텔급으로 제공되었다. 배를 든든하게 채운 뒤 의자를 끝까지 젖힌 후 편안히 누워 눈을 감았다. 그리고 뒤척이는 소리에 다시 눈을 떴을 때 창가로 시리도록 푸른 하늘이, 또 바다 위에 얼룩처럼 산재한 내 나라의 섬들.

짧지만 깊은 잠을 자고 깨어난 뒤였다. 개운했고, 정신이 아주 또렷했는데 그때 어떤 격정적인 벅참을 느꼈던 것 같다. 지금껏 한 번도 느껴본 적이 없는 유형의 감정이었다.

이 나라 국민이라는 사실에 대해 회의를 느낀 적이 있었던 것은 아니었으나, 생각해 보면 앞으로 살면서 그때만큼 조국의 풍광이 아름다워 보일 때가 또 있을까 싶다. 공항 철도를 타고 바라본 영종도의 갯벌 밭, 강서 생태 지구의 갈대밭과 한강, 마천루 위로 저무는 서울의 태양, 그리고 김밥천국 검단 역 지점 식탁 위에 올려진 빨간 무말랭이와, 낯선 외국의 통신사명 대신 휴대폰 액정 화면에 적인 'olleh'라는 글자까지도.

원태는 공항에서 여자 친구와 만나 먼저 떠났다. 남은 희동과 나는 공항에서 자전거를 재조립하고 아라 뱃길과 한강 변을 달린 끝에 그날 저녁 서울에 사는 친구 H의 집에 도착, 거기서 여독을 풀고 대신 술독을 채웠다. 장승배기에 있는 실내 포장마차에서 아주 많은 술을 마셨던 것 같다. 다음 날 서울에는 우리가 처음 여행을 계획했던 수원에서의 그 날처럼 많은 양의 눈이 내렸고, H의 자취방에 있던 라면을 셋이 끓여 먹은 후 결국 집까지 가는 길에는 버스를 이용했다.

고생했다며 감격에 찬 포옹을 하게 될까, 아니면 눈물을 흘리게 될까, 전부터 수많은 상상을 해왔지만, 막상 우리는 42번 국도와 37번 국도가 만나는 우리 집 앞 고가 도로 아래에서 마치 아무 일도 없었던 것처럼 가벼운 인사와 함께 서로를 보내주었다. 겨울바람은 매섭게 목 아래로 파고들었다. 마지막이라는 홀가분함 한편에 새로운 시작에 대한 부담이 느껴졌다. 희동도 다르지 않았을 것이다.

　아파트 진입로를 따라 페달을 밟았다. 익숙한 벽면에는 훈민정음이며 세종의 영전 등, 전에 없던 그림들이 페인트로 색칠되어 있었다. 그런가 하면 '귀여운 어린이집'과 이마트, 또 '참새와 방앗간'이라던가 '가위가세'라던가 하는 아파트 상가들은 예전 그대로였다. 중앙의 경비실을 지나 101동 아파트 입구에 들어서며 익숙한 듯 우편함을 훑어본다. 게시판에는 평생교육이니 건강검진, 과외와 관련된 홍보물들이 게시되어 있었다. 엘리베이터를 타고 8층을 누른다. 벽면으로 수척하고 조금 까무잡잡한 낯선 이가 알 듯 모를 듯한 표정을 지으며 나를 빤히 쳐다보고 있었다. 8층입니다. 하고 예전에는 소리가 들렸었는데. 엘리베이터 문이 열리고, 현관문의 비밀번호를 누른 후 문고리를 당겼다. 꿈에 그리던 가족들이 거기에 있었고, 마침내 길은 거기서 끝이 났다.

두 바퀴로 떠난 유라시아 대륙여행

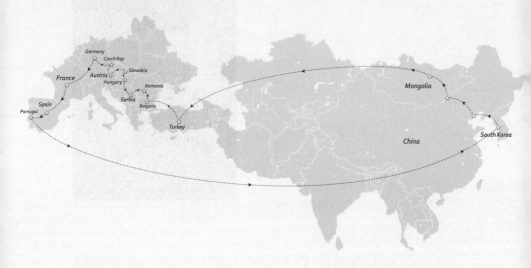

대한민국 South Korea	인천 Incheon →
중국 China	친황다오 Qinhuangdao → 베이징 Beijing → 얼롄하오터 Erlianhaote →
몽골 Mongolia	울란바토르 Ulaanbaatar →
터키 Turkey	이스탄불 Istanbul → 앙카라 Ankara → 이즈미르 Izmir → 에디르네 Edirne →
불가리아 Bulgaria	스빌렌그라드 Svilengrad → 바르나 Varna →
루마니아 Romania	만갈리아 Mangalia → 몰도바 누아 Moldova Noua →
세르비아 Serbia	벨라 크르크바 Bela Crkva → 수보티차 Subotica →
헝가리 Hungary	세게드 Szeged → 죄르 Gyor →
슬로바키아 Slovakia	브라티슬라바 Bratislava →
오스트리아 Austria	빈 Vienna →
체코 Czech Rep	브르노 Brno → 프라하 Praha →
독일 Germany	프랑크푸르트 Frankfurt → 하이델베르크 Heidelberg →
프랑스 France	스트라스부르 Strasbourg → 파리 Paris →
스페인 Spain	바르셀로나 Barcelona → 바다호스 Badajoz →
포르투갈 Portugal	에보라 Évora → 리스본 Lisboa →
대한민국 South Korea	인천 Incheon

Epilogue

오늘은 또 어디서 자야 할지?, 우리 몸 눕힐 곳이 과연 있기나 할지?, 점심은 언제쯤 뭘 해 먹을지?, 날씨는 괜찮을지? 그런 고민은 이제 하지 않아도 된다. 돌아올 집이 있고, 배가 고프면 먹을 수 있는 저렴하고 입맛에 맞는 음식들이 있거니와, 악천후를 뚫고 당장 도달해야 할 어떤 곳도 없기 때문이다. 한국에 돌아오니 우선 그런 골칫거리에서 해방되었다는 사실이 감격스러웠다. 가장 치열하게 싸워야 했던 문제들이었다. 그런데 돌아와서 보니 그런 투박한 문제들이야말로 가장 쉬운 고민거리였다. 뚜렷한 답이 있기도 했거니와, 그렇지 않더라도 견디면 이겨 낼 수 있는 것들이었으니까.

그 고생을 하고 돌아왔으니 이제 한국에서는 뭐든지 할 수 있을 것만 같은 기분이었다. 그러나 전역 후의 포부가 채 한 달을 가지 못하듯이 그 또한 현실 속에서 시나브로 사그라졌다. 호기로운 젊은 탐험가에서 나는 다시 평범한 대학 4학년 학부생으로 돌아왔다. 유예해 두었던 모든 고민도 마찬가지였다. 대학원에 진학하려니 등록금 마련하기가 막막하고, 취업하자니 준비된 게 없었다. 또 16주 동안 무슨 수로 지긋지긋한 원어 강의를 들어야 하며, 굳어버린 머리로 쏟아지는 과제들은 어떻게 다 감당해야 하나. 개강하자마자 당장 쏟아졌던 그런 고민은 답이 있지도, 견딘다고 상황이 호전되지도 않았다. 무언가 극적인 변화를 내심 기대했지만, 여행 전후 바뀐 건 단지 스물다섯이었던 내가 이제 스물여섯이라는 사실뿐이었다.

우리는 유라시아 대륙을 온전히 자전거로 횡단하고자 했던 최초의 목표에서도 실패했고, 여행 전후의 삶에 조금의 변화도 이루어내지 못했기 때문에 두 번 실패했다. 한동안 나는 여행을 다녀온 것을 후회했다.

그리고 3년이 지났다. 얼마 전 운 좋게 취직에 성공해 나는 이른바 '사회인'이 되었다. 신참티를 못 벗어 매일같이 좌충우돌하지만 비교적 안정적인 나날이다. 그러나 그토록 바라던 정상적인 삶의 궤도에 안착했음에도 불구하고 마음 한 편이 계속 불편했다. 평생의 삶이 한 가지 모습으로 정해져 버린 것 같아 덜컥 두려웠다. 그 모습이 지금과는 다른 모습이라도, 어떤 곳이라도 마찬가지일 것 같았다. 당장 눈에 보이는 것이 아무것도 변한 것이 없는 줄 알았지만 실은 모든 것이 변한 것이었다. 어느새 나는 불안하지 않으면 불안한 사람이 되어 있었다. 그러니 그 불안을 불안으로 덮기 위해, 내키든 내키지 않던 나는 평생 어디로든 움직이는 삶을 살아야 할 것만 같다.

3년이나 지난 해묵은 사진들과 치기 어린 글들을 꺼내보며 그러한 마음의 모체가 되었던 최초의 자극들, 그 순간순간들을 되새겨본다. 리스본 공항에서 여객기에 오르며 여정은 끝났지만, 그 시간이 삶의 방향에 관여하는 동안 여행은 계속되는 게 아닐까? 움직이지 못하고 얽매어 있는 시간이 이따금 괴롭게 느껴질 때가 있다. 바라건대, 이 기록들이, 또 적어내지 못한 수많은 기억의 조각들이 그럴 때마다 마음을 어루만지고, 또 다른 모험을 꿈꾸게 하기를. 그럴 수만 있다면 더 바랄 것이 없겠다.

두 바퀴로 떠난 유라시아 대륙여행

실패한 여행기

초판 1쇄 인쇄 2016년 05월 30일
초판 1쇄 발행 2016년 06월 07일

지은이 최윤석 **사진** 곽희동 **동행** 김원태
펴낸이 김양수
표지 본문 디자인 곽세진

펴낸곳 휴앤스토리 **출판등록** 제2016-000014
주소 (우 10387) 경기도 고양시 일산서구 중앙로 1456(주엽동) 서현프라자 604호
대표전화 031.906.5006 **팩스** 031.906.5079
이메일 okbook1234@naver.com **홈페이지** www.booksam.co.kr

ISBN 979-11-957879-4-4 (03920)